本书由广东财经大学法学院、广东财经大学法治与经济发展研究所联合资助出版

李 丹 著

环境治理社会化的
法治进路研究

HUANJING ZHILI SHEHUIHUA DE

FAZHI JINLU YANJIU

中国政法大学出版社

2020·北京

图书在版编目（ＣＩＰ）数据

环境治理社会化的法治进路研究/李丹著. —北京：中国政法大学出版社，2020.7

ISBN 978-7-5620-7378-9

Ⅰ.①环… Ⅱ.①李… Ⅲ.①环境保护法－研究－中国 Ⅳ.①D922.680.4

中国版本图书馆 CIP 数据核字(2020)第 082238 号

出 版 者	中国政法大学出版社
地　　址	北京市海淀区西土城路 25 号
邮寄地址	北京 100088 信箱 8034 分箱　邮编 100088
网　　址	http://www.cuplpress.com （网络实名：中国政法大学出版社）
电　　话	010-58908586(编辑部)　58908334(邮购部)
编辑邮箱	zhengfadch@126.com
承　　印	保定市中画美凯印刷有限公司
开　　本	720mm×960mm　1/16
印　　张	14.75
字　　数	240 千字
版　　次	2020 年 7 月第 1 版
印　　次	2020 年 7 月第 1 次印刷
定　　价	56.00 元

前 言 PREFACE ———————————————————————

　　20 世纪 70 年代以来，各国政府在面临严重的经济和社会危机的压力之下开始反思国家对社会的"治理之道"，世界范围内掀起了治道变革的浪潮，其主要内容是强调政府职能的市场化、政府行为的法治化、政府决策的民主化、政府权力的多中心化。围绕政府治理范式形成的诸多理论中影响较大的是善治理论，它强调在政府与公民合作基础之上追求社会利益最大化，注重公共事务管理中公民集体价值的体现。这对我国环境治理的创新有很大的启示。

　　我国的环境管理经历了行政权力浓厚的"管制"阶段和公民环境权利弱化的"治理"阶段，需要迈向行政管理与公众参与相结合的环境"善治"阶段。以环境善治为目标的环境管理创新应当以法治与正当性、民主与参与度、公平与公信力以及效率与回应性作为价值评判标准。对传统环境行政管理进行辩证分析后，认为环境治理的创新应当促进环境治理主体从单一到多元的增加、环境治理视角从单向到双向的转变、环境治理结构从直控到制衡的互动，也就是建立环境行政管理与环境社会治理之间的互动合作关系。然而，这种合作关系的构建瓶颈在于双方地位悬殊，薄弱的社会力量尚不足以制约行政权力的滥用，并且实践中公众参与环境保护多流于形式。因此，需要在环境法治建设进程中运用环境社会权力来弥补被架空的环境权利，发挥环境社会权力的两重功能，即制约环境行政滥权和维护环境公共利益。

　　环境社会权力是在"国家—社会"的二元分化中产生的一种权力形态，是非政府组织、社会群体和公民以其拥有的社会资源对与环境相关的行为所产生的影响力。环境社会权力的运行有着不同于国家权力的规则，除了要有规范性的社会参与机制作为运行平台之外，还需要在环境法制建设中探索环境社会权力的运行方式：或通过行政分权的方式树立环境社会权力在法律中的一席之地，或通过社会权力转移的方式加强环境行政权力的责任承担。另外，环境社会权力的运行目的主要是促进环境利益的公平配置，现阶段主要是抑止环境公共利益的异化，加强环境利益分配中的扶弱，最大限度运用环境社会权力的正义力量。

目 录 CONTENTS

绪语：问题和视角

"实现可持续发展目标，必须依靠公众及社会团体的支持和参与。公众、团体和组织的参与方式和参与程度，将决定可持续发展目标实现的进程。"

——《中国 21 世纪议程》

人也是自然的一部分，对自然的剥夺也就是一部分人对另一部分人的剥夺，环境恶化也就是人类社会关系的恶化。[1]人在社会中不仅是环境管理的主体，而且是环境管理的客体。环境问题在很大程度上是一种环境管理的问题，环境管理不善会加重环境的污染与破坏。当今中国的环境危机，不仅是经济发展模式与环境保护相矛盾的危机，也是环境管理和环境权益配置不协调的危机。

一、我国环境管理的阶段性发展

"五十年代淘米洗菜，六十年代洗衣灌溉，七十年代水质变坏，八十年代鱼虾绝代，九十年代身心受害。"这一民间顺口溜是对我国河流水质状况演变的描述，也可以视为我国环境污染状况的一个缩影。

新中国成立后，20 世纪 50、60 年代，环境保护一直没有被正式列入政府的议事日程，直到 20 世纪 70 年代初期，中国政府开始高度关注环境问题。

---

〔1〕 Giovanna Ricoveri, "Culture of the Left and Green Culture", *Capitalism*, *Nature*, *Socialism*, 4, 3, September 1993, p. 116, 转引自［美］约翰·贝拉米·福斯特：《生态危机与资本主义》，耿建新、宋兴无译，上海译文出版社 2006 年版，第 75 页。

据统计，1970 年至 1974 年期间，周恩来总理先后 31 次提及环境保护工作问题。[1]随着 1972 年联合国第一次人类环境会议的召开，现代意义的环境保护在各国纷纷拉开了序幕。我国当代环境保护的发展呈现出明显的自上而下式的行政导向。从国家层面对环境保护的政策指引来看，[2]我国环境保护工作可以划分为三个发展阶段。

第一阶段从 1972 年到 1992 年，是我国现代意义环保工作的起步和开拓阶段。1973 年，我国召开了第一次全国环境保护会议，制定了《关于保护和改善环境的若干规定》的行政法规，并成立了环境保护领导小组办公室，这是在国家层面设立环保机构的开端，1982 年在城乡建设环境保护部下设环境保护局。1979 年，《中华人民共和国环境保护法（试行）》颁布。1981 年，国务院发布了《关于在国民经济调整时期加强环境保护工作的决定》，提出要处理好北京、杭州、苏州、桂林几个重点城市的污染治理问题。1983 年，宣布环境保护是一项基本国策。1984 年，国务院印发了《关于环境保护工作的决定》，要求各地政府成立环保机构。1990 年，又发布了《关于进一步加强环境保护工作的决定》，首次提出环境保护目标责任制。1988 年，成立国务院直属的国家环境保护局；1989 年，《中华人民共和国环境保护法》正式颁布，大气和水污染领域也制定了相应的污染防治法。

第二个阶段从 1992 年到 2012 年，是环保制度建设发展阶段。1998 年，国家环境保护局升格为正部级的国家环境保护总局。2005 年，国务院发布了《关于落实科学发展观加强环境保护的决定》，国家认识到环境形势非常严峻，提出落实科学发展观，开始全面治理环境污染，在此期间主要的环境保护单行法也相继出台或修订。2008 年，成立了国家环境保护部。2011 年，国务院发布了《关于加强环境保护重点工作的意见》，环境保护的重要地位进一步上升，城市环境基础设施建设和城市污染治理大规模展开。

第三个阶段从 2012 年至今，是环保体制机制改革成型阶段。党的十八大对生态文明建设作出了顶层设计。2014 年，对《中华人民共和国环境保护法》（以下简称《环境保护法》）进行了大刀阔斧的修订。2016 年，成立中

---

[1] 雷洪德、叶文虎：“中国当代环境保护的发端”，载《当代中国史研究》2006 年第 3 期。

[2] 参见王玉庆：“中国环境保护政策的历史变迁——4 月 27 日在生态环境部环境与经济政策研究中心第五期‘中国环境战略与政策大讲堂’上的演讲”，载《环境与可持续发展》2018 年第 4 期。

共中央环境保护督察委员会（中央环保督察组），对地方党委和政府的环保履职工作进行督察。2018 年，成立生态环境部，召开了第八次全国环境保护大会，要推动生态文明建设迈上新台阶。

国家环境保护机构从隶属建设部到单独设立正部级机构的发展，全国环保大会从"全国环境保护会议"到"全国环境保护大会"的改变，都反映了我国环境保护工作不断加重、环境保护职权不断扩大、环境管理体制不断健全的过程。自 1979 年《中华人民共和国环境保护法（试行）》颁布以来，我国环境保护法制建设已走过 40 多年的历程，在此期间环境保护立法不断增多，通过法律手段调整环境利益并规范环境行为的环境法治不断发展。2015年可以视为我国环境法治进程中的一个界标，史上最严《环境保护法》的施行，和《环境保护督察办法（试行）》的出台，拉开了我国从严治理环境污染的大幕。尤其是中央环保督察制度的正式建立，实现了从"督查"到"督察"的转变，从"督企"到"督政"的扩大，从"区域"到"中央"的升级。中央环保督察掀起的环保风暴，效果不可谓不明显，相当于按下了我国生态文明建设的快进键。

二、我国环境管理问题与矛盾的凸显

党中央和国务院都高度重视环境保护，在环保工作的第二大阶段出台了诸多法律政策来保护和治理环境，但是随着我国社会经济的高速发展，局部地区的环境问题仍然严重，难以实现经济、社会和环境相协调的可持续发展目标。例如，2007 年 5 月 26 日，原国家环境保护总局环境监察局副局长熊跃辉参加的检查组到安徽蚌埠鲍家沟时，当地村民集体向检查组下跪，请求督促地方政府切实解决污染治理问题。[1] 2011 年 11 月 1 日，数十名长江大学教授和研究生先后到湖北荆州市的区、市两级政府门前下跪请愿，要求市政府取缔一家大学校园附近污染严重的小钢厂。[2] 村民集体下跪请愿中央官员督促地方政府治理污染，大学师生下跪请求政府关停污染企业，这些另类的环境维权事件发人深省。环境保护是政府应尽的职责，不能靠民众的"跪求"才作为，这种悲情的环境维权方式不应再次上演。"环境污染是民生之患、民

---

〔1〕 参见"村民跪求环保总局官员治污"，载《中国青年报》2007 年 7 月 4 日。

〔2〕 参见"教授跪求搬迁污染钢厂"，载《新京报》2011 年 11 月 4 日。

心之痛，要铁腕治理。"[1]

随着人们环境保护意识的增强和社会矛盾的转变，我国环境保护领域也存在人民日益增长的美好环境需要和不平衡不充分的环境保护之间的矛盾，该矛盾在中央环保督察过程中可见一斑。一方面，人民群众对美好环境的需要日益增长，在中央环保督察期间受理的公众举报高达13.5万余件，由此可见公众对环保问题的关切和环保意识的提升。另一方面，尽管我国环境状况总体上趋稳向好，但"资源相对不足、环境容量有限，已成为我国国情的基本特征"，[2]并呈现出形势严峻、风险增大、利害分化的局面。[3]比如，企业赚取收益而群众遭受污染，又或是污染物的跨区域转移，均是环境保护领域利害分化的表现，反映出环境保护不平衡的矛盾。再有，近两年各地对督察问题进行整改之余，有的地方政府部门因错误解读环保督察而出现严重影响群众生产生活的事例，为了敷衍应对环保督察，进行简单粗暴的"一刀切"执法。"表面整改""假装整改""敷衍整改"，反映出环境治理不充分的矛盾。

实际上，环境问题在很大程度上就是环境管理的问题。这些现已存在的环境污染与公众维权事实说明了我国的环境管理在一定程度上是缺乏效率和有效性的，环境管理不善加剧了环境的污染与破坏。面对着环境问题的挑战，面对着管理缺乏效率性和有效性，面对着公民逐渐觉醒的环保意识，我国应该如何更好地进行环境管理？如何正确地审视政府在环境管理过程中所处的地位和所起的作用？如何定位好市场和公民在环境管理中的角色地位？是按照发达国家的多中心治理实现政府、市场、公民的主体地位平等的治理路径？还是应该选择属于中国特色的一条过渡时期应有的路径？这些就是启发笔者所要探讨和解决的问题。

改革开放40年来，伴随着经济社会的深刻变革，我国的社会治理正面临着许多新的问题和挑战。当前的社会治理创新，就是要从解决这些问题入手，对症下药，才能尽快突破旧有的管理格局和机制，建设美丽中国。社会治理创新必然要求政府在社会治理理念、社会治理体制和社会治理机制等方面进行一系列改革。那么，环境保护的治理体系该如何创新？政府、企业、社会

---

[1] 参见2015年3月5日十二届全国人大三次会议《政府工作报告》。

[2] 参见李克强在第七次全国环境保护大会上的讲话，载 http://www.zhb.gov.cn/xxgk/hjyw/201201/t20120104_222129_wap.shtml，2018年3月5日访问。

[3] "当前环境形势该如何评价？"，载《中国环境报》2013年7月9日。

公众是环境保护的三方力量，企业的营利性和公众的自利性决定了环境保护需要由政府来承担重任，环境治理需要由政府挑起大梁。但是政府的环境管理绩效却不尽如人意，究其原因是政府在多元化的利益协调与多目标的职能定位过程中发生了失衡与错位，而这一结果在很大程度上是由于行政权力过于膨胀且缺乏相应的力量与之制衡所导致的。因此，在环境管理中引入另一股力量来与行政管理进行互动与制衡具有十分必要的现实意义。回首我国环境管理历程，早期的工作重点在于企业排污的管制，近期的关注焦点在于政府责任的承担，接下来的发展要点应当在于环境保护社会力量的发掘。党的十八届四中全会已提出，加强环境保护的社会治理，使社会组织及其成员参与到环境保护的工作中。

三、环境治道变革的研究述评

（一）环境治道变革研究的理论基础是"多中心治理"

世界正式关注环境问题始于 1972 年的斯德哥尔摩环境大会的召开，环境治理首先出现在发达国家，萌芽于 20 世纪 70 年代初，发展于 20 世纪 90 年代，迅速成长于 21 世纪初。20 世纪 60 年代末 70 年代初，在环境危机深度发展的情况下，很多国家对环境实行全面而严格的管理，不少国家制定了综合性的环境保护基本法。环境基本法的出现反映了各国从单项环境要素的保护和单项治理向全面环境管理及综合防治方向发展。随着 20 世纪 90 年代治理理论和新公共管理理论的兴起，政府开始重新定位自身角色，有些国家也意识到，孤立地针对某种环境介质努力并非是高效率的环境保护方法，转而在国家层面上依靠综合污染控制，综合方法要求改变制度安排和管理手段，要求建立协调机制，运用经济手段执行控制措施。这一时期各国环境立法出现趋同化，国际环境保护准则成为国内环境立法的指导思想，这标志着环境治理模式的日益成熟，对推动全球环境治理发挥更大作用。1992 年的《里约宣言》第 10 条强调了公众获悉环境信息、参与环境事务的权利，这其中便体现了善治理念在环境治理领域的蔓延，即公众环境知情权、环境信息可得性、法治与合法性、补偿性和透明性等，标志着环境治理模式的兴起。目前国外许多学者将"多中心治理理论"应用于环境治理，为环境治理找到了一条别样的道路，不再只是研究环境治理主体的任何其中一个，而是将三者结合起来。他们认为，多中心治理为"市场失灵"和"政府失灵"提供了有效的补充，环境治理应该是多主体的，即政府、市场和公民社会之间进行相互合作与协调，才能达到人与自然的和谐状态，才能实现社会的可持续发展。

（二）我国环境治道变革研究的总体主张是治理主体多元化

自 20 世纪 70 年代起，我国学者也开始从不同学科对环境治理进行研究，运用不同的视角对环境问题的某些方面进行描述与分析。蔡守秋教授在《调整论——对主流法理学的反思与补充》一书中对环境资源法的调整机制作了初步阐述，在比较行政调整机制、市场调整机制和非政府非营利组织调整机制的基础上，分析了第三种调整机制在环境法中的运用。夏光博士结合我国环境政策的绩效表现和市场化改革前景，在考察我国环境政策演变历史的基础上，创作了博士论文《论环境制度创新》，提出中国环境政策创新的路径应该由"政府直接控制型环境政策"转向"社会制衡型环境政策"。朱留财博士则是在总结发达国家环境治理经验的基础上，主要从环境善治的角度对我国的环境治理进行研究，运用了发达国家环境治理理论和新制度经济学分析工具，撰写了论文《环境治理结构：机制与善治》，以草原资源治理为案例进行分析，指出了环境治理的结构，将中国环境治理实践与发达国家环境治理理论相结合。杜万平博士联系了世界各国环境管理模式和中国环境管理的历史和现状，认为应该采取相对集中的管理模式，等等。从上述代表性论文中可以看出，我国学者对环境治理研究的主要趋势是朝着多中心治理的方向发展，强调环境治理主体的多元化，在已有文献中大多数是宏观地强调了政府、市场及公民社会平等主体之间的互助合作，在彼此信任的基础上实现通力合作以达到环境治理的目的。

（三）我国环境治道变革研究的方法呈现主体单一化特征

有些学者专门就多元环境治理主体中的某一类主体进行研究，如《环境治理：以社区为基础》一文针对环境治理主体之一的社区进行研究，阐述如何通过社区对环境进行有效的管理。《城市化进程中环境保护的政府责任定位分析》一文就是从环境治理主体之一政府进行研究，从城镇化过程中城镇环境保护的政府管理现状出发，分析产生该现状的原因，从而探讨了政府在城镇化进程中承担的责任。《近年来中国环境非政府组织研究：进展、问题与前景》一文分析了中国环境非政府组织兴起的政治原因和社会原因，指出了其发展趋势及研究前景。可以看出这类研究都只侧重于环境治理中的某一类主体在环境治理中的功效，而没有研究多元主体之间的互动关系，没有对我国环境治理形成系统的思想和体系。

（四）我国环境治道变革研究的进路较少从权力的角度展开

综观搜集到的环境治理研究资料，专门针对我国环境管理实现善治目标的进路加以分析的并不多见，并且已有的环境治道变革的进路分析也极少从权力的角度展开，而主要是从以下几类角度展开：一是从政策工具的角度展开分析，如《中国环境政策工具的实施效果及其选择研究》从命令控制、经济刺激、公众参与三种政策工具的优劣势分析环境治理的改善。二是从利益关系的角度展开分析，如《基于利益视角下的环境治理研究》从环境相关主体的利益格局出发，提出政府、企业、公民之间利益制衡和约束的经济型对策建议。三是从实践制度的角度展开分析，如激励机制、产权制度、综合决策等制度安排的更新来克服环境治理的现有弊端。

（五）我国对社会权力的政治学研究多于法学研究

通过中国知网数据库中的文献检索显示，在期刊类文献中专门提出社会权力概念并加以分析研究的首篇论文出自郭道晖教授之手，即1995年发表的《论国家权力与社会权力——从人民与人大的法权关系谈起》一文。该文发表五年以后，才有第二篇类似主题的文章发表，即《从行政权力中心到社会权力中心——马克思对民主问题的思考》。又过了四年，社会权力的论著才开始增多。截至2018年12月，在中国知网数据库中以"社会权力"为篇名和关键词，分别进行搜索得到的文献均不到300篇，其中法学领域内以"社会权力"为篇名的文献只有45篇，其他研究主要集中在政治学领域。法学领域的社会权力研究中扛鼎的无疑还是郭道晖先生的八篇大作。从研究内容来看，关于社会权力的研究主要集中在这样几个方面：社会权力的概念、本质、哲学基础、存在形态、社会权力与国家权力的关系等一般理论问题，以及社会权力理论在政府体制改革中的应用问题，不过将社会权力上升到法律地位并运用到环境管理领域的论文尚不多见。

四、环境治理社会化命题的证成与含义

20世纪90年代兴起的治理理论，尤其是善治的理念，为我国环境治理提供了一条可供参考的思路和一个可以为之努力的目标。笔者运用辩证唯物主义和历史唯物主义的研究方法，首先分析治道变革的大背景对环境管理的冲击和影响，由此得出善治理念有助于我国环境治理的创新。环境善治的实现

需要采取环境行政管理与环境社会治理互动合作的进路，而这一进路中的合作瓶颈在于环境行政权力过大、环境社会权力偏弱，因此笔者构想在环境管理创新中确立环境社会权力的理论和制度，由此达到以社会权力制约政府权力，进而公平配置环境利益的目的。

相较于传统环境管理，环境治理最大的特征在于政府和社会公众的共同参与。党的十九大报告中提出"构建政府为主导、企业为主体、社会组织和公众共同参与的环境治理体系"。目前构建该体系的短板在于社会组织和公众参与，"环境治理社会化"成为我国环境治理体系构建中的现实命题。本书以治理理论为背景，立足于我国环境法治发展，构建环境治理社会化的中国道路与法律进路。

"环境治理社会化"研究的逻辑结构如图1-1所示：

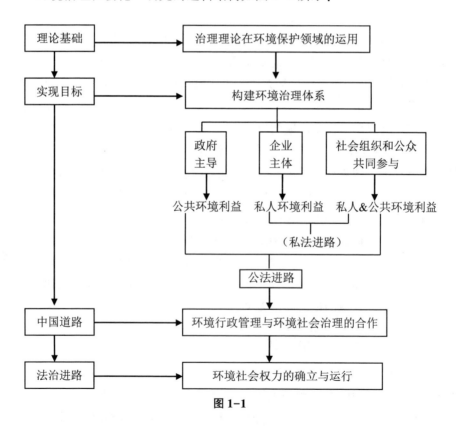

图 1-1

"环境管理"是管理主体运用计划、组织、控制、监督等手段，为达到预期的环境目标而进行的活动。根据我国环境保护法的规定，国务院环境保护行政主管部门对全国环境保护工作实施统一监督管理。因此，我国现有环境管理实际上是一种"环境行政管理"模式。

"社会治理"一词成为当下流行话语，其含义却不十分固定，有着多种语境下的理解和使用：其一，社会治理可以理解为是政府职能的重要组成部分，其全称为"政府的社会治理职能"。其二，社会治理被理解为对社会的治理，即社会作为被治理的对象，治理的主体是未定的，也是开放的。其三，社会治理可理解为社会进行的治理，即社会作为治理的主体，与政府的行政管理和私主体的自我治理相对应。本书采取第三种理解。

"环境社会治理"在本书中是与"环境行政管理"相对应而提出的一种环境治理模式。党的十九大报告提出了政府治理、社会治理、环境治理等多层次和系统化的治理体系，要实现国家治理体系和治理能力现代化。善治理念是一种注重社会本位的价值取向，是一种实现权力尊重权利的美好愿景，是一种良好至善治理的追求目标。那么，在善治理念的指引下，社会治理体系的主体是多元的，而不仅仅只是政府，政府之外的企业、公众、社会组织等主体同样也可以成为环境治理的主体。在非政府的主体范围中，企业的经济行为对环境影响较大，政府对企业的管制已经形成了一系列的经济调节手段，但是我国的经济调节手段实际上是在行政权力之下被加以运用的，并没有形成独立的治理模式。因此，本书以"政府—社会"的二分结构为研究模式，强调在"环境行政管理"之外还需要"环境社会治理"，不特定的社会公众、企业法人群体和社会组织是环境自发性治理的另一大类主体。

"社会权力"是社会主体利用自身独有的资源优势对国家、社会所产生的影响力、支配力乃至一定程度的强制力。"环境社会权力"是社会权力在环境保护领域中的体现，是社会关系中的公众、企业、社会组织等以其拥有的社会资源对与环境相关的社会行为所产生的影响力。目前，在我国若干环境事件中表现出来的公众对环境行政管理的影响力是一种社会学意义上的权力，有待将此种权力上升为法学意义中具有强制力的权力。本书认为，环境社会权力的所有者与行使者相分离，环境社会权力归属于社会公众所有，但其更有利和有效的行使主体应当是政府和企业之外的第三部门，主要是环保社会组织。

五、环境社会治理研究的创新之处

本书的学术创新在于：从环境权力配置进路维护公共环境利益并构建我国环境治理体系。具体体现在以下三个方面：

其一，在环境治理体系结构方面，本书认为"多元化治理"不等于"多中心治理"。虽然环境治理的主体从政府扩展为政府、市场、社会组织和公众，但在我国国家治理的框架背景之下，环境治理社会化的中国道路是以政府为主导的协同共治和以政府为中心的多元共治格局，目前我国市场、社会公众尚难成为环境治理的中心。环境治理的多元主体之间应当形成有体系、分层次的结构，在政府主导下促进环境治理社会化发展。

其二，在环境治理社会化的法治进路方面，遵循环境利益的公私界分，从公法和公权视角促进环境治理社会化，维护公共环境利益的正义。本书认为，环境治理的目的在于保护环境利益，而环境私益和环境公益的产生机理、治理路径和救济方式均有不同。从法治角度构建环境治理体系不能笼统提倡政府、市场及公民之间的互助合作，应当区分公法和私法进路，环境私益的保护体系适合权利和市场化进路，环境公益的保护体系适合权力和社会化进路。因此，本书从公法视角，在"政府—社会"的二分架构下，将环境治理体系划分为以行政性正式制度为主的"环境行政管理"和以社会性非正式制度为主的"环境社会治理"，并在驳析此两种治理模式利弊的基础上对各自的应有角色进行定位。

其三，在学界主流的权利进路基础上，从权力进路探索公共环境利益的保护，即环境行政权力和环境社会权力的协同合作。为了避免社会权力研究的空洞化，从法律制度构建角度考证社会学视角下的社会权力，探讨社会权力在环境法治发展中的具体运行，对环境社会权力的运行载体、运行平台和运行责任进行研究。本书认为，环境社会权力的所有者是社会公众，但行使者适宜由环保社会组织充当；环境社会权力的运行平台是"社会参与"，较现有的"公众参与"含义而言，社会参与是作为一项权力而非权利的参与，同时也蕴含了环境立法、环境执法和环境司法社会化的含义在内；环境社会权力的运行责任应当以软法规范为主。

治理理论的兴起与发展：鉴于往事，资于治道

"夫欲粟者务时，欲治者因世。"

—— （汉）桓宽《盐铁论》

秉承天地化育之功，人类得以获取生息之机，同时也面临自然赋予的各类挑战。为了应付自然的挑战，解决社会的冲突，历史上的族群和国家尝试了各种治道，如信奉神灵权威的神治、依靠伦理教化的德治、维护宗法等级的礼治、遵循规则治理的法治。借助这些治道，人类从混沌走向有序，社会由野蛮达致文明。各种治道之间本无优劣之分和高下之别，有的只是在特定社会背景和现实需求之中的适合与否。如在崇尚信仰的时代神治也曾发挥了一定的效果，在道德弥漫的社会中德治的成效胜于其他，公序良俗的传袭更迭也可促进社会的有序。而进入现代社会以后，社会结构、社会关系和社会价值发生了重大变化，呈现出以理性为代表的现代性特征，使得神治已经失理，德治逐渐失灵，法治便成了各类国家主要的治道选择。[1]环境保护领域中亦存在多种治道的抉择。在崇尚法治的现代社会，依靠法律的环境治理必将成为环境治道的主要选择。伴随着各种法治形态不断涌现，各种理法治论纷纭杂呈，环境法又该如何进行评价、选择和应对？这是环境法面临的重要问题。

---

[1] 参见高鸿钧：《现代法治的出路》，清华大学出版社 2003 年版，第 1~2 页。

第一节 治道变革与治理理论

一、治道变革的兴起背景

治道，即治国之道，通俗而言就是治理国家的方针、政策、措施等。良好的政府治道是社会和谐发展的根本保障，各国政府对治理范式的改进和创新从来没有间断过。世界范围内具有科学意义的治道模型是在工业革命后的工业社会中形成的，以马克斯·韦伯所描述的官僚体制的建立为标志。[1]官僚制是适应工业社会的组织模式和行政模式，在发达资本主义国家实现了前所未有的组织有序性、稀缺资源的有效利用和社会生产的高效率。当时，人们对政府解决社会问题的能力普遍持乐观态度。19世纪末期，管制理论得到迅速发展，监管型政府随之兴起。

"管制"（regulation）意为管理、控制、规制，政府管制是政府机关采用命令和制裁等手段主要对私主体的经济活动进行控制或干预。政府管制生成的经济性原因主要在于市场逐步扩大后出现的市场失灵和经济危机，需要政府以立法手段维持市场秩序，以司法手段解决侵权纠纷。然而，法律的固定性、滞后性等使得立法无法全面解决市场发展中的问题；同时，司法遵循不告不理的原则，主要是事后维权。因此，政府管制是对市场调节中呈现的立法弊端和司法被动的一种回应，是政府保护市场机制和促进市场效率的一种制度安排。另一方面，20世纪70年代至80年代兴起的"权利革命"，促使各国政府设立了大量的行政监管机构来保护人们的生命、财产安全，使其免受环境污染的侵害。政府管制实质上是一种行政权，而行政权具有"天然的扩张性"，这使得行政监管机构膨胀和管制泛滥，管制机构的权力分配和权力制约问题引发了人们的思索。

从20世纪70、80年代开始，治道变革的浪潮在各发达国家中相继兴起，并迅速蔓延到世界各国。治道变革的精神实质在于对过去的各项政策进行审慎思考，从而作出新的合乎实际的、理性的决策，实现决策转型，完善国家对社会的"治理之道"。任何一种制度选择或变革道路的选择，都不再单单取

---

[1] See Philip A. Woods, "Building on Weber to Understand Governance", *Sociology*, Vol. 37, No. 1, 2003, pp. 143~163.

决于当时的统治集团的偏好，而是社会各种利益集团"公共选择"的结果，取决于各种利益集团的相对势力及其"合力"。[1]这场治道变革有着广阔的世界背景和深刻的历史缘由：一是当世界进入后工业社会或知识经济时代，新的社会和国际格局带给国内外市场日益严峻的压力，发达国家陷入严重的社会经济危机。二是官僚制对法律制度的过渡推崇难以适应政治、经济、社会个性化的发展要求；强烈的专业技术崇拜和固定的专业化分工使政府职能日益衰退以及责任保障机制日渐丧失。[2]三是各国政府的职能与权力不断得到深化和扩张，同时政府行为也开始出现偏差，如权力寻租、忽视公共利益等现象层出不穷，政府作为国家的权力中心代表国家行使公共权力的职能开始受到质疑。显而易见，没有生命、缺乏生机的传统政府治理模式已无力面对日新月异、具有鲜明个性和旺盛生命力的信息社会的挑战。人们逐渐认识到政府的作用是有限的，"全能型政府"开始逐渐退出历史舞台，政府治理模式的创新受到人们广泛的关注，力求探索出应对政府和市场双重失灵的"新的治理范式"。在这种背景下，世界各国尤其是发达国家率先开始了政府治理模式的治道变革，政府治理理论随之在全球范围内兴起。

二、治理理论的形成

"治理"（governance）并不是在治道变革过程中创造的词汇，早在 14 世纪末期英国国王亨利四世就曾用该词语表明上帝之法授予国王对国家的统治权力。[3]也就是说，英语中"governance"和"governing""government"之间的区别不大，都蕴含了君主或国家至上的统治、控制、支配等权力含义。然而，当人们试图将"governing"（统治）、"government"（政府）与"governance"（治理）进行截然区分时，却惊奇地发现对"governance"（治理）一词的重新析义会引发一场空前的政府治理范式（paradigm）的革命。[4]

数百年来围绕政府的大与小、强与弱、宽与窄的争论，从来就没有停止过，但是这种"政府中心论"的研究视角限制了人们的讨论范围和思考能力。

---

〔1〕　蔡守秋等：《可持续发展与环境资源法制建设》，中国法制出版社 2003 年版，第 339 页。

〔2〕　张良编著：《公共管理学》，华东理工大学出版社 2001 年版，第 27~29 页。

〔3〕　PatrickWeller, "In Search of Governmence", in Glyn Davis and Michael Keating（eds.）, *The Future of Governance*, Allen&Unwin, 2000.

〔4〕　参见戴长征："中国政府的治理理论与实践"，载《中国行政管理》2002 年第 2 期。

治理理念的提出，使人们得以从一种更为灵活的互动论视角，从政府、市场、企业、公民、社会的多维度、多层面上观察、思考问题。治道变革不仅包括地方政府公共政策的变化，而且包括地方政府本身治理结构的变革；不仅有技术方面的微调，也有制度领域的深层变革；不仅包括政治与行政关系的调整，还包括政府与市场、政府与社会关系的重新定位；不仅包括政府权力与公民权利的调适，也包括政府权力的内部转移。治道变革的主要内容是强调政府职能的市场化、政府行为的法治化、政府决策的民主化、政府权力的多中心化。[1]

"治理"主要是用于与国家公共事务相关的管理和政治活动与研究之中，在 20 世纪 90 年代，西方政治学家和经济学家对它赋予新的含义，使其在社会经济领域也得到广泛运用。治理涉及一个全新的社会统治、控制方式转型的进程，可以从多种角度和层次进行理解和使用该概念。①作为一个概念性或理论性的框架，治理是指协调、合作的社会体系，以及在治理过程中国家权力作用和秩序发生的变化。[2]②治理是政府与社会力量通过面对面合作的方式组成的网状管理系统。[3]③治理是各种公共的或私人的个人和机构管理其共同事务的诸多方式的总和，它是使相互冲突的或不同的利益得以调和并且采取联合行动的持续的过程。这既包括有权迫使人们服从的正式制度和规则，也包括各种人们同意或以为符合其利益的非正式的制度安排。[4]由此可以看出治理有五个特征，即治理是一种过程；治理过程的基础是利益调和；治理涉及公共部门和私人部门；治理是持续的互动；治理包含正式与非正式的制度安排。

---

〔1〕 夏光："论环境治道变革"，载《中国人口·资源与环境》2002 年第 1 期。

〔2〕 Pierre, J., "Introduction: Understanding Governance", in Pierre (eds), *Debating Governance*, Oxford University Press, 2000.

〔3〕 Kettl. D. F. Sharing, *Power Public*, *Governance and Private Markets*, Washington D. C: Brookings Institution, 1991, pp. 21~22.

〔4〕 联合国全球治理委员会：《我们的全球伙伴关系》，牛津大学出版社 1995 年版，第 2~3 页。

联合国"World governance survey"（WGS）的治理评价评价指标体系包含了 6 个一级指标和 30 个二级指标。[1]具体内容如下表 2-1 所示：

表 2-1

公民参与政治活动的程度	言论自由
	集会和结社自由度
	政治生活中歧视程度（种族、性别、语言、宗教等）
	重大决策听证制度
	法制意识（纳税、投票、犯罪等）
各方的利益表达	议员代表社会的程度（妇女或少数群体）
	政治权利的竞争是否真实
	政策制定与公众偏好的权衡
	（议会或人大）立法职能影响政策内容的程度
	议员或议会对公众要求的反应情况
政府作为维护系统的整体性	个人安全水平
	提高公民生活水平的贡献度
	政府领导人的战略意识
	军队听命程度
	冲突和矛盾的处理能力
政策执行效率	政策制定过程中公务员的参与程度
	公务员录用准则的建设
	公务员的负责程度
	决策的清晰度
	公共服务的公平程度

---

[1] UN，"Governance Indicators：A users' Guide"，http://www.undp.org/oslocentre/docs07/undp_users_guide_online_version.pdf.，2018 年 10 月 14 日访问。

续表

国家和市场关系及调节机制	财产权意识
	企业享受经济法律法规的平等程度
	开办商业过程中的腐败程度
	公共机构和私有组织间咨询沟通的程度
	政府在出台政策时的全球眼光
争议处理（包括司法系统争议处理）	法律援助、诉讼等司法服务的普惠程度
	司法判决过程的清晰程度
	司法官员的负责度
	人权
	非司法程序在公平解决冲突中的位置

与传统的管制模式相比，治理的特点表现在以下方面：其一，传统的管制焦点集中在单一中心的政府身上，视野停留在政府如何控制社会的单向维度上。治理比政府管理的外延更宽广，它所创造的社会结构或秩序要依靠多方参与者发生互动的影响来实现。[1]其二，现代政府治理的本质不仅意味着政府对人们行使属于社会的权力，同时也意味着政府及其公职人员保障社会利益，促进公共意志的实现。政府治理的基本目标就是为全体公民谋求最大限度的福利，使整个社会的运作成本最小化，运作机制最优化。其三，实际上，治理理论就是探索在对公共事务的治理中，政府与公民之间的一种新的合作关系，这种新型的政府与公民之间的关系，就是公民作为公共治理主体之一，在享有与政府平等地位的基础上，参与对公共事务的治理。从这个意义上说，治理理论也是一种民主行政理论。其四，如果说管制运行依靠的是强有力的垂直控制和命令，那么治理运行则依靠的是存在于公民社会中的社会资本力量，依赖于政府、公民、企业、社会组织之间的相互信任与积极合作的态度。

发达国家理论界围绕治理概念的新解形成了一系列纷繁复杂的治理理论，为了化繁为简这里将其基本含义简要地概述为：在一个既定的范围内运用权

---

〔1〕 Kooiman J., M. Van Vliet,"Governance and Public Management", in Kooiman（eds）, *Managing Public Organization*, Sage Publisher Co, 1995.

威维持秩序，满足公众的需要。总体而言，目前对治理理论加以运用有两个不同的角度，一是在政治或行政领域中，治理理论建立在"国家—政府"的二元架构上，关注的焦点是政治权力的行使方式和效果。二是在非政治领域中，治理理论则建立在"政府—市场—社会"的三元架构上，其重点在于促进政治权力与经济权力、社会权力之间的互动关系。

三、治道变革在我国的体现

治道变革既是社会发展需要的推动，同时也是政府自我完善的需要。治道变革运动在西方社会中开展之时，我国也迈开了改革开放的步伐，社会主义现代化建设使社会情势发生了翻天覆地的变化。在多种体制转型、多种文明构建、多种意识并存、多种利益混杂的社会过渡时期，政府对公共事务的管理也面临着前所未有的挑战。治道变革在我国的主要表现为行政管理体制的改革，也就是说，我国行政管理体制改革是从传统治道向现代治道转变的过程，这种改革不涉及基本政治框架的变动。[1]当然，行政管理体制改革并不独行，也伴随着社会改革中的一系列措施。20世纪70年代末的经济体制改革是社会生产力发展的助推器，社会主义市场经济体制的确立是行政管理体制改革的广阔平台。政府职能的转变和机构的改革是行政管理体制改革的中心枢纽；民主法制建设是行政管理体制改革的坚实基础。

（一）从"捆绑式"向"精简式"政府的转型

中华人民共和国成立初期，政府面临着社会经济发展的困境，受制于国家治理经验的不足，在实际运作中将政治管理职能、行政管理职能和公共事务管理职能统一运用，"形成了政党体制、行政体制、经济体制、社会体制等处于捆绑状态"。[2]但是，各种管理职能的目标和需求具有较大的差异性，这种职能捆绑并没有产生预期的互补与综合效应。在计划体制时代，政府同时承担着生产者、监督者、控制者等众多角色，对社会资源进行强制调配和统一安排，但"政府失灵"使得社会资源的优化配置和有效利用大打折扣。在20世纪80、90年代，我国开始对上述"捆绑式"体制进行松绑，进行行政改革的基本思路是实现政企分开，弱化政府的微观管理职能，强化综合管理

---

〔1〕　俞可平："中国治理变迁30年（1978—2008）"，载《吉林大学社会科学学报》2008年第3期。

〔2〕　马翠军："行政改革的逻辑思考"，载《读书》2008年第4期。

职能，精简专业部门，强化宏观调控部门。政府要实现从"划桨"到"掌舵"的角色转换，担当起倡导者、引导者的身份。

（二）从"管制型"向"服务型"政府的转变

早在1998年《国务院机构改革方案》中，"公共服务"首次被确立为政府的基本职能，2005年第十届中国人民代表大会第三次会议上的《政府工作报告》正式将"建设服务型政府，创新政府管理方式"确认为政府目标，2006年党的十六届六中全会强调要"建设服务型政府，强化社会管理和公共服务职能"，2007年十七大报告中明确提出"加快行政管理体制改革，建设服务型政府"的要求，在十二五规划和十三五规划以及2018年《国务院机构改革方案》中，均明确了建设服务型政府的要求。由此可见，建设服务型政府是我国近20年来一以贯之的治理改革目标。

构建服务型政府是为了改革传统管制型政府的弊端而提出的政府管理模式，两者在执政理念、职能定位、行政方式等方面均有不同。其一，服务型政府的核心理念是执政为民和社会服务，服务型政府以民众为本位、以社会为本位、以权利为本位，不同于以往管制型政府模式中以官僚、政府和权力为本位。其二，服务型政府的职能定位重在提供良好的公共产品和有效的公共服务，不同于以发展经济为核心的传统政府职能。其三，服务型政府是从万能政府到有限政府的转变，行政方式从部门间的严格分工转向协调合作，从直接管理转向间接管理。

（三）从单一垄断型政府向多元互动型政府的嬗变

单一垄断型的政府管理模式是将政府作为社会管理的唯一主体，以政府权力为本位，作为社会管理的运作机制核心的政府进行自上而下的垂直管理。这种管理模式在历史上也曾发挥过很大的作用，但其封闭僵化的固有缺陷也造成了职能错乱和效率低下的困境。"在现代公共部门的第二轮改革中，改革的重点已经从结构性分权、机构裁减和设立单一职能的机构转向整体政府"，[1]也就是在行政体制改革的理念上开始从分权与制衡逐渐向协同与合作转变，改革的目光从政府机构内部扩大到了整个社会中，在加大政府机构内部整合力度和提升管理绩效的同时，也注重提高社会的"自治"能力，以

---

〔1〕 ［挪威］Tom Christensen、Per Lagreid："后新公共管理改革——作为一种新趋势的整体政府"，张丽娜、袁何俊译，载《中国行政管理》2006年第9期。

便在政府与社会之间形成新的分工与合作的关系。

社会组织的兴起也作为另一股重要推力促进了我国政府向现代治道前进。社会组织在公共事务管理中逐渐从被排斥转变为参与，以其公益性目的在部分公共事务中提供社会服务，从而在公共服务中发挥出较大的力量。服务型政府的构建离不开与政府与社会组织的合作，社会组织对公共事务的协同管理作用将变得越来越重要，这种多元互动型的管理模式超越了传统管理中公与私的界限，这也有助于进一步推动政府职能的转变。

（四）国家治理体系和治理能力的现代化

党的十六届四中全会提出"社会管理体制创新"；党的十八届三中全会将国家治理体系和治理能力现代化作为全面深化改革的总目标，提出"创新社会治理"；党的十九大报告中提出"打造共建共治共享的社会治理格局"，要求"加强社会治理制度建设，完善党委领导、政府负责、社会协同、公众参与、法治保障的社会治理体制，提高社会治理社会化、法治化、智能化、专业化水平"。从"社会管理"到"社会治理"虽一字之差，却蕴含着我国社会治理理念、内容、方式的转变，而且在社会治理"四化"中排列第一位的即是"社会化"。

我国的国家治理现代化与西方国家的治理有所不同。首先，治理的社会基础不同。西方国家的治理是基于"政府失灵"和"市场失灵"的弊端，国家和市场对公共事务难以处理或处理无效之后，从而寻求公民社会的治理方式。而我国的国家治理是建立在政府效率有待提升与潜能尚待发挥、市场失灵和市场不足并存、公民觉醒和参与不足并存的现实之上，国家治理的社会背景更为错综复杂。其次，治理的主体不同。我国的国家治理主体可以包括执政党、政府、人大、司法机关、政协、军队、社会组织、企业、公民等主体。我国《宪法》中规定基层群众享有自治权，包括村民自治和城市社区居民自治。其中，党的领导、基层群众自治组织具有中国特色社会主义性质的主体，与西方社会有着根本性的区别。再次，治理的结构关系不同。西方国家治理结构关系中是倾向于突出公民社会的作用，而弱化政府的作用，具有更浓厚的西方社会属性。而我国的国家治理体制是党委领导、政府负责、社会协同、公众参与，表明在我国国家治理中挑大梁的仍是党委和政府。最后，治理的价值体系不同。作为一种工具理性的治理，是各国迈向现代化的普遍追求；

但作为一种价值理性的治理，各国的价值取向和实现形式是多样化的。[1]我国国家治理的出发点和落脚点是促进社会公平正义和增进人民福祉，公平正义是中国特色社会主义的内在要求，人民当家做主是社会主义民主政治的本质和核心。而西方国家治理中多党选举制度促使一些政党急功近利，为了选票迎合部分民意或追随短期民意，从而在治理过程中有失公平正义。[2]美国环境社会学家大卫·佩罗曾表示有大量研究证明美国环境保护署在中产阶级和白人居住社区的管理和执法权威要远远强于贫穷和有色人种社区。[3]

国家治理体系"包括经济、政治、文化、社会、生态文明和党的建设等各领域体制机制、法律法规安排"。党的十九大报告也提出"构建政府为主导、企业为主体、社会组织和公众共同参与的环境治理体系"。环境治理体系是国家治理体系的重要组成部分，在推进国家治理体系和治理能力现代化的发展战略之下，环境治理体系和环境治理能力也需要现代化，主要包括环境治理理念的现代化、环境治理目标的现代化、环境治理体制的现代化、环境治理机制的现代化、环境治理技术的现代化等。

第二节　治道发展与善治理论

治理可以弥补政府和市场在调控和分配社会资源过程中的某些不足，但它也不是万能的，也存在许多内在局限。治理理论的立论者们也对该理论进行了反思与批判，认为治理理论内部包含两个不协调的倾向：一方面是呈现"国家中心主义"，强调政府的作用，着眼于扩展国家的政治和制度能力；另一方面却是"社会中心主义"，关注公私的互动，聚焦于协同治理和自主治理。[4]事实上，治理是国家和市场手段的补充，治理的有效性是建立在国家和市场的基础之上的。既然在社会资源配置中存在国家的失灵和市场的失灵，

---

〔1〕　参见徐晓全："西方国家治理理论：内涵与评析"，载《检察风云—社会治理理论专刊》2014年第3期。

〔2〕　参见吴志成："多重治理难题考验欧洲政党"，载《人民日报》2018年1月28日。

〔3〕　参见陈阿江主编：《环境社会学是什么——中外学者访谈录》，中国社会科学出版社2017年版，第23页。

〔4〕　See Peters B. G., "Governance and Comparative Politics", in Pierre, J. (eds.), *Debating Governance*, Oxford University Press, 2000, pp. 36~53; Pierre, J. Introduction, "Understanding Governance", in Pierre, J. (eds.), *Debating Governance*, Oxford University Press, 2000, pp. 1~10.

也就会存在治理失灵的可能。如此一来，如何使治理更为有效的问题就顺其自然地摆到了研究人员面前，就此问题的应对陆续产生了"元治理""健全的治理""有效的治理"和"善治"等概念和理论。其中，"良好的治理"或"善治"的理论最有影响。[1]"善治"一词是译自英文"Good Governance"，即良好的治理，从词源上可以看出善治理论是在治理理论框架之下发展起来的，主要以克服治理理论的失效为前提和背景。

一、善治理论的基本要素

"善治"的概念在我国的使用主要有三个来源，一是据我国古典文献《汉书·董仲舒传》中的记载："当更张而不更张，虽有良工不能善调也；当更化而不更化，虽有大贤不能善治也。故汉得天下以来，常欲善治而至今不可善治者，失之于当更化而不更化也。"[2]这是西汉时期儒学大家董仲舒在回答汉武帝的策问时所做的回答，其中"善治"的语义就是指帝王能够较好地进行政治统治。二是来源于对西方治理理论中"Good governance"的翻译，其核心语义是强调社会管理主体的多元化，它是在 20 世纪末作为一个主题被提上国际社会的议程，尤其是在发展援助领域。三是我国学者俞可平教授总结的善治概念，即"公共利益最大化的社会管理过程"。[3]本书所探讨的"善治"理念主要是在西方治理理论的语境之下，研究社会多元主体在环境管理过程中的互动合作以达到良好治理的目的。

善治理论是公共治理理论的主要流派之一。善治究竟意味着什么？它的本质特征是什么？它的基本要素有哪些？对这些问题国内外理论界尚且莫衷一是。具体而言，对善治这一术语界说的代表性观点主要有以下几种：一是迈克尔·巴泽雷认为，善治是一种"公民集体价值"的体现，表明了社会自治的要求和能力。[4]二是查尔斯·詹姆士·福克斯认为，善治就是"以人为本"，提出将人民的幸福作为"善"的判定标准。[5]三是 R. 罗茨认为，善治

〔1〕 俞可平主编：《治理与善治》，社会科学文献出版社 2000 年版，第 1~2 页。

〔2〕 （汉）班固：《汉书·董仲舒传》，第 26 卷。

〔3〕 俞可平："治理和善治引论"，载《马克思主义与现实》1999 年第 5 期。

〔4〕 参见 ［美］麦克尔·巴泽雷著、巴贝拉·J. 亚美吉尼协作：《突破官僚制：政府管理的新愿景》，孔宪遂、王磊、刘忠慧译，中国人民大学出版社 2002 年版，第 133 页。

〔5〕 参见 ［美］查尔斯·J. 福克斯、休·T. 米勒：《后现代公共行政——话语指向》，楚艳红译，中国人民大学出版社 2002 年版，第 201 页。

的治理是强调效率、法治、责任的公共服务体系，政府公共部门与社会私人部门之间的互动才会形成善治。[1]四是俞可平教授认为，善治是使公共利益最大化的社会管理过程，其实质是国家权力向社会的回归，其实现有赖于公民自愿的合作和对权威的自觉认可。[2]从相关文献中可以发现各学者对善治的一些共同的主张，即善治强调公民对公共事务的参与。善治是建立在政府与公民社会合作的基础上的，谋求公共利益最大化的社会管理模式。其本质特征在于它是政府与社会、政府与公民、政府与市场对公共事务的互动合作管理，是国家与公民社会之间的一种和而不同、和而共生的互促互进关系。其深刻意蕴在于国家的权力向社会的回归，是国家还政于民，以实现政府、社会、公民和市场的良性互动与合作。

我国学术界对善治进行较为系统研究的是俞可平教授，根据其研究成果将善治的基本要素归纳为十项：①合法，即社会秩序和权威被自觉认可和服从的性质和状态，公共管理活动应取得公众最大限度的同意和认可；②法治，即法律是善治过程中公共事务管理的最高准则，法律规范公众行为的同时更制约政府行为；③透明，即政府应及时向公众公开政府信息，便于公众对公共决策知情并加以监督；④责任，即管理者应当对自己的行为负责；⑤回应，即管理机构必须对公众的要求作出及时的和负责的反应；⑥有效，即管理的效率，包括管理机构设置的合理和管理成本的降低；⑦参与，即公众的政治参与和其他社会生活的参与；⑧稳定，即国家和平、社会安全、生活有序、政策连贯等；⑨廉洁，即政府官员奉公守法，不徇私枉法；⑩公正，即要注重弱势群体利益的保护等。[3]

善治理念与以往的管理理念相比较，其特征性和进步性主要体现在治理的权力来源、治理的参与依据和治理的内容范围等方面。首先，在善治理念中，权力的合法来源不是唯一的，政府有权进行公共管理，公众同样也有权参与公共管理，善治建立在政府与公民合作基础之上。在政府与社会的关系上，政府与社会组织可以在不同程度上对公共事务进行管理分工、服务分担，政府可以从亲力亲为转变成指导作为。在政府与市场的关系上，善治理论认

---

〔1〕 参见俞可平：《治理与善治》，社会科学文献出版社 2000 年版，第 1~2 页。

〔2〕 参见俞可平："中国离'善治'有多远——'治理与善治'学术笔谈：治理和善治分析的比较优势"，载《中国行政管理》2001 年第 9 期。

〔3〕 参见俞可平：《治理与善治》，社会科学文献出版社 2000 年版，第 9~10 页。

为政府应扮演"有限政府"角色，应寻求第三种调整机制——社会机制来弥补市场机制的"形式理性"和政府机制的"实质理性"的不足。其次，在善治理念中，参与治理的主体是不特定的。除了特定行政关系中的行政主体、行政相对人以及行政第三人之外，其他社会主体也可以参与其中，他们更多的是基于伦理和道德上的关怀而参与到公共事务中的，不像以往的治理主体与对象之间是基于直接的管理与被管理关系。"善治"的本质就在于实现公民的利益、权利和价值，因而公民不仅是公共物品和服务的"消费者"，更应是公共物品和服务的监督者。从这个角度讲，公民必须参与到公共事务的管理中。最后，善治理念中的治理内容不仅仅包括社会各类主体的经济行为，同时也应包含政府主体的行政行为。传统社会管理的运行向度是政府对社会的直控，对政府行政行为的管理主要在政府系统内部进行。善治理念要求社会管理的运行向度中增加社会对政府的互动，将行政行为的管理拓展到政府系统之外，社会力量也可以对行政行为产生一定的影响和制约。

二、实现善治的必要性

善治理论的生命力在于它紧随了社会结构变迁的脚步，符合了经济基础变革的趋势，把握了政治现代化的方向，明确了当代社会公众的利益诉求。具体而言，善治具有如下几个方面的意义：

（一）善治是全球化时代的必然产物

在全球化时代中，社会的发展日新月异，每个领域都充斥着各种机遇和挑战，由于一定时空范围内人类认识的有限性，发展过程和结局中的不确定性因素也日益增多。尽管古希腊时期的哲学家早已在哲学上论证了不确定性问题，认为不确定性才是世界的本相，[1]但是不同时代的不确定性特征各异。在农业文明时代，主要是以自然界的不确定性为主，如自然灾害等；在工业文明时代，前期是以社会的不确定性为主，如战争、冲突等，在后期经济的不确定性开始加强，如金融危机等；而在全球化背景下的后工业文明时代，人类实践导致的全球性风险占据了主导地位，制度性风险、文化性风险等横生，社会的发展开始被贴上了"风险社会"的标签。那么，这种不确定性的突显和增加随之带来的就是对政府治理能力和担责能力的考验。各种不确定

---

〔1〕　黄信："制度不确定性：市场与政府关系的新视角"，载《中共中央党校学报》2010年第1期。

性的存在必然会增加治理失败的概率，也就增加了政府担责的比率。面临棘手的不确定性问题，政府可能没法再像从前那样独当一面，这就需要寻求合作伙伴。并且在风险社会中，对风险的控制也不能仅仅归结为政府的一家之责，风险的分担朝着社会化方向发展。全球化时代若要实现社会利益的共享，那么同时也应当实行社会风险的共担。善治理论就是引领政府走向与社会的合作之道，将政府的部分公共职能和责任分给社会去承担。

（二）善治是政府职能转变的理论需要

政府的职能是特定的社会历史条件的反映，其内涵会随着社会的不断发展而有所改变。政府基本职能的定位取决于政府的性质，政府的性质则是取决于国家的性质。而国家的性质具有多样性的特点，根据马克思主义关于国家本质的相关理论，可以得知国家具有阶级性、社会性和主权性，其中国家的阶级性是国家的本质同属性，而国家的社会性是国家本质属性的体现和载体，国家的主权性也为国家的阶级性服务，由国家的阶级性决定。[1]国家的三种属性是从不同的侧重点来看待的，其中与政府职能联系最紧密的是社会性。当前，政府的社会管理职能占有越来越重要和突出的地位，因为政府的公共权力是源于人民的授权，政府从事公共管理的相关活动是以受托人的身份，因此作为受托人的政府应当为作为委托人的人民提供服务。在我国，党的十六届三中全会通过的《中共中央关于完善社会主义市场经济体制若干问题的决定》提出了要转变政府职能，确立服务型政府的新定位。善治理论着眼于公共治理过程中政府与社会的合作，这种合作治理就意味着政府应当与社会之间进行职能分工，实现从"全能型""权力型"和"管制型"政府向"有限型""权利型"和"服务型"政府的转变。从这个角度来看，善治理论是对当前公共危机之中政府职能转变的拯救性回应。

（三）善治是完善民主化进程的客观需要

民主是政治现代化应有的题中之意，政治现代化最基本的目标就是政治民主化。发扬民主，具体表现为：政府对社会的放权，培养、引导社会的自治能力；提倡建立法制或制度机制，鼓励非政府主体的参与，扩大民众参政议政和渠道；鼓励公民和政府在社会生活的各个方面进行建设性的合作。从

---

[1] 韩桥生："从马克思主义国家本质理论看构建社会主义和谐社会的政治学意义"，载《党史文苑》2011年第4期。

某种意义上说，政治现代化的进程就是民主从政治层面向社会层面回归的过程，[1]这也就意味着民主化进程中需要尽可能实现社会的自治。整个现代化的过程中，民主的意愿会越来越强烈，盲目地阻挠这种意愿的发展就有可能催生非理性的反击，从而影响社会现代化取得的成果。这种意愿必须要找到满足与疏导的渠道，而善治理念能够符合民主化的这种需求，所以可以说善治是完善民主化进程的客观需要。

（四）善治是完善上层建筑的实际需要

经济基础决定上层建筑是马克思主义的经典论断之一，换言之，经济基础的变化必然带来上层建筑的变革，社会意识形态和政治法律制度等上层建筑也需要随着经济体制的变化而变化。就我国而言，自改革开放以来社会经济基础发生了一些根本性的变化，如非公有制经济比重的壮大、多种分配方式比重的增加等，加上如今全球经济在动荡中加速变化的时代背景，各种利益关系呈现出不断调整、愈发密切、日益复杂的局面。然而相关上层建筑在保障各类利益相关者的权利方面却显示出严重的不足，那些滞后于经济基础发展变化的上层建筑亟待改进。以多中心治理为特征的善治理念正好有助于修补市场经济中多元主体间利益格局的失衡。

（五）善治是社会利益整合的迫切需要

在我国从传统社会向现代社会转型的过程中，多重原因的交错复杂使该阶段的社会利益呈现出了利益主体多元化、利益取向多极化、利益差别显性化、利益矛盾尖锐化的特点。[2]在党的十六届四中全会上通过的《中共中央关于加强党的执政能力建设的决定》对党的执政能力和水平提出了新的要求，其中对不同社会阶层的利益及其协调的论述占据了一定的篇幅，从中可以看出社会利益分化的格局已经引起了执政党的重视。在社会各阶层之间建立起行之有效的利益整合机制，对提高社会主义和谐社会的构建能力有着重要意义。善治理论追求社会利益的最大化，为利益整合机制的建立提供了明确的目标，亦为其提供了价值选择，即个体在追求自身利益的同时，其行为的价值导向应受到公共利益的限制与制约，以实现社会公共利益的最大化。

---

〔1〕　俞睿、皋艳："公民意识：中国政治现代化的驱动力"，载《求实》2006年第1期。

〔2〕　李清华："利益整合：构建和谐社会的关键"，载《理论前沿》2005年第1期。

三、促进善治的可行路径

善治作为一种社会治理的美好愿景，绝非寥寥数语就能言清其实现路径的。勾画促进善治的宏观思路，可以从以下方面着手：其一，建立一套系统的善治理论是推进善治的前提。其二，培育成熟的公民社会是实践善治的基础。其三，规范政府的善政是善治顺利进行的关键。其四，改进善治的工具是善治顺利推进的保障。其五，创新治理的制度是推进善治的动力。这五个方面互相联系，密不可分。

（一）政府与社会的互动合作

总而言之，善治的实现需要政府，但不局限于政府，善治不仅仅需要政府的积极举动，还需要给社会自治以更多空间，社会良性自治系统的形成有助于与政府理性管理系统形成对接，从而实现政府与社会之间的互动合作治理关系。

从促进善治的主体角度而言，善治追求的是政府与公民对公共生活的合作管理，以及政治国家与公民社会相互协调的最佳状态，其实质是国家权力向社会的回归。那么，善治的实现离不开政府，更离不开公民，如果没有公民的积极参与和合作，没有公民自愿的合作和对权威的自觉认同，只能构成善政而非善治。一方面，善治的实现需要政府主动转变管理理念与管理模式。政府对社会的管理需要公民、法人和其他社会组织的积极参与，而不是一味地服从。政府在制定规则、发布决策的过程中应当广泛听取当事人的相关意见，树立起权力尊重权利的意识，在权力行使过程中平衡好各利益相关方的利益，使政府行为得到公正且高效的结果。在新的历史条件下，我国地方政府的合法性基础发生了相应变化。地方政府逐渐转向通过发展地方经济，为地方人民提供广泛的社会福利，来获得地方人民的支持与认可，形成所谓的"政绩型合法性"，作为国家机器的重要组成部分的地方政府和地方社会之间逐渐由强制性的统属关系转化为"交换性社会契约关系"。[1]公共政策的制定和执行模式从单向的垂直命令式模式被互动的相互调整的模式所取代。另一方面，在追求善治的时代背景下，提高公民意识，寻求公民意识的培育机制，营造有利于公民意识生成的社会环境是实现善治理念的根本出路。我国

---

〔1〕 赵成根："转型期的中央和地方"，载《战略与管理》2000 年第 3 期。

公民的自治意识有待培养，公民社会自觉秩序的形成尚需时日。公民意识培育的最佳途径是让公民直接参与公共事务的管理，在参与中激发公民意识。政府在社会管理过程中，要搭建起让公民合理表达利益诉求的平台，充分倾听民意、尊重民愿，实现政府与社会的良好信任，共同管理和参与公共事务。

（二）社会管理的确立

"社会"一词在汉语中的本意是指特定土地上人的集合，"社"指土地之神，或者祭祀之所，"会"则为集合。中国古时有社稷、天下，有万民、苍生，却无社会一词。日本学者在明治年间将英语中的"society"、法语中的"société"译为汉字"社会"，沿用至今。[1]社会管理在我国被英译为"social management"，西方国家对社会管理的研究多用"社会行政"（social administration）或"社会政策"（social policy）的表述。也就是在20世纪70、80年代，伴随着治道变革的浪潮，在社会管理和公共管理领域兴起的"多中心治理""公民权理论""第三条道路"等新理论。社会管理概念的提出是社会变迁和政治民主的一种体现。一方面，社会不断发展前进，社会主体不断接受文明的洗礼，公民意识得到激发，公民素质得以提升。另一方面，政治民主化、现代化进程有力地推动了政治权威的树立方式从统治向服务的转变。社会管理就是在社会发展和政府转型的张力中日益发展的。

在我国的政府文件中，"社会管理"一词最初是出现在1993年第八届全国人民代表大会第一次会议《关于国务院机构改革方案的决定》之中，该《决定》要求"加强宏观调控和监督部门，强化社会管理职能部门"。1998年被中央政府采纳的国务院改组提案表明政府的基本职能包括"宏观经济调控、社会治理和公共服务"。[2]2004年6月，党的十六届四中全会提出要"加强社会建设和管理，推进社会管理体制创新"。2007年，党的十七大报告进一步提出要"建立健全党委领导、政府负责、社会协同、公众参与的社会管理格局"。2010年的中共十七届五中全会上，"加强和创新社会管理"成为重点议题，提出"按照健全党委领导、政府负责、社会协同、公众参与的社会管理格局的要求，加强社会管理法律、体制、能力建设。完善法律法规和政策，健全基层管理和服务体系，加强和改进基层党组织工作，发挥群众组织和社

---

〔1〕"法学界应如何看待社会管理创新"，载《法制日报》2012年1月18日。

〔2〕Yu Keping,"A Shift Towards Social Governance in China", *East Asia Forum*, Vol. 3, No. 2, 2011.

会组织作用，提高城乡社区自治和服务功能"。2011 年全国人大通过的十二五规划中以大量篇幅阐述了社会管理的概念。这表明社会管理在党和政府的议程中逐渐受到重视，如今社会管理创新的议题已经摆在了议程上的首要位置，党和政府希望能以提高社会管理和执政能力来形成公共服务的合力。党的十八大报告明确提出，要扩大公众参与，改进政府提供公共服务方式，引导社会组织健康有序发展，充分发挥群众参与社会管理的基础作用。但在我国的法律文件中，创新意义中的社会管理概念尚付阙如，尽管刑法、治安法中有社会管理一词，但它的语义更多的是指对社会秩序和治安的管理，与当下提倡的社会管理的含义大不相同。这是因为社会管理创新尚且属于新生事物，相关理论认识也还各持己见，法律法规中对社会管理的确认就更为迟缓了。

（三）从社会管理到社会治理的转变

党的十八大以来，以习近平同志为核心的党中央提出了关于国家治理和社会治理的系列新理念。党的十九大报告在宏观战略层面，提出推进国家治理体系和治理能力现代化，以及完善社会治理体制，提高社会治理社会化、法治化、智能化、专业化水平。

目前，"社会治理"有多种语境下的理解和使用：其一，社会治理可以理解为是政府职能的重要组成部分，与政府的政治职能、经济职能并列，它意味着政府依照法律规范治理社会事务、社会组织、社会生活。为免混淆，本书将这一层含义称为"政府的社会治理职能"。其二，社会治理被理解为对社会的治理，即社会作为被治理的对象，治理的主体是未定的，也是开放的。这种广义上的社会治理不限于政府的社会治理职能，它还包括其他多元主体参与的社会治理。其三，社会治理可理解为社会进行的治理，即社会（第三部门）作为管理的主体，与政府（公共部门）的行政管理和私主体（私人部门）的自我管理相对应。[1]或者说，将社会治理视为一种不同于经济治理和国家治理的社会治理。[2]本书所论证的"环境社会治理"主要是侧重于此种理解，即以善治理论为基础，社会治理的主体是多元的，而不仅仅是政府承担环境保护义务，从而把对环境保护进行的治理分为环境行政管理和环境社

---

〔1〕 参见郑小明："法治视野下的社会管理探析"，载《求实》2011 年第 12 期。

〔2〕 Yu Keping , "A Shift Towards Social Governance in China", *East Asia Forum*, Vol. 3, No. 2, 2011.

会治理，强调社会也是环境治理的一类主体。

从法治的角度来看，社会治理所需解决的是权力配置的不均、权利保护的不足、义务承担的不够等问题，尤其是法律应对新生社会问题的滞后，需要从法律上对新的权利进行确认、保护和调整。社会管理创新需要注重对社会结构体制的改革，特别是社会资源的分配体制，如果不解决好公民权利与国家权力之间的关系平衡，社会管理的创新就没有解决根本性的问题。[1]在完善和创新社会治理体制机制方面，应避免将治理当成对社会的行政管制，片面地认为政府就是治理的唯一主体，从而单方面加强政府对社会的管理职权，而不注重政府与社会的协同治理以及社会自治，从而使社会治理创新走进一条狭窄的胡同之中。

社会治理过程中的合法性与正当性因素值得关切，首先应明确认识和正确对待社会治理的主体与客体。社会治理的主体首先是人民，我国《宪法》第2条第3款规定人民有权通过各种途径和形式管理国家社会、管理经济和文化事业、管理社会事务。社会治理的客体是社会关系，调整社会关系就是要调整社会成员的物质和精神需求、协调社会群体的利益关系。社会治理不是对公民的私人活动过度控管，而是在加强社会治理的同时还应该谋求管理与保护的平衡，行政权力与人权、公民权的平衡互控，不能只是无制约地单向扩大行政权力。

另外，社会管理要逐步地社会化。也就是要依靠社会组织的自治和社会主体协同党政、政府治理。早在党的十六届四中全会就已经强调要坚持为人民执政，而且也指出还要靠人民执政。靠人民执政就意味着依法治国、法治社会要靠人民，不是仅靠政府，而且要扩大人民群众的参与度，要发挥社团组织、行业组织和社会中介组织提供的服务，形成社会管理和社会服务的合力。

我国社会治理的大背景为环境善治的实现提供了发展契机，善治理念的中国化，与我国构建和谐社会，深入研究社会管理规律，完善社会管理体系和政策法规，整合社会管理资源，推进社会管理体制创新的要求不谋而合。但我国理论研究和实践探索中对善治理念和公民社会的发展尚存保留。

---

〔1〕 参见郭道晖："我看社会管理的创新方向"，载《炎黄春秋》2012年第1期。

第三节　善治与良法的互动作用

一、善治与法治的外在区别和内在联系

法治理论的提出可溯源至古希腊的思想家亚里士多德，他提出"法治"应当包括两重含义：一是有优良的法律，二是优良之法得到民众普遍遵守。并且在亚里士多德的思想体系中，法治还不是终极目标，其真正的终极目标是正义和善，法治也要服从正义和善的统帅。[1]英国法学家约瑟夫·拉兹认为，政治意义上的法治就是强调当权者同其他人一样都要服从法律。[2]西方的法治观念与我国先秦法家思想的不同之处主要在于前者的建立基础是民主社会；而后者的建立基础是集权统治，其侧重点不在于法律本身，更多的在于统治方法。

在现代，法治已经上升到了我国的基本治国方略，依法治国就是依照体现人民意志和社会发展规律的法律治理国家，而不是依照个人意志和主张治理国家。我国学者对法治的内涵可谓众说纷纭，但从总体来看，法治的基本特征包括：其一，法律必须代表最广大人民的利益，必须建立在民主的基础上；其二，必须确立法律至上的国家结构；其三，法律面前人人平等；其四，法律的根本目的是为了保障民权和实现正义；其五，政府的权力应受到制约；其六，法治非一种统治，而为一种对社会的管理。[3]如今，法治的观念早已为公众耳熟能详，人们可能对法治的概念组成和具体规则都了解，但是却容易忽略现代法治所要解决的核心问题。法治的根本问题就是对公共（政治）权力的限制或者控制，但这并不意味着否认权力，而是承认权力，运用法律限制权力。[4]当然，有了法律并不表示权力就得到了限制，因为法律也有可能成为权力的工具。这涉及善法与恶法的区分，只有善法之治才能成就法治，恶法之治只能成为专制。

---

〔1〕 吴玉章：《法治的层次》，清华大学出版社 2002 年版，第 43 页。

〔2〕 Raz J.，*The Authority of Law*，London：Clarendon Press，1979，转引自吴玉章：《法治的层次》，清华大学出版社 2002 年版，第 6 页。

〔3〕 严存生："法治社会的'法'与'治'"，载《比较法研究》2005 年第 6 期。

〔4〕 吴玉章：《法治的层次》，清华大学出版社 2002 年版，第 4 页。

法治一词早已被公众熟知，善治则是近二十多年才提出的理念。法治主要是从法学角度对政府提出的要求，要求政府治理过程中的法律至上；而善治主要是从政治学或管理学的角度对政府管理提出的要求，要求政府还政于民。具体来看，二者存在如下区别：首先，从主体的侧重来看，法治的主体在于政府，强调的是政府通过法律治理国家的方式；而善治的主体侧重于社会，强调非政府组织、公民在治理中所发挥的作用。其次，从作用的向度来看，法治强调国家、政府自上而下的管理，是一种单向度的管理；善治强调社会、个人自下而上的参与，是一种双向度的治理。再次，从施行的方法来看，法治侧重于强制性的方法，以国家机器的强制力作为法律实施的后盾；善治更注重协调性的方法，通过政府与公民的互动合作来协调各种利益。最后，从调整的手段来看，法治是专门运用立法机关颁布的法律来调整社会关系的，而善治除了承认法律的调整手段外，还注重运用市场机制、道德教化、私人自治等调整手段。

从上可以看出，善治的含义要比法治的含义更为宽广。不过可以说，二者上述几方面的区别都是外在的，不同之处在于它们看问题的角度不同。善治和法治其实也有内在的相互联系，如善治的要素包括了合法性、法治性，法治的本性在于公正善良。仔细探究两者的内涵，可以看出它们在许多方面都有内在一致性：

其一，对象上的同一性。法治与善治所要解决的问题都指向了"权力"，法治理念的根本是为了用法律来制约权力，善治理念的实质则是国家权力向社会的回归，是一个还政于民的过程。二者都是为了治疗权力的"先天性病症"而在不同历史阶段的对症下药。

其二，目标上的一致性。古罗马法学家塞尔苏斯早有言："法律乃公正善良之术。"公平正义是法律固有的属性。法国的社会学家托克维尔也作出结论：法治的原动力，乃是公平正义的理念。而善治的构成要素之一便是公正，公共机构要正确而公正地进行有效的行政管理。[1]可以看出，法治与善治的应有目标是一致地追求公平和正义。

---

〔1〕 See the outline presented by a Bank representative, Patrick Dufour, ´L´assistance économique et financière de la Banque mondiale dans le cadre des opérations de restauration de l´Etat´, in Y. Daudet（dir.），Les Nations Unies et la restauration de l´Etat, Paris：Pedone，1994，p. 80，转引自［法］玛丽-克劳德·斯莫茨："治理在国际关系中的正确运用"，肖孝毛译，载《国际社会科学杂志（中文版）》1999 年第 1 期。

其三，内容上的包容性。法治是善治的基本要素之首，也就是说没有健全的法制，没有充分的守法，没有建立在法律之上的社会程序，就没有善治。法治是善治的应有内涵，同样，善治也可以成为法治的指引。善治与法治并不相排斥，二者可共同构成社会的良法善治。

其四，责任上的共通性。善治所主张的责任性与法治中的法律责任是共通的，都要求人们应当对自己的行为负责，善治特别要求承担职务和享有职权的管理机构与人员必须履行一定的职能和义务。这与民法中的公平责任原则、刑法中的罪责行相适应原则、行政法中的权责统一原则都是相通的道理。善治要求运用法律和道义的双重手段，增强个人及机构的责任性。

其五，方式上的趋同性。善治讲求的是政府与公民间的互动合作，共同实现对社会的治理。法治也不再戴着一副严刑酷法的统治面具，而日渐呈现出政府与公民的互动合作趋势，如在立法领域，我国日益增多的法律草案公开向社会征求意见，标志着从"关门立法"到"开门立法"的民主化转变；在行政领域，各种听证会制度的实施让公众利益有常规渠道可以表达；在环保领域，《环境影响评价公众参与暂行办法》、地方性《环境保护公众参与办法》等法律规定的出台，使公众参与制度得以进一步确立。尽管法治进程中的这些公众参与的实际效果尚且有限，却恰好表明了善治理念对法治的补充，让人拭目以待善治如何实现政府与公民间的良性互动。

综上所述，善治在侧重的主体、作用的向度、施行的方法和调整的手段上都与法治有着明显的区别，但是殊途同归，这种外在的差异掩盖不了二者的内在联系，在对象、目标、内容、责任、方式等五方面的一致性占据了二者关系的主导地位。在当今价值多元化和利益复杂化的社会背景下，善治理念的提出是对法治进程中的一种提醒，即法治对社会利益的分配和法律关系的调整，需要适度转变现有方式，从统治转向治理、从控制转向协调、从单向转为双向。

二、实现善治的法治之需：善治应以良法为基石

法律的功效涉及社会生活的方方面面，是社会关系的有效调节器，任何发展道路和政策施行只有纳入法治的轨道才能形成有序的良性发展，也才最有可能顺利达到发展目标。因此，无论是发展的实践，还是发展的理论研究，都不应该而且也绝不可能绕过法律，避而不谈法律的发展实践与发展理论必

然是有缺陷的，甚至是缺乏操作性的实践和理论。而法律也只有在积极参与发展的主题实践中才会更加充分地展示其社会意义和功能，全面发挥其应有的社会作用和价值。在近半个世纪的发展历程中，法律日益显示出了它在社会发展中的重要性，法学研究不能仅仅停留在注释法学阶段，它应当也需要更加主动地研究社会发展的理论和实践，这样才能丰富和完善法治建设，才能发挥法学对社会发展的理论指导作用。

（一）法律与发展运动的"前车之鉴"

在 20 世纪后半叶兴起了以法律变革促进经济、社会发展的实践运动——法律与发展运动，其理论依据可以追溯到德国社会学家马克斯·韦伯的思想，他在《经济与社会》一书中，研究了法律与经济发展之间的关系。韦伯将欧洲经济在近代的发展归结为两个要素：一是在宗教改革中形成的新教伦理，二是在欧洲确立的制度尤其是法律制度。就法律制度而言，它需具备三种性质：理性法律的相对自治性、法律规则的可遵行性和明确性、法律规则适用的一致性。[1]也就是说，韦伯认为理性的法律制度在西方社会的经济发展中发挥了十分重要的作用，因为具有确定性的法律制度能够为市场参与者提供其行为的可预测性，并保障其投资的可收益性。那么，发展中国家要想实现现代化，就必然要效仿发达国家的法律制度，以推动落后的经济发展。如此一来，韦伯等学者的现代化理论就催生了 20 世纪 50 年代兴起的法律与发展运动。

第一次法律与发展运动发生在 20 世纪 50 年代至 70 年代期间，美国等发达国家派出专家试图在拉丁美洲与非洲的发展中国家从事法律发展援助，输出美国的法律教育模式。他们所采取的是一种"文化主义"进路，对于法律制度改革和律师职业等并未给予过多关注。[2]到 20 世纪 70 年代，法律与发展运动连同发达国家对不发达国家的援助逐渐偃旗息鼓，究其原因，除了变化的世界格局等政治因素外，当时宣扬的西方法治模式脱离不发达国家的现实也是一个重要原因。有学者评价，西方法律文化在非西方社会生活中的渗透，强行扭曲了非西方社会法律文明的成长取向，在相当程度上改变了非西

---

〔1〕　参见李桂林："法律与发展运动的新发展"，载《上海政法学院学报》2006 年第 5 期。
〔2〕　鲁楠："法律全球化视野下的法治运动"，载《文化纵横》2011 年第 3 期。

方社会法律发展的道路，是一种法律殖民主义或法律帝国主义。[1]

到了20世纪80年代中期，以经济史学家道格拉斯·诺斯为首的制度经济学理论，诱发了第二次法律与发展运动，它以美国为主要推手，以国际货币基金组织和世界银行为主要执行者。[2]不同于第一次法律与发展运动以"进化论与法律移植"和"工具论"为两个基本理论框架，[3]第二次法律与发展运动是由两种关怀来共同推动的：在国家层面上实行人权保护的需要（权利方面）和重建法律以促进全球性市场经济的运行效率的需要（市场方面）。[4]在这两重推动力之下，此次运动包含了"民主计划"和"市场计划"，民主计划以当时的世界人权运动为背景，促使人权运动的关注重点从理念转移到了法律制度。市场计划则除了强调经济增长的关键在于出口导向、自由市场、私有化和外国投资外，还主张保障财产权利，促使有效执行合同，防止政府权力滥用和过度的管制。[5]可以说第二次法律与发展运动采取的是一种"制度主义"进路，它在内容上着眼于法律制度改革，尤其是提升司法和执法能力的改革，将法治对社会经济发展的重要作用提到了至高位置。

但从中似乎又看到了第一次法律与发展运动失败的阴影，把西方国家的法治模式和一些治理经济危机的方案照搬到社会条件完全不同的非西方国家，不能取得预期的结果，因为"改革者创立的法律只停留在书本上，在行动上被漠视了，移植根本就没有成功"。这次运动的失败催生了20世纪90年代以来的新文化干预主义理论，干预主义者不再重视国家层面的制度变革，而是开始关注普通民众在日常生活中如何感知法律，认为文化能够作为一种分析的工具，帮助法律在普通人的内心得到确信，使每个人都有能力将他们的利益、欲望和意识与法治的目标相契合。[6]

---

[1] 公丕祥："法制现代化的分析工具"，载《中国法学》2002年第5期。

[2] ［美］汤姆·金斯博格："法律对经济发展有作用吗？东亚实践之意义"，许明月、夏登峻译，载吴敬琏、江平主编：《洪范评论》（第1卷第1辑），中国政法大学出版社2005年版，第42页。

[3] ［美］戴维·杜鲁贝克："论当代美国的法律与发展运动（上）"，王力威译，载《比较法研究》1990年第2期。

[4] David M. Trubek, *Law and Development: Then and Now*, 90 Am. Soc, y Int, l L. Proc. p. 225, 转引自李桂林："法律与发展运动的新发展"，载《上海政法学院学报》2006年第5期。

[5] 鲁楠："法律全球化视野下的法治运动"，载《文化纵横》2011年第3期。

[6] "从法律文化到法治文化"，载《人民法院报》2012年2月17日。

（二）法律与可持续发展

法律与发展运动经历 20 世纪 60 年代的大张旗鼓和 70 年代的批判反思之后，在 80 年代之后渐渐偃旗息鼓，但它对法学研究和发展实践确实产生了很大的影响，以至于在 90 年代的可持续发展战略中也十分强调法律对于可持续发展的重要意义。

1992 年 6 月，联合国环境与发展大会上通过了《21 世纪议程》，尽管它是一份没有法律约束力的可持续发展的行动计划，但是我国政府作出了履行《21 世纪议程》等文件的庄严承诺，并根据《21 世纪议程》制定了《中国 21 世纪议程》。该议程中提出"中国的社会发展应当走可持续发展的道路……要逐步建立国家可持续发展的政策体系、法律体系，建立促进可持续发展的综合决策机制和协调管理机制……开展对现行政策和法规的全面评价，制定可持续发展法律、政策体系，突出经济、社会与环境之间的联系与协调。通过法规约束、政策引导和调控，推进经济与社会和环境的协调发展……健全法制，强化管理，运用法律和必要的行政手段保证可持续发展"并且明确地指出"与可持续发展有关的立法是可持续发展战略和政策定型化、法制化的途径，与可持续发展有关的立法的实施是把可持续的发展战略付诸实现的重要保障。在今后的可持续发展战略和重大行动中，有关立法和法律法规的实施占重要地位"。[1]

（三）法律与善治

孟子曰："徒善不足以为政，徒法不足以自行。"这一具有普适价值的治国之道绵延千年，至今仍被奉为圭臬，当下的社会管理也应当要行善政与行法令相结合。法律作为外在的"他律"制度，只有经过行为人内在的"自律"升华，才能使内在自觉与外在约束有机结合，才能使行为人在不具备他律条件的环境中仍能自律。因此，只有真正融法、理、情于一体的"良法"，才能实现"善治"，才能赢得人们发自内心的认同和服从。

基于善治和法治诸多的内在一致性，两者应当在社会治理实践中相互结合，共同发挥应有的作用。首先，治理的规则须以法律为依据。善治并不排斥强制力，行政权力在治理过程中仍发挥了主导作用，因此，善治的过程离不开法律的规制。治理的法治化，要求政府治理的基本规则由法律作出明确

---

〔1〕 参见《中国 21 世纪议程》，中国环境科学出版社 1994 年版，第 7~12 页。

规定，包括治理的主体、内容、程序必须符合法律规定，这也是行政法治原则的基本要求。其次，治理的成果须由法律加以巩固。法律具有稳定性、权威性等形式化特征，法律化的治理成果更有利于对治理成果的应用和推广。最后，治理的价值须由法律加以评判。法律具有评价功能。现代社会之下，民主、公民权、公共利益等法律的基本要义应当成为治理成果的评价标准，防止治理行政化、边缘化，使其充满民主内涵和人本观念。

善治应当是依法而治，法治也需要在现有法律框架内充分考虑公民的参与性。总而言之，现代社会的治理应当是在善治理念指引下的法治。同时，作为"规则治理事业"[1]的国家的法律也开始出现社会化的趋势，一方面体现在法律的内容制定与实施过程中公众参与程度日益增强，另一方面体现在民间习惯法、社会组织规范等"软法"的功能日益突显。

虽然在环境与发展的政策转化为行动的过程中，国家的法律和规章是最主要的工具，它不仅通过命令和控制的手段予以执行，而且还是经济计划和市场工具的一个框架。[2]但是，除了法治的践行之外，环境善治的实现还需要为维护可持续发展和生态平衡所创建的政策制度、科学技术、环保意识、组织机构和实际行动。

在法律与发展运动兴起、衰退和复兴的过程中，西方政界与学界也出现了对其批评反思的呼声，认为法律与发展运动不应当采取西方中心主义的主张，而应该采取多元主义的治理模式，法律发展并非只有一种普遍适用的模式，应当尊重发展中国家的法律传统，采取一种协调与对话的法律发展模式。[3]

三、实现善治的法治困境：权力与利益的博弈

社会中的规则体系是多种多样的，社会管理的任务之一就是在多种规则体系的交相作用中改进社会秩序。近代以来中国社会规则的发展是用法律代替习惯，试图在社会秩序治理中确立起一元的法律规则体系，导致传统习惯

---

〔1〕 参见［美］富勒：《法律的道德性》，郑戈译，商务印书馆 2005 年版，第 124~125 页。

〔2〕 联合国："21 世纪议程"，载中国环境报社编译：《迈向 21 世纪——联合国环境与发展大会文件汇编》，中国环境科学出版社 1992 年版，第 87 页。

〔3〕 SeeMohan Gopalan Gopal, "Law and Development: Toward a Pluralist Vision", *American Society for International Law*, 1996，转引自李桂林："法律与发展运动的新发展"，载《上海政法学院学报》2006年第 5 期。

难以以制度的形式进入制定法之中，以行政为主导的法律是自上而下的单向度运行，使我国的法律呈现为一种"公法文化"，[1]并且当代社会中法律规则体系面临合法性不足与治理能力低下的危机。[2]在我国的环境法治进程中，法治困境的成因主要有以下几方面：

一是利益博弈制约了法律效果。尽管环境保护的理念早已成为大众共识，但是当经济不景气或是利益集团施压时，决策者仍会在经济发展与环境保护之间发生动摇，作出一些有利于经济发展不利于环境保护的决策。如日本在20世纪90年代经济萧条时期依然增加二氧化碳的排放，2001年3月布什政府则宣布《京都议定书》存在"致命缺陷"，决定单方面退出气候协议，便是很好的证明。[3]尽管我国也有着庞大的环境法律和政策体系，但是由于环境问题背后的利益关系纷繁复杂，使得现有的一些法律规定对环境问题只是隔靴搔痒，难以起到标本兼治的效果。

二是多元监督体制的欠缺。目前在环保领域行使外部监督的主力军，往往是弱势的非政府组织和个体公民，与媒体环保频道携手，实行舆论监督。而这无论是组织上、形式上还是力度上，都不足以保证环境善治贯彻始终。在与环境危机斗争的过程中，各类环保NGO（非政府组织）和个体环保人士其心可鉴，其力可钦，然而其效甚微。

三是司法体系内追责机制的缺乏。法律的实施如果不能最终追溯到具体的个人，法律应有的威慑惩戒作用将难以得到发挥。现行制度下，当行政权力造成公众利益的损害结果后，多采取行政处分而非司法惩处。行政问责制有待明确，并最终应与司法体系挂钩。

小结：治道变革对环境治理的促进

通过对治道变革和善治理念的分析，可以总结出学界所公认的善治具备

---

〔1〕　参见张洪涛："习惯在我国制定法中制度命运的制度分析——兼与苏力教授商榷"，载《法制与社会发展》2009年第5期。

〔2〕　参见张镭："迈向共生型的社会规则交往——善治理念与当代中国社会规则交往模式的更新"，载《法制与社会发展》2007年第3期。

〔3〕　［美］约翰·贝拉米·福斯特：《生态危机与资本主义》，耿建新、宋兴无译，上海译文出版社2006年版，第4~5页。

的核心要件，第一，善治意味着政府组织已经不是唯一的治理主体，政府以外的公共机构和私人机构同样也可以成为治理主体，传统公共行政下公与私、国家与社会的界限开始变得模糊，甚至彼此交融。第二，善治中的权力运行方向发生变化，从单一向度的自上而下的统治转向上下互动、彼此合作、相互协商的多元关系，在善治体系中，公共部门与私营部门、公民组织形成了多样化的社会网络，从事公共事务的共同治理。第三，"善治的本质特征，就在于它是政府与公民对公共生活的合作管理，是政治国家与公民社会的良性互动"。[1]善治有赖于公民自愿的合作和对政府权威的自觉认同，有赖于公民与政府之间的良性伦理关系，有赖于权力与权利的和衷共济。

善治是否构成了一种独立的治理之道？本书认为，善治是人们对各种治理之道良性运转的一种美好愿景，是一种价值取向，是一种追求目标。也即，善治是一种实现权力尊重权利的美好愿景，是一种注重社会本位的价值取向，是一种良好至善治理的追求目标。俞可平教授指出："善治既是对中国传统的善政善治概念的借用，更是对当代西方 Good governance 的借用，力图将中西含义结合起来。"这一概念对传统的超越在于，它不局限于好政府，而着眼于整个社会的良好治理，是公共利益的最大化，而不是政府利益或某个集团利益的最大化。对西方的超越在于，在中国语境中，善政仍然是实现善治的关键。对一般政治哲学的超越在于，它包含民主法治，但不局限于民主法治，民主法治只是善治的一个必要条件而非充分条件。可以说，以上的三种来源是互相递进的。[2]马克思主义观点表明，矛盾是事物发展的根本原因和动力。在社会发展过程中，公共事务领域的矛盾也推动着治理之道的不断变革。因而，公共事物的各种治道，只是在不同的发展阶段上，人们不断寻求相互冲突的原则、目标、手段之间的平衡点，从而形成的各种相对平衡的结构。各种治道只能在程度上化解矛盾，而无法从根本上消除矛盾。

在环境保护领域，治道变革的过程也得到了反映，开展了关于"Environmental Governance"的探讨。"Environmental Governance"在中文中不易找到一个很贴切的词来对应，大体直译为"环境治道"，[3]其主要含义是指解决

---

[1] 俞可平："社会公平和善治是建设和谐社会的基石"，载《理论与当代》2005 年第 4 期。

[2] 参见何哲："'善治'概念的核心要素分析———一种经济方法的比较观点"，载《理论与改革》2011 年第 5 期。

[3] 本书选取"治道"之义，意在区别于环境保护中通用的污染"治理"。

环境问题所采取的方式。本章研究治道变革，是将善治作为一种理念引入到环境管理当中，运用善治理念促进环境管理的创新，主要思考环境法应当以何种进路来促进环境这一公共事物领域中多元治理主体间的利益平衡与互动合作，具体的制度设计和操作方式仍需要根据我国国情在实践过程中因情而异。

第三章 | Chapter 3
治道变革对环境治理的促进：迈向环境善治

"我们不要陶醉于我们对自然界的胜利，对于每一次这样的胜利，自然界都报复了我们。"

—— ［德］恩格斯《自然辩证法》

尽管环境管理是一个老话题，不过随着经济社会的不断发展变化，环境问题呈现出复杂性、综合性、全球性和结构性等新特征，面对此景，传统的环境管理效率低下。这就要求环境管理的范围和方法也随之变化，环境治理范式也要与时俱进。

第一节　我国环境治理的阶段性特征

在环境管理发展演变的过程中，目前大致形成了三种环境管理手段：① "命令控制型" 的环境法律规制；② "经济刺激型" 的环境经济政策；③ "道德约束型" 的环境自觉行动。其中，"命令控制型" 的法律规制是20世纪70年代至80年代各国主要采取的环境治理范式，到了20世纪80年代末，基于市场机制的环境经济政策得到广泛的采纳，而环境自觉行动是在20世纪90年代逐渐兴起并受到重视的。从有关环境保护法律规定的内容来看，一般都形成了以政府直接控制为主，以市场手段为辅，倡导企业和公众自觉行动的一种混合形态的环境法律规定。

环境管理不断改进和完善过程中的关键词是 "多元化"，反映为治理主体的扩大化、治理手段的多样化以及制度支点的丰富化。图3-1列明了环境管理的阶段性发展与特征，尤其是凸显了环境管理过程中的支点从一到多的变化。考虑到我国环境管理中的市场手段实质上是依附于行政管理权力之下，仅仅是被作为经济规律来发挥其调节作用，尚且不构成一种独立的环境管理模式，因此，本书中对环境管理的阶段性划分主要从环境管理主体角度出发，以行政管制的强度和公众参与的程度为参考标准。

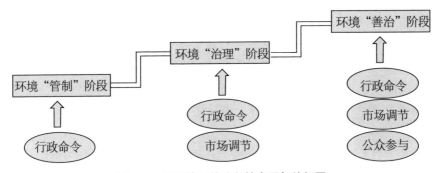

图3-1　环境管理的阶段性发展与特征图

一、环境"管制"阶段：运用公权力

众所周知，环境问题演变成一种严重的社会问题是发生在工业革命时期。在工业发展的早期阶段，人们更倾向于承受以环境污染为代价来换取工业成就，因而环境污染在当时被视为发展工业所带来的不可避免的副产品，向自然界排污只要没有侵犯他人财产权也被视为合理。相应地，环境污染的解决起初也只是被视为具有外部性的纯公共产品，应当由政府来提供，即使是持最狭义的政府职能理论，也将环境保护纳入了政府的社会职责范围，不过此时政府的环境责任主要限于微观方面的污染治理。[1]然而，到了工业发展的较高阶段，随着环境问题严重性的增加，人们的承受力和需求性开始发生变化，环境的重要性开始日益突出。确切地说，美国海洋生物学家蕾切尔·卡森在1962年创作问世的《寂静的春天》为人类环境意识的启蒙点燃了一盏明灯，引发了社会对环境问题的大讨论。在20世纪50、60年代，美、日、欧

---

〔1〕　参见李挚萍："20世纪政府环境管制的三个演进时代"，载《学术研究》2005年第6期。

等发达国家和地区发生的一系列震惊世人的公害事件，激发了社会对环境问题的严重担忧，随后便兴起了 20 世纪 60、70 年代的欧美民间环保运动，环境问题不再被认为是无足轻重的。至此，环境保护的社会基础得到不断扩大，政府的环境职能也被正式提上议程，许多发达国家通过立法来表明环境保护的态度。发展中国家在追随工业现代化浪潮的过程中，呈现出比发达国家更为严重的"交叉型"环境问题，资源、人口、贫困和污染等问题相互交织形成恶性循环，同时发展中国家的社会环保动力和环保意识又弱于发达国家，环境治理的重任就越发需要由政府积极承担。

在此背景之下，政府通过法律、行政等手段对环境污染和破坏行为进行限制，通过相应的政策和措施对工业生产过程中环境资源的外部性加以调节是形势所需，我国在环境的治理或管理过程中呈现出的明显特征之一就是浓厚的公权力色彩，这可以从以下几个方面加以印证。

（一）环境保护立法方面

尽管世界范围内涉及环境保护的立法起源最早可以追溯到 13 世纪，在 19 世纪的英国、美国也出现了若干地方性的单项环境立法，但是现代意义上的环境立法则是发生于 20 世纪 60 年代末 70 年代初，经历了从早期有关自然资源保护管理的规范，到防治生活环境污染与保护自然资源并重，再到全方位环境资源保护的整合型环境立法阶段。[1]在 20 世纪 70 年代，一方面环境保护基本法开始在各国诞生，都对国家环境保护的基本政策予以明确规定，其中明显的共同趋势就是设立国家环境保护机构并强化政府的环境保护职责。如 1967 年日本的《公害对策基本法》开篇就表明了国家和地方政府对防治公害的职责。1969 年美国的《国家环境政策法》也明确对行政机关科以保护环境的职责。[2]另一方面，一些国家通过修改宪法加强国家保护环境的职能。如 1972 年《巴拿马共和国宪法》第 110 条规定，保护生态条件并防止环境污染和生态失调是国家的一项基本职责。[3]1975 年《希腊共和国宪法》第 24 条规定，保护自然和文化环境是国家的一项职责，国家应当就环境保护制定特殊的预防或强制措施。[4]

---

〔1〕 汪劲："论现代环境法的演变与形成"，载《法学评论》1998 年第 5 期。

〔2〕 参见李挚萍："20 世纪政府环境管制的三个演进时代"，载《学术研究》2005 年第 6 期。

〔3〕 蔡守秋主编：《环境法教程》，法律出版社 1995 年版，第 36 页。

〔4〕 文伯屏：《西方国家环境法》，法律出版社 1988 年版，第 28 页。

我国在 1978 年《宪法》中，首次将环境保护纳入国家根本大法，将其确定为国家的一项基本职责。[1]1989 年颁布的《环境保护法》也对政府环境保护责任作出了原则性的规定。[2]1989 年《环境保护法》全文共 47 条，其中直接涉及国家和政府职责的规定约有 24 条，直接涉及公众个人的规定（包含法律责任部分在内）约有 5 条，若除去法律概念和附则等内容，对环境行政管理的规定占据了近六成的比重。但遗憾的是，高比例的"行政条文"基本都是对行政部门进行赋权，而没有对环境保护的行政责任和权力监督作出具有可操作性的翔实规定。我国环境保护过程中浓厚的公权力色彩在环境保护基本法的规定中可见一斑。

此外，我国与环境保护相关的法律在数量上相当可观，自 1979 年《环境保护法（试行）》颁布至后的 20 余年里，国家颁布的法律超过了 20 部，国务院的行政法规（条例）30 多件，部门规章（条例）90 多件，国家环境标准 427 项，地方性法律 1000 多件，还有缔结或者签署的国际环境公约 50 余项，与外国达成的双边环境保护协定 20 余项。然而，数量众多的法律规范却与质量较差的环境状况形成反比，使我国的环境管理陷入矛盾的尴尬局面。

（二）环境保护制度建设方面

"全面规划，合理布局，综合利用，化害为利，依靠群众，大家动手，保护环境，造福人民"是我国关于环境保护的第一项战略方针，简称为"三十二字方针"。该方针于 1972 年我国参加联合国人类环境会议时被提出，于 1973 年召开的第一次全国环境保护会议上被确定，并被写入了 1979 年《环境保护法（试行）》。[3]该方针体现了当时国家对环境保护的认识，因其过于宽泛而很少被提及，但是其中"全面规划、综合利用、依靠群众"的理念依旧值得贯彻，甚至应当得到强化。从 1973 年至改革开放前的计划经济时期，中央政府多次提出要将环境保护纳入国民经济发展计划之中，1973 年《关于保护和改善环境的若干规定》中提出"经济发展与环境保护要统筹兼顾，全面安排"，1975 年《关于环境保护的十年规划意见》中要求把环境保护作为

---

〔1〕　1978 年《宪法》第 11 条第 3 款："国家保护环境和自然资源，防治污染和其他公害。"

〔2〕　1989 年《环境保护法》第 16 条："地方各级人民政府，应当对本辖区的环境质量负责，采取措施改善环境质量。"

〔3〕　1979 年《环境保护法（试行）》第 4 条："环境保护工作的方针是：全面规划，合理布局，综合利用，化害为利，依靠群众，大家动手，保护环境，造福人民。"

国民经济计划的一个组成部分进行"统筹兼顾、适当安排",1976 年《关于编制环境保护长远规划的通知》要求从 1977 年起切实把环境保护纳入国民经济的长远规划和年度计划。但这些要求一直没能付诸实践,直到 1992 年我国才正式将环境保护年度计划纳入国民经济与社会发展计划体系。

后来"三十二字方针"进一步具体化发展,在 1983 年的第二次全国环境保护会议和 1989 年的第三次全国环境保护会议中分别确立了环境保护的"三大政策"和"八项制度"。环境保护的"三大政策"分别是"预防为主,防治结合""谁污染,谁治理"和"强化环境管理","八项制度"是环境保护目标责任制度、"三同时"制度、排污收费制度、城市环境综合整治定量考核制度、排放污染物许可证制度、污染集中控制制度、限期治理和环境影响评价制度。其中,环境保护目标责任制度、"三同时"制度和排污收费制度被称为"老三项",其余的五项制度被称为"新五项"。这是我国环境管理从一般号召到制度建设的重要转变,为日后环境法的制度发展奠定了基础。

目前,我国现行的环境法律法规中已经形成了数十种环境法律制度,其中以"命令控制"为典型特征的环境法律制度主要有:环境许可制度、环境监测制度、环境影响评价制度、环境规划制度、环境标准制度、限期治理制度和"三同时"制度等。这一类型的制度主要是以政府为推行主体,通过法律规定或行政授权途径,制定污染控制的强制性措施以及相应的污染物排放的浓度和总量控制等环境标准,同时采取警告、罚款、责令停产停业、限期履行等行政处罚或强制措施加以保障,并辅之以刑事责任追究。虽然存在各种"命令控制型"环境法律制度,但这些制度在我国实践运行过程中所产生的效果却不尽如人意,究其主要原因在于环境行政部门常常会运用或扩大行政权力来追求自身利益的最大化,而这也反映出立法背后所蕴藏的理念,即认为国家利益是唯一的公共利益,政府则是公共利益的唯一代表,从而导致环境立法过分依赖行政手段的运用,具有浓厚的行政本位色彩和强烈的行政主导特性。

(三)环境管理机构设置方面

在环境保护的机构设置方面,截至 2006 年底,我国共有各级环保局 11 321 个,而 1996 年时只有 8400 个;截至 2006 年底,原各级环境保护局工作人员超过 17 万名(其中,原国家环境保护总局的工作人员有 2065 名),而 1996 年时只有 9 万多名。与美国相比较,在过去 40 年里,美国只通过了 21

部主要环境法案；[1]美国的 EPA 自 1970 年正式成立后的第一年内拥有 5700
名职员，到 1980 年 EPA 发展到 13 000 名职员，到了 1999 年，该机构的职员
已超过18 000 名。[2]从数量上看，我国的环境立法成果显著，2006 年我国环
保工作人员总数是美国 1999 年的 9 倍之多。

　　再看我国环境保护行政机构的改革，在 1979 年之前，我国的环境保护机
构是以临时性质且无政府编制的国务院环境保护领导小组的形式存在的。1979
年《环境保护法（试行）》的颁布为环保机构的建立提供了法律依据，[3]至
此，便历经了从"环境保护局"到"国家环境保护局"，到"国家环境保护
总局"，再到"环境保护部"的变更，级别则是从局级单位到国务院直属机构
再到国务院组成部门的"三级跳"，总体改革趋势是级别不断提高、职能不断
增加。这一方面说明环境保护在政府职能中的地位得到了强化，另一方面也
说明了过去环保部门所承担的任务与其所拥有的职能之间存在矛盾。这些从
整体上说明我国环境保护的管理方式应当有所改变。

　　在 2018 年国务院机构改革中，将"环境保护部"改革为"生态环境部"，
此次环保机构改革不再是地位的提升，而是重在职责的调整。生态环境部整
合了原环境保护部的职责，国家发展和改革委员会的应对气候变化和减排职
责，国土资源部的监督防止地下水污染职责，水利部的编制水功能区划、
排污口设置管理、流域水环境保护职责，农业部的监督指导农业面源污染
治理职责，国家海洋局的海洋环境保护职责，国务院南水北调工程建设委
员会办公室的南水北调工程项目区环境保护职责。另外，新组建的自然资
源部整合了原国土资源部、国家发改委、水利部、农业部、林业局等八大
部委对水、草原、森林、湿地及海洋等自然资源的确权登记管理等方面的
职责。

　　可以看出，我国传统的环境管理模式主要建立在政府命令控制这一支点
上，并且这一支点在后期环境管理模式改革中依旧占据着主要地位。环境保
护固然是政府的公共职能之一，但是却没有需要和必要由政府部门全权负责
包办，一方面政府有多元职能在身，难免在环境保护职能与其他政府职能之

---

〔1〕　钟水映、简新华主编：《人口、资源与环境经济学》，科学出版社 2005 年版，第 338~339 页。
〔2〕　［美］保罗·R. 伯特尼、罗伯特·N. 史蒂文斯主编：《环境保护的公共政策》，穆贤清、方
志伟译，上海人民出版社 2004 年版，第 18~19 页。
〔3〕　参见 1979 年《环境保护法（试行）》第 26~28 条。

间顾此失彼；另一方面我国政府有多元目标在身，在地方经济发展目标当头的情形下会无暇顾及环境资源保护。

二、环境"治理"阶段：弱化的公民环境权

在政府长期主导和大包大揽的环境管制过程中，高昂的行政运行成本压在各级环境保护部门头上，使得环境状况的改善裹足难行，也使得环境监察力不从心，单一的行政管制模式呈现出越来越多的不适应性，对环境管理模式进行改革也表现出越来越重的必要性。政府在环境保护中的角色发生了重大变化，企业被作为环境问题的罪魁祸首，政府开始将污染治理的责任交付给污染者，开始注重借用政府之外的力量进行环境治理。但政府这一转变的目光却局限在了企业身上，公众的环保力量仍然没有被充分挖掘出来。因此，环境立法针对企业生产给环境带来的外部性影响引入了大量的市场机制，排污收费、排污权交易、自然资源税费、损害赔偿和生态补偿等制度纷纷得以确立，目的在于通过这些经济刺激制度促使企业达到环境保护的要求。这一阶段的环境管理模式主要建立在政府命令控制和市场调节机制这两个支点上，市场调节机制是作为政府命令控制的补充和辅助手段而存在的。

随着改革开放的深入发展和民主化浪潮的逼近，环境法中的监督管理制度也在朝着民主化方向发展，环境保护的民主手段和公众参与日趋制度化。我国《宪法》（1982 年）第 2 条第 3 款、《环境保护法》（1989 年）第 6 条、《水污染防治法》（1984 年）第 5 条第 1 款等规范性法律文件中都对公众参与环境保护作出了原则性规定。1996 年《国务院关于环境保护若干问题的决定》中关于建立公众参与机制的导向性规定，[1]更是为环境民主开辟了广阔的道路。但客观而言，这些原则性和导向性规定并没有为公众参与环境保护的实践带来较大的促进作用。而且公民环境权在我国的根本大法和环境基本法中迟迟得不到确认，致使公众参与更多的是对企业环境污染的经济求偿，而较少有对政府环境渎职的权力监督；致使公众参与更多的是维护自身的财产性权益，而较少维护公民的环境权益；致使公众参与更多的是事后被动参

---

[1] 参见《国务院关于环境保护若干问题的决定》（国发［1996］31 号）第 10 条中的有关规定，建立公众参与机制，发挥社会团体的作用，鼓励公众参与环境保护工作，检举和揭发各种违反环境保护法律法规的行为。

与，而非事前主动参与。这反映出我国环境治理过程中公民环境权弱化的特征，并且这一特征还可从以下方面加以佐证。

一是生态补偿制度衍生成了"生态买卖"制度。生态补偿制度建立的初衷是通过对相关主体的环境利益和经济利益的分配关系加以调整，从而达到激励和促进生态保护行为的目的。因为在开发利用环境的过程中，倘若保护者得不到相应的利益回报，破坏者不承担相应的成本和责任，受益者无偿获取相关利益，受害者得不到应有赔偿，那么环境、经济和社会利益在保护者、破坏者、受益者和受害者之间得不到公平分配，就会引发社会公平问题。生态补偿制度的合理性和必要性是毋庸置疑的，但是，我国的生态补偿制度尚停留在地方性实践和部门化试水层面，其制度设计还不完整，存在一系列的实施盲点。这造成的最直接的局面可能就是使部分保护者得到了奖励，破坏者没有付出应有的代价，受益者不便于量化确认，受害者得不到充分合理的赔偿，生态补偿制度衍生成了"生态买卖"制度。个别地区打着生态补偿的旗号，行着对环境利益的侵夺，认为只要实施了生态补偿就可以正当对抗环境的污染和资源的破坏，把生态补偿制度当成过度攫取环境资源的"黄马褂"，将地区的环境承载力和环境容量弃之不顾。这种现象实质上映射出了行政权力与商业利益勾结之后对公民环境权益的侵犯，公众的环境权益在生态补偿制度中"被代表"了，体现出来的是一种"被动"的环境权益。

二是环境侵权救济的不足也是公民环境权弱化的例证。环境侵权是传统民事侵权的一种，现在在我国主要受到《民法通则》和《侵权行为法》的调整。不用谈及环境侵权救济的机制性问题，仅从现有的相关法律规定来看，我国的环境侵权赔偿就存在明显的不足。例如，在侵权赔偿数额方面，环境侵权损害赔偿的数额以受害人的实际损失为准，而环境侵权的损害后果具有时间长、范围广、难清除等不同于其他侵权损害后果的特点，这会导致环境受害者的损失难以得到充分赔偿，环境侵权者所得的利润与惩罚比例不平衡。又如，在侵权赔偿范围上，现有法律缺乏对环境侵权所造成的非财产性损害的相关规定，精神损害赔偿或是环境权益损害赔偿都得不到体现。在消费者保护和食品安全领域已经确立的惩罚性赔偿制度也没有在环境侵权赔偿中出现，现有的补偿性质的环境侵权赔偿难以有效遏制经济利益驱使下的恶性环境侵权行为。如此可见，环境权在侵权救济领域也是被漠视的。

尽管随着市场经济的不断发展，大量的企业、社会组织和个人已经加入到广泛的经济社会活动之中，但是在环境管理领域中，这一阶段依然基本保持着政府管制的局面，社会组织和公民参与环境保护仅仅是"小荷才露尖尖角"，他们参与环境管理的力量还很薄弱。

三、环境"善治"阶段：公权力与公民权的合作

政府和市场手段的双重失灵表明，工业文明进程中所造成的环境危机无法在既定的社会框架内加以解决，人类需要开辟出一条新的发展道路，以实现从工业文明到生态文明的华丽转型。善治理论可以为其转型提供一条可选道路，政府应当将环境管理的注意力从对企业的规制转向与社会的合作，将环境管理的支点扩充为命令控制、市场调节和公众参与，并让这三个支点之间形成良性互动关系。这种局面虽未正式形成大器，但已具备了以下基础。

（一）法律发展

随着善治理论在国际社会上的发展，该理论也很快渗透到了环境保护领域，进入到了联合国世界环境与发展委员会的视野中。伴着 20 世纪末《我们共同的未来》《21 世纪议程》《环境与发展里约宣言》（又称《里约宣言》）等联合国文件的出台，环境保护中的公众参与开始被提上议程。1992 年提出"公众参与原则"，即环境问题的最佳解决方式是在相关层面上由全体相关公民参与。每个公民都应当有适当的途径和机会获取环境信息并参与环境决策，每个国家都应当促进和鼓励这种公众意识和公众参与。[1]1998 年通过的《奥胡斯公约》更被誉为公众参与环境事务的里程碑，实现了公众参与从一项原则到具体制度的转变，专门规定了公众在环境事务中的知情权、参与权和诉权。在 2002 年可持续发展世界首脑峰会上通过的《可持续发展世界首脑会议实施计划》更是直接指出，在可持续发展中，各国内部和国际层面上的善治是必不可少的。[2]并且，强调在自然资源等环境管理领域中要施行公私伙伴关系（Public-Private Partnership），促进公共部门和私人部门之间的合作。[3]

---

〔1〕 See Report of the United Nations Conference on Environment and Development, Annex I: Rio Declaration on Environment and Development, Principle 10, A/CONF. 151/26 (Vol. I), 1992.

〔2〕 SeePlan of Implementation of the World Summit on Sustainable Development, Chapte 1, Paragraph 4.

〔3〕 SeePlan of Implementation of the World Summit on Sustainable Development, Chapte 1, Paragraph 7 (j), 9 (g), 20 (t), 49, 54 (l), 56 (a).

这些文件和公约清晰地表明了善治理念在环境保护领域逐步地得到贯彻，也指导了各国环境法的发展与实践方向。

在此之后，我国的公众参与制度也有了逐步发展。2006 年，原国家环境保护总局发布的《环境影响评价公众参与暂行办法》，是我国环保领域第一部以"公众参与"为名的规范性文件。这一办法不仅明确了公众参与环评的权利，而且规定了参与环评的具体范围、程序、方式和期限，有利于保障公众的环境知情权，有利于调动各相关利益方参与的积极性。2007 年，国务院颁布了《政府信息公开条例》，首开我国政府信息公开立法的先河。该条例对我国各级政府信息公开的管理体制和机构、信息公开的范围、公开的方式和程序、监督和保障措施等作了全面规定。原国家环境保护总局紧随其后颁布了《环境信息公开办法（试行）》，为公众参与环境保护提供了前提和基础。并且，《环境信息公开办法（试行）》相比《政府信息公开条例》有所突破，将信息公开的义务主体从政府扩充为了政府和企业。

公众参与环境保护的重要性与日俱增，2014 年修订的《环境保护法》专章规定了"信息公开和公众参与"，原则性规定了"公民、法人和其他组织依法享有获取环境信息、参与和监督环境保护的权利"，首次在法律层面确认了环境保护的知情权、参与权和监督权三项环境权利。原国家环境保护部为了落实《环境保护法》中的公众参与制度，于 2015 年发布了配套实施规章《环境保护公众参与办法》，2018 年发布了《环境影响评价公众参与办法》，对环境保护领域的公众参与的方式、程序、监督、保障等内容进行了规范。

（二）制度发展

从环境善治的角度来看，环境公益诉讼制度的设立初衷是为了更好地保护环境公共利益，是通过司法权对公众环境权益的保护，是公众参与环境保护的重要形式之一。环境公益诉讼制度的确立，正是环境保护领域中国家权力与公民权利进行合作的良好体现。从历史渊源看，公益诉讼起源于罗马法——除法律有特定规定外，市民均可提出旨在保护社会公共利益的诉讼。[1] 即在罗马法时期，私人有权为维护社会公共利益而起诉。到近现代，国家力量的扩张使得对公共利益的维护转由国家来行使。一般认为，美国是

---

〔1〕　周楠：《罗马法原论》，商务印书馆 1994 年版，第 886 页。

现代公益诉讼的创始国，印度是第一个引入公益诉讼制度的国家。[1] 20 世纪 60、70 年代，伴随着公益运动在美国的展开，尤其是美国国会对不断增加的环境问题和不断提高的公众环境意识的回应，逐步建立起了现代公益诉讼制度。20 世纪 90 年代，国外的公益诉讼制度作为一种知识被介绍到我国。

近些年来，环境公益诉讼制度在我国法律规范层面有了较大的突破和发展。2005 年《国务院关于落实科学发展观加强环境保护的决定》提出："研究建立环境民事和行政公诉制度……发挥社会团体的作用，鼓励检举和揭发各种环境违法行为，推动环境公益诉讼。"这是我国政府层面首次明确提出推动环境公益诉讼制度。2010 年 6 月，最高人民法院发布了《关于为加快经济发展方式转变提供司法保障和服务的若干意见》，规定"要及时审理环保行政诉讼案件……依法受理环境保护行政部门代表国家提起的环境污染损害赔偿纠纷案件……在环境保护纠纷案件数量较多的法院可以设立环保法庭，实行环境保护案件专业化审判"。在我国尚无法律明确规定环境公益诉讼的情形下，最高人民法院发布的该文件为各级人民法院受理环境民事公益诉讼提供了依据，也为我国从司法途径解决环境纠纷和保护环境创立了良好条件。

事实上，在国家法律层面尚未正式建立环境公益诉讼制度之前，云南、贵州、江苏等地的人民法院已审理了多起各具特色的环境公益诉讼案件，且根据各个地方环境侵害事件的实际状况，领衔制定了有关环境公益诉讼的若干地方性规范文件。如 2008 年江苏省无锡市中级人民法院和无锡市人民检察院共同出台了《关于办理环境民事公益诉讼案件的试行规范》，2010 年浙江省嘉兴市人民检察院和嘉兴市原环境保护局发布了《关于环境保护公益诉讼的若干意见》，2010 年云南省昆明市中级人民法院和昆明市人民检察院联合颁布了《关于办理环境民事公益诉讼案件若干问题的意见（试行）》，2011 年云南省玉溪市中级人民法院和玉溪市人民检察院制定了《关于办理环境资源民事公益诉讼案件若干问题的意见（试行）》。

在这些关于环境公益诉讼的地方性规范中，第一个涉及环境公益诉讼的立法，也是效力层级最高的，是《贵阳市促进生态文明建设条例》，该条例第 24 条、第 25 条对于环境公益诉讼的原告、类型、诉讼请求内容、环境公益诉

---

[1] 曹明德、王凤远："美国和印度 ENGO 环境公益诉讼制度及其借鉴意义"，载《河北法学》2009 年第 9 期。

讼的支持等问题作了较为明确的规定。第一项专门关于环境公益诉讼的地方性规定是江苏省无锡市中级人民法院和无锡市人民检察院共同出台的《关于办理环境资源民事公益诉讼案件的试行规定》；最为详细具体地规定环境公益诉讼规则的当属云南省昆明市、玉溪市出台的《关于办理环境资源民事公益诉讼案件若干问题的意见（试行）》。这不仅为地方环境公益民事诉讼的开展提供了依据，也为我国环境公益诉讼的制度建设做出了可贵探索。以玉溪市《关于办理环境资源民事公益诉讼案件若干问题的意见（试行）》（以下简称《意见》）为例，其规定有如下亮点：

第一，明确了环境公益诉讼的起诉主体。该《意见》第8条规定："人民检察院、环境资源保护行政职能部门、环境资源保护社团组织可以作为环境资源民事公益诉讼的起诉人。"并且在这三方主体关系上，首推环保组织直接起诉，其次是环保部门，检察院在必要时才直接起诉。该《意见》第10条规定："人民检察院可以督促、支持环境资源保护行政职能部门或者支持环境资源保护社团组织向人民法院提起环境资源民事公益诉讼。必要时，也可以直接向人民法院提起环境资源民事公益诉讼。"该《意见》第11条规定："环境资源保护行政职能部门可以支持环境资源保护社团组织向人民法院提起环境资源民事公益诉讼。"同时，考虑到公民、其他法人和组织作为环境资源民事公益诉讼起诉人在起诉成本和诉讼能力方面的限制，并没有规定上述主体享有公益诉讼起诉人的主体资格，但规定他们依法享有检举、控告权，并可以申请环保组织向人民法院提起环境资源民事公益诉讼。

第二，确认了行政执法所收集证据的效力和检察院支持起诉所提交证据的归属。该《意见》第20条规定："环保行政机关在行政执法中取得的调查笔录、询问笔录、监测数据、检验结果可以作为证据。"第21条规定："支持起诉人出庭支持起诉可以向人民法院提供证据，证据利益归属于起诉人。"

第三，确立了先予执行的司法措施。考虑到环境污染破坏的难以恢复性和不可逆转性，为了发挥环境公益诉讼的预防性功能，参照《民事诉讼法》相关规定，该《意见》第23条和第24条明确规定了先予执行制度，即当出现紧急情况时，被告的行为可能严重危及环境资源安全，可能造成环境资源难以恢复或可能加重对环境资源损害的，人民法院应当根据起诉人的申请裁定先予执行，及时禁止被告的相关行为，并由履行环境资源保护职责的公安机关协助执行。

第四，规定了诉讼利益归属于社会。环境资源民事公益诉讼与传统的环境资源侵权诉讼的最大区别在于侵权行为侵害的法益不同，环境资源民事公益诉讼侵害的法益是社会公共环境资源利益，而传统环境资源侵权诉讼侵害的法益是人身权和公、私财产权。因此，环境资源民事公益诉讼中公益诉讼起诉人的诉讼利益归属于社会，起诉人胜诉的，被告承担的修复环境资源费用及损害赔偿金应当向相关环境资源保护行政职能部门支付，由该部门负责管理使用，若公益诉讼起诉人支出的调查取证、评估鉴定等相关费用已由相关环境资源保护行政职能部门先行支付的，则该费用可由被告直接向该部门支付。被告败诉的，人民法院判决涉及的赔偿金应向相关环境资源保护行政职能部门支付，由该部门负责管理使用。且起诉人败诉的，免交诉讼费；被告败诉的，由被告交纳诉讼费。

毋庸置疑，这些地方性规范是环境公益诉讼有力的助推器，其中也不乏许多创新性的制度建设。但这些规定对环境公益诉讼的起诉主体、诉讼对象、诉讼形态等方面的认识尚不统一。直到 2012 年《民事诉讼法》第 55 条中规定："对污染环境、侵害众多消费者合法权益等损害社会公共利益的行为，法律规定的机关和有关组织可以向人民法院提起诉讼。"这标志着我国在国家立法层面正式建立了环境污染公益诉讼制度。2015 年《环境保护法》第 58 条对环境公益诉讼的原告资格进行了进一步限定，以及 2015 年《最高人民法院关于审理环境民事公益诉讼案件适用法律若干问题的解释》、2018 年《最高人民法院最高人民检察院关于检察公益诉讼案件适用法律若干问题的解释》的相继出台，标志着我国环境公益诉讼制度的确立与完善。

（三）实践发展

1. 自愿协议式环境管理

从各国环境管理的发展趋势来看，除了继续实施已有的法律规章制度以外，欧盟各国家开始出现自愿协议式环境管理（voluntary agreements），它是政府环境管理部门与企业之间就环境目标所达成的一种协议，在法律性质上是一种环境行政合同；它是以污染预防为重点、把企业作为环境保护主体，在管理模式上是一种非行政权力的管理。这种不具有强制命令性质的行政活动方式，可以呈现为承诺、契约的形式，表现为指导、协商、沟通、劝阻等方式。之所以协议当事人能够"自愿"履行，是因为所确定的目标对其双方都有利，而目标的完成则取决于双方共同的努力。当事人双方都要承担协议中所承诺的义务，如果一方违约，另一方可以终止契约作为处罚手段，且违约的一方除了要承担经济赔偿外，还要承担道义、名誉上的损失，这对其以后的发展将产生不利影响。

2. 第三方监督环境治理

我国贵州省在 2014 年开展了由政府购买社会服务引入第三方监督的环境治理模式创新。根据《清镇市关于推行企业环境保护相关机制的工作方案》（清委办通字［2013］139 号），清镇市政府与贵阳公众环境教育中心签订了《公众参与环保第三方监督委托协议》，这是我国首例政府委托第三方监督企业的环境责任协议。[1]根据该《协议》的规定，政府委托符合条件的社会组织与排污企业签订环保诚信承诺书，社会组织联合专家和公众既对排污企业的污染防治情况进行监督，也对负有环保职责的政府部门进行监督，而社会组织的监督工作资金使用情况则由法院进行监督。除了第三方协助环境行政执法的监督外，还有第三方协助环境司法的监督。例如，在 2014 年由贵阳公众环境教育中心提起的一例环境公益诉讼案中，原被告达成和解协议后，原告、被告和第三方监督者签订了《环境保护第三方监督协议》，由贵阳市生态文明基金会志愿者作为第三方监督者，对被告履行法院调解书的状况进行监督。

3. 生态损害赔偿磋商

2015 年是我国建立生态环境损害赔偿制度的开端，2015 年至 2017 年间在江苏、山东等 7 个省市开展了生态环境损害赔偿制度试点，自 2018 年起在全国试行生态环境损害赔偿制度。目前，我国生态环境损害赔偿制度尚未正式立法，在国家层面由两部文件进行规范指导，一是《生态环境损害赔偿制度改革方案》，[2]二是 2019 年 6 月发布的《最高人民法院关于审理生态环境损害赔偿案件的若干规定（试行）》（法释［2019］8 号）。根据《改革方案》的规定，生态环境损害赔偿的权利主体是省级、市地级政府，义务主体是违反法律法规造成生态环境损害的单位或个人，提请生态环境损害赔偿的

---

〔1〕　参见胡俯茂、陈忠林："清镇环保监督新模式"，载《贵州都市报》2016 年 7 月 2 日。

〔2〕　2015 年 12 月 3 日，中共中央办公厅、国务院办公厅印发并实施《生态环境损害赔偿制度改革试点方案》（中办发［2015］57 号）（以下简称《试点方案》）。2017 年 12 月 17 日，中共中央办公厅、国务院办公厅印发《生态环境损害赔偿制度改革方案》（中办发［2017］68 号）（以下简称《改革方案》）。2018 年 1 月 1 日，《改革方案》正式实施，《试点方案》被废止。

方式是磋商或诉讼。

具体而言，生态环境损害赔偿的流程包括前期调查、中期磋商和后期执行三个环节。第一个环节的前期调查是行政职责所在，赔偿权利人及其指定的相关部门或机构，在发现或得知生态环境损害案件后，应当按照职责及时启动调查。第二个环节的中期磋商是达成赔偿协议的过程，若达不成协议则磋商成为赔偿权利人提起生态环境损害赔偿民事诉讼的前置条件。赔偿权利人根据生态环境损害鉴定评估报告，就损害事实和程度、修复启动时间和期限、赔偿的责任承担方式和期限等具体问题与赔偿义务人进行磋商。第三个环节的后期执行可以通过司法强制执行、修复效果评估和信息公开监督三种方式确保生态环境损害赔偿协议的落实。即经司法确认的赔偿协议，赔偿义务人不履行或不完全履行的，赔偿权利人及其指定的部门或机构可向人民法院申请强制执行。赔偿权利人及其指定的部门或机构对磋商或诉讼后的生态环境修复效果进行评估，确保生态环境得到及时有效地修复。生态环境损害赔偿款项使用情况、生态环境修复效果要向社会公开，接受公众监督。由此可见，生态环境损害赔偿的三个环节兼具了"行政性"和"协议性"，在前期调查和后期执行过程中，生态环境损害赔偿权利人是以生态环境管理者身份履职；而在中期磋商过程中，生态环境损害赔偿权利人不是以生态环境管理者身份作出命令或决定，而是与赔偿义务人处于平等的法律地位进行磋商。[1]

倘若按传统公权和私权的划分标准，似乎很难对上述政府、企业、社会组织和公众多元合作的柔性环境治理模式进行纯粹的性质界定。一方面，这些治理模式都是以协议的形式存在的；另一方面，这些协议的背后都有政府公权力的"影子"。这是公私合作治理的体现，跨越了传统公法和私法的严格区分界线。总体而言，尽管这种"自觉行动"模式还不能完全解决现有环境管理模式的弊端，但这类以公众参与、信息公开、自愿协议等制度为基础的社会治理模式，已经引起了社会各界的重视，成为政府、市场之外环境保护的有效的社会调控机制和重要的力量源泉。

---

〔1〕 参见"从五个方面完善生态环境损害赔偿磋商机制"，载《人民法院报》2018 年 9 月 12 日；黄锡生、韩英夫："生态损害赔偿磋商制度的解释论分析"，载《政法论丛》2017 年第 1 期。

第二节　生态文明："环境善治"的本土化资源

善治理论是发达国家面临市场与政府双重失效而寻找的一种新的社会管理方式，包含了许多普遍适用性原理。发达国家政府治道变革的理论和实践为我们提供了蓝本，但是"范式移植的灾难"也给我们敲响了警钟。针对善治进行的各种理论研究是多角度的，在我国社会管理创新的背景下，如何对善治理论进行解读和运用则是充满期待与想象的问题。善治理论在环境保护中的具体应用体现在充分发挥各利益主体的作用，综合利用法律、行政、经济、教育、科技和社会等手段，改变以主体一元化和管理手段简单化为主要特征的传统环境保护模式。但治理问题因地而异，因时而异，因人而异，所以，环境善治的实现路径也要因地制宜。在探索我国环境管理的治道变革时，既要从我国国情出发，也要把握世界的发展趋势。根植于发达国家的善治理论，它在我国能有多少的生存土壤？又有多大的发展空间？这是需要深刻斟酌的前提性问题。

一、环境善治的生存土壤

实现环境善治是一种新的治理形式，这种治理形式强调在人与自然、人与社会的关系中以公共利益为最高诉求；强调多元参与、协商对话和共识。

（一）环境善治需要多元参与的治理

随着经济的发展，社会主体越来越多样化，利益格局也表现出多元性。因此，环境善治是一种多元主体共同参与的治理。这些主体包括政府、企业、社会组织、公民个体等。治理的主体既可以是公共机构，也可以是私人机构。环境善治是政治国家与公民社会的合作、政府与非政府的合作、公共机构与私人机构的合作、强制与自愿的合作。同时，需要创造出适合公民参与的制度，这既要让公众作为个体加以接受，又能产生社群意识并重新体验民主。参与需要重新唤起公民意识，需要强调社群的共同利益，也需要遵循民主过程解决冲突。

（二）环境善治需要良性互动的治理

环境善治的一个重要特征是，多元主体在追求公共利益过程中，形成良性互动的和谐关系。治理明确肯定了在涉及集体行为的各个社会公共机构之间存在着权力依赖。进一步说，致力于集体行动的组织必须依靠其他组织；为达到目的，各个组织必须交换资源、谈判共同的目标；交换的结果不仅取决于各参与者的资源，而且也取决于游戏规则以及进行交换的环境。环境善治是人与自然的和谐相处的动态过程，它要求人类的经济活动必须维持在生态可承载的能力之内；环境善治是人与社会的良性互动过程，它主要通过合作、协商、伙伴关系、确立认同和共同的目标等方式实施对公共事务的管理；环境善治的良性互动机制，建立在市场原则、公共利益和认同的基础之上，其权力向度是多元的、相互的，而不是单一的和自上而下的。

（三）环境善治需要建立在基层民主之上的治理

基层民主要把公共政策领域通常自上而下的方法反过来，让民众和社群有权决定自己的生态命运和社会命运，也让民众有权探寻一种对环境和社会负责任的生活方式。生态社会立足的基础是，其公民有能力通过积极参与自治，创立一个有爱心、可持续的共同体。公民参与自治的过程被称为直接或参与型民主。基层政治的基础就是培养一种有关政治权力、个人价值和胜任能力的感觉，这种感觉将需在行使公民权的过程中得到具体的体现。

（四）环境善治需要通过善政走向善治的治理

尽管经济全球化确实已经对传统的政治模式和公共管理产生了巨大的冲击，但是，在人类政治发展的今天和我们可以预见的将来，政府仍然是社会前进的火车头，政府对人类实现善治仍然有着决定性的作用。善政是通向善治的关键；欲达到善治，首先必须实现善政。环境善治是全球化话语下善政与善治在环境保护领域的新体现，是个体、社会组织与政府之间的多向互动。它追求一种更高意义和现代意义的社会公正与和谐。

二、环境善治的本土化考量

在过去的几十年里，我国法律移植了很多别国的经验，环境法尤为如此。但同时我国也已创建出了具有中国特色的社会主义法律体系。[1]钱弘道教授有言，中国在转型过程中有很大的风险，风险主要来自制度的无效和制度的

---

〔1〕 2011年3月10日上午，全国人大常委会委员长吴邦国在十一届全国人大四次会议第二次全体会议上宣布，中国特色社会主义法律体系已经形成。信息来源：http://www.gov.cn/2011lh/content_1821675.htm，2011年6月20日访问。

缺失。制度之多并不代表优越性，恰恰无效无用的制度就是风险的根源。而建立有效的制度需要实证和创新研究，这是一个不断选择和淘汰的过程。当今中国的环境危机，不仅仅只是经济发展与环境保护相矛盾的危机，更是环境管理和权益分配不协调的危机。不断强化的行政管理和不断出台的法律政策若不能得到有效的施行，终将是镜花水月。

有一些学者指出发达国家的治理和善治理论并不完全适合中国的国情。他们认为，无论是作为管理社会公共事务的一种方式，还是作为民主政治发展的一个阶段，"治理"离不开两个前提：一是成熟的多元管理主体的存在以及它们之间的伙伴关系；二是民主、协作和妥协精神。遵循这样的理解来考察"治理"理论在中国的运用，可以发现至少存在着以下困难：第一，在当代中国总体上并不存在成熟的多元管理主体。第二，现存的一元化政治结构与独立的多元主体之间存在着一定的张力，这将影响到多元主体的独立成长。第三，在当今中国的政治文化中，民主、合作与妥协仍然是有待大力培植的因子。因此，发达国家所描述的善治图景并不能作为一种价值追求，它要么是一种乌托邦，要么带有强烈的意识形态色彩，不能把它作为一种标准图式在全世界推广。

从概念上来看，善治在我国缺乏一种理论秉承的传统。但这并不是说它就没有价值，"他山之石可以攻玉"，我们也可以从中发现新的价值为我国所用。实际上，法治作为一种刚性的统治国家的方式，约束的不仅是公民和社会组织，而且也包括国家统治者、管理者本身；法治以国家的正式法律制度为基础，但是对一些非正式的制度也不是完全采取排斥的态度，只要不和法律相冲突，非正式的制度可以发挥重要的作用；法治以国家强制力为后盾，但是法律调整的方法不仅包括强行性的也包括自治性和选择性的方法。因此，只要法律符合社会实际，法治完全可能成为善治的构成部分，而不是与善治不相容的因素。而且，我们国家由于历史传统，人治起着一定程度的作用。把法治作为国家管理的主要方式不是过头了，而是远不及。但是善治观念所揭示的问题却是我们必须注意的，即治理不仅仅依赖于政府，而且需要利用一切社会力量；治理不仅仅需要法律，而且需要其他各种手段；治理不仅需要强行性的方法，而且需要沟通、协调、谅解。这对于一个利益和价值多元化的社会更为重要。

尽管在政府官方文件中没有提及"善治""公民社会"等词语，但寻踪觅影可看出政府已开始注重对社会自治管理的培育。十六大报告提出依法治国与以德治国相结合的问题，表明除了法治之外，道德在治理国家方面也起着重要的作用。法治和德治是相辅相成、相互促进的。环境问题的治理也一样，不仅需要外在的、强制性的法律手段，还要配合以内在的、自觉的道德手段。十七大报告提出，我国政治体制改革必须与人民政治参与积极性的不断提高相适应。这是一个重要的提示，建设社会主义和谐社会，治理不仅仅是政府的事务，它必须包括人民广泛的政治参与。在近几年来的社会管理改革中，中国政府越来越重视公民社会的建设。我国社会管理的总体原则是"党委领导、政府负责、社会协同、公众参与"。日益重要的社会组织在强调"社会协同、公众参与"的社会治理中成为不可或缺的因素。中国政府一直以来对于民间组织采取了谨慎的态度。然而，在十二五规划中"推动社会组织发展"被提到了空前的重视程度。近来最高领导层已经开始提倡社会组织参与到社会管理的创新中，甚至明确表示社会组织将得到政府的支持和鼓励[1]。这些变化表明，尽管政府从未在官方文件中提及"公民社会"这个词，但是已经认识到了它的重要性。另外，自 2011 年以来，我国《人民日报》已发表了数十篇内容中含有善治的文章，其中也不乏题名中包含善治的评论员文章，这表明善治的概念已经逐渐被我国主流理论界正式接受。[2]

三、我国生态文明法治建设的契机和展望

2012 年党的十八大报告中提出，"把生态文明建设放在突出地位，融入经济建设、政治建设、文化建设、社会建设各方面和全过程，努力建设美丽中国"。中共中央将生态文明建设提升至"五位一体"的战略高度，其地位和意义的提升不言而喻。党的十八届三中全会中提出，"建设生态文明，必须建立系统完整的生态文明制度体制，用制度保护生态环境……改革生态环境保护管理体制"。2015 年，中共中央、国务院印发《关于加快推进生态文明建设的意见》和《生态文明体制改革总体方案》，这是我国生态文明建设的顶层设计。《生态文明体制改革总体方案》中明确了八个制度领域，其中之一就是环

---

〔1〕 参见温家宝："政府事务性管理工作可适当交给社会组织"，载《长江日报》2012 年 3 月 20 日。

〔2〕 例如，"'良法善治'下实现稳定和谐"，载《人民日报》2011 年 1 月 5 日；"在良性互动中寻求'善治'"，载《人民日报》2011 年 6 月 2 日；"与民互动 走向'善治'"，载《人民日报》2012 年 3 月 11 日；等等。

境治理体系。

在新时代生态文明建设的社会背景之下，环境治理体系的完善有着不同意义。探求环境保护的思想理念和实践路径有很多，但生态文明是强调从文明的高度来统筹环境保护与经济发展之间的关系，文明的形成离不开各类社会主体的广泛参与。生态文明是人类在利用自然界的同时又主动保护自然界、积极改善和优化人与自然关系而取得的物质成果、精神成果和制度成果的总和。[1]我国生态文明建设的内容涵盖了先进的生态伦理观念、发达的生态经济、完善的生态制度、基本的生态安全、良好的生态环境等。生态文明建设的主要途径包括环保技术保障体系、环保制度创新体系和环保生态文化体系的建设，但最为根本的途径应当是在环境治理过程中形成并实践的生态文明主流价值观。

2016 年是全面实施十三五规划的开局之年，各省积极贯彻落实生态文明制度建设。本部分以改革开放的前沿阵地广东省为例，将其视为我国生态文明法治建设的一个范例，从中分析环境治理的制度契机和展望。广东省从立法先行、执法从严、追责到底三方面，通过创新地方立法、加强环保执法与司法衔接、实行生态环境损害责任终身追究制等手段，用最严格的法律制度为生态文明建设保驾护航。

（一）生态文明立法

在生态文明立法方面，广东省加强地方环境立法，建立健全环境法律制度。2015 年修改后的《立法法》赋予设区的市地方立法权，2016 年内广东省17 个新获得地方立法权的地级市积极开展地方性法规制定，各地级市的首部法规纷纷聚焦生态保护内容，地方性生态立法呈现雨后春笋之势。《清远市饮用水源水质保护条例》《中山市水环境保护条例》《茂名市高州水库水质保护条例》《惠州市西枝江水系水质保护条例》《江门市潭江流域水质保护条例》《潮州市韩江流域水环境保护条例》《汕尾市水环境保护条例》《云浮市农村生活垃圾管理条例》《梅州市森林火源管理条例》《揭阳市扬尘污染防治条例》《佛山市机动车和非道路移动机械排气污染防治条例》等纷获广东省人大常委会批准，进一步推动了广东省依法保护环境。

---

[1]　周生贤："积极建设生态文明"，载《求是》2009 年第 22 期。

（二） 生态文明执法

2016 年广东省环境执法成效显著，根据广东省原环境保护厅的统计，2016 年广东省环境执法量居全国前三，环境执法中实施按日计罚和查封扣押的案件数量与 2015 年同期相比增长超过一倍。[1]同时，对广东省环境执法行为进行进一步规范，全面提升依法行政水平。2016 年，印发实施《广东省环境保护厅关于〈广东省环境保护条例〉的环境行政处罚自由裁量权裁量标准》，落实行政执法人员持证上岗和资格管理制度，规范行使行政处罚自由裁量权，严格按照裁量标准实施行政处罚。

2016 年 11 月 28 日，中央第四环境保护督察组进驻广东省，开展为期一个月的环境保护督察。广东省各地全力以赴配合做好中央环保督察工作，从严从快从实查处中央环境保护督察组转办件，关停整治了一批环境违法企业。中央环境保护督察整治结果反映出中央环境权力的行使促成了环保高压态势，环境保护督察是我国环境保护和污染整治工作有效推进的强有力手段。

（三） 生态文明司法

广东省高级人民法院公布《关于加强环境资源审判服务保障生态文明和绿色发展的意见》，全面加强广东省环境资源审判工作。探索建立集中管辖环境资源案件制度，是广东省环境资源审判的一大亮点。2016 年 1 月，广东省高级人民法院正式设立环境资源审判庭，负责审理环境合同、侵权纠纷以及高度危险责任纠纷等其他民事案件。2016 年 2 月，广东省高级人民法院印发《关于部分环境类民事案件实行集中管辖的通知》，明确对部分环境资源类案件试行相对集中的案件管辖制度，由广州、清远、茂名、潮州四个市的中级人民法院分别管辖珠三角、粤北、粤西、粤东的环境民事公益诉讼和标的较大的跨区域民事私益诉讼一审案件，并由各自指定的四个基层人民法院集中管辖四个区域标的较小的跨区域环境类民事纠纷。

2016 年 12 月，"茂名市中级人民法院环境资源审判庭"挂牌成立，该审判庭是广东省首家在中级人民法院挂牌成立的环境资源审判专业机构，标志着粤西地区环境资源审判工作跨入专门化审判的新的历史阶段。茂名市中级人民法院环境资源审判庭集中管辖粤西（茂名市、阳江市、湛江市）地区的

---

[1] 广东省原环境保护厅："我省环境执法量居全国前三"，载 http://www.gdep.gov.cn/zwxx_1/hbxx/201704/t20170412_222083.html，2017 年 4 月 20 日访问。

环境民事公益诉讼一审案件、属中级人民法院管辖的跨地级市区域环境民事私益诉讼一审案件和当事人上诉的跨地级市区域环境私益诉讼二审案件。此外，属基层人民法院管辖的跨地级市区域民事环境私益诉讼一审案件则由茂名市高州人民法院集中管辖。

作为全国首批公益诉讼试点省份，广东省人民检察院积极试点检察机关提起公益诉讼，全省检察机关严格落实诉前程序，督促依法履职，推动行政机关和社会组织主动解决侵害公益问题。各级环保、公安、法院、检察院等部门密切联动，有效地推动环境执法与司法工作相衔接。广东省多地相继成立环保警察队伍，至目前已有广州市、佛山市、肇庆市、江门市、清远市、韶关市、揭阳市、汕头市、潮州市、佛山市顺德区、惠州市惠阳区和大亚湾区等地建立了环保警察制度。环保警察的加入让环保执法如虎添翼。

（四）生态文明制度建设的评价与展望

当前我国环境治理既处于大有作为的重要战略机遇期，又处于负重前行的关键期。以广东省为例，可见我国在生态文明法治建设方面取得了一定成绩，但是还存在一些薄弱环节，如《环境保护法》及其四个配套办法的执行落实还有有提升空间；环保领域行政执法和刑事司法衔接需要进一步顺畅；生态文明制度尚需健全，生态意识有待加强。

第一，系统构建生态文明制度体系。

具体落实中央《生态文明体制改革总体方案》，遵循源头预防、过程控制、损害赔偿、责任追究的思路，构建起由自然资源资产产权制度、国土空间开发保护制度、空间规划体系、资源总量管理和全面节约制度、资源有偿使用和生态补偿制度、环境治理体系、环境治理和生态保护市场体系、生态文明绩效评价考核和责任追究制度等八项制度构成的生态文明制度体系。

加快制定和完善生态文明建设重点领域法规，重点完善国土空间管制、发展循环经济、实施清洁生产、资源节约保护与开发利用、生态环境保护、应对气候变化以及生态文明教育、社会力量共建共管等方面的法规规章，明确政府、企业、公民在生态文明建设中的责任和义务，制定完善生态补偿和土壤、水、大气污染防治及海洋生态环境保护等法规。力争将当前环境保护的需求体现在地方环境立法中。

及时清理与生态文明建设相冲突或不利于生态文明建设的地方性法规、规章和规范性文件，加强制度间的衔接。要以最严格的制度和最严密的法治，为生态文明建设提供可靠保障，增强生态文明体制的系统性、整体性、协同性，形成推进生态文明建设的长效机制。

第二，改革生态管理体制和机制。

以环境监察垂直管理改革为契机，推进省以下环保监测监察执法机构垂直管理制度改革试点工作，编制发布环境监察机构权力清单和责任清单。推动各市（县、区）成立环境保护委员会，制定并公布各有关部门环境保护责任清单，协同推进生态环保，鼓励有条件的乡镇设立环保机构。强化环保部门与公安机关、检察机关和审判机关的协调联动，鼓励有条件的市县在公安部门建立环境犯罪侦查队伍。

推动环境监管责任体系建设，以环境保护网格化管理为抓手，强化政府监管；以环境执法信息公开为先手，强化社会共治；以环保督察稽查为推手，强化环保督政，促进形成政府监管、企业自律、社会监督的环保监管新局面。落实企业环境信用评价和环境违法企业"黑名单"制度，定期曝光环境违法企业和典型环境案件，探索企业环境信用承诺制度，激励和约束企业主动落实环保责任。

第三，健全生态文明绩效评价制度。

贯彻执行中共中央办公厅、国务院办公厅印发的《生态文明建设目标评价考核办法》，完善生态文明建设目标评价考核体系，把资源消耗、环境损害、生态效益纳入经济社会发展评价体系。强化环保责任考核结果应用，是整个评价考核工作的关键所在，考核结果应当作为各省、自治区、直辖市党政领导班子和领导干部综合考核评价、干部奖惩任免的重要依据。广东省可以结合本地实际，制定针对下一级党委和政府的生态文明建设目标评价考核办法，改革政绩评价考核机制。

第四，补齐环境执法短板。

坚持严格执法、严肃问责，有效运用行政、法律手段惩治破坏生态的违法行为和行政不作为行为，推进环保执法体制改革，加强生态执法队伍建设，增强基层生态环境执法力量。一是建立环保督察工作机制，确立督政与督企并重的环境监察体系，对全省各地党委、政府及有关部门贯彻落实国家和省环境保护决策部署、处理突出环境问题、履行环境保护责任等有关情况开展督察。二是规范环境执法程序，落实行政执法全过程记录、重大行政执法决定法制审核等工作。逐步建立整合环境监察机构基础数据库及执法信息管理平台，探索"互联网+环境执法"。三是明确环境行政执法岗位责任制，落实行政执法人员法律考试制度，规范行政执法证件管理。四是加强执法岗位法制培训，强化执法能力保障，加强调查取证及移动执法装备的配置，推进移动执法系统建设，建成统一的、能够上下联通的移动执法系统，全面提升环境监察执法机构的标准化建设水平和执法队伍专业化水平。

第五，进一步深化环境司法改革。

以深化环境资源审判改革为着力点，充分发挥司法在生态文明建设中的保障、惩戒、规范和引领作用，充分发挥司法机关、行政机关和社会公众在环境资源司法保护中的协调作用，推动建立司法保护联动机制建设，建立环境保护联席会议制度和重大环境事件应急处理制度等，更好地破解环境资源审判中的取证难、执行难等问题。同时，应当尽快解决和完善环境公益诉讼中损害赔偿、生态修复等费用的资金账户问题，协调相关部门出台环境公益诉讼资金管理使用办法，有效发挥环境公益诉讼的评价指引功能和政策形成功能，为生态文明建设提供有力的司法保障。

第三节 我国环境治理制度创新的价值维度

"价值"是从人们对待满足其需要的外界物的关系中产生的，是主体与客体之间的需要与满足相统一的关系概念，价值判断是人类认识世界的一种基本形式。[1]人们在提及"价值"一词时，不同语境下有着不同的表意：一是指"价值观"，即价值客体（事物）本身有哪些价值；二是指"价值目标"，即价值客体（事物）促进哪些价值；三是指"价值标准"，即价值客体（事物）根据什么标准来进行价值评价。[2]这三种含义并不是绝对割裂的，也存在共同所指的情形。例如，公平既可以作为一种价值标准，也可以作为一种价值目标，还可以作为一种价值评价标准。相应地，环境管理的价值所要解决的主要问题是环境管理能够促进哪些价值的实现？环境管理如何实现这些价值？如何根据这些价值评价来改革环境管理？本书所谈及的环境管理创新的价值侧重于上述"价值"含义的第三种，即在社会管理创新的大背景中，

---

〔1〕 参见《马克思恩格斯全集》（第19卷），人民出版社2006年版，第406页。
〔2〕 参见沈宗灵主编：《法理学》，高等教育出版社1994年版，第46页。

环境管理创新不能一味追求"新",而是需要在创新过程中遵循一定的价值标准,符合人类发展需要以及社会发展规律的社会管理创新,才是具有真理性和生命力的创新。

善与恶自古就是相伴相生的两极道德和价值标准,环境的治理也一样,既然有"善治"的存在,就必然会有"恶治"与之对应,那么环境善治的价值评判标准就显得尤为重要,价值评判的意义在于对人们理解和实施环境管理问题的方式进行理性反思,使人与自然更加和谐地相处。总体而言,环境善治的价值判断首先应当是对自然界客观规律的抽象或外化,以遵循环境的自然属性;其次,环境善治的价值判断标准应当与特定时期的社会经济关系及上层建筑相适应,以促进人类自身价值的实现和发展;最后,环境善治的价值判断标准的实际意义应该是促成社会公众能够从中获取自由与发展的制度,以维护和增进社会的有序性。根据前文对善治与法治关系的分析,善治应当建立在法治的基础之上,法治的建设应当与善治有所呼应。因此,善治首先应当符合法治的价值评判标准,然后在其基础之上再有所延展。

一、法治与合法性

法治是千百年来世人共同努力和追求的理想,法治的必要性已是不容置疑,而法治的具体实践仍需努力,善治可以为其提供一种理念上的路径。目前,"善治"还没能很好地从理念转化为实践,其践行还需要各个层次的理论证成和现实条件,其中最基本的就是善治的合法性与正当性问题,这关系到善治能否拥有稳定的根基和有效的运行。

(一)法律是社会价值判断标准的基本范式[1]

社会的价值判断标准是多种多样的,可以表现为个体的主观意志,也可以是群体的习惯规范,在国家出现以后,重要的社会价值判断标准更多是由国家通过法律形式加以确认的,各类价值判断标准与国家的价值判断标准相一致时便得以保留和实施,与国家的价值判断标准相冲突时则被禁止和取缔。

然而国家自诞生开始,不论标榜为人类社会之理性化身、绝对精神之现实映射,还是被断言为阶级统治的工具,都以承认国家不是社会、国家在现实中作为一个独立的主体存在为前提。从古希腊到当代欧美,从夏商周到社

---

[1] 程宗璋:"法治新解:以价值判断为视角",载《中共天津市委党校学报》2003年第1期。

会主义中国，国家这一主体实实在在、无时无刻地在社会生活中居于主导地位。政治国家固然要以人为目的，但其毕竟有着不同于个人和其他社会组织的政治使命——实现对社会的有序、有效管理，这就决定了以国家命令形式出现的法及其确定的社会价值判断标准，是社会行为的基本范式。然而，国家也必须正视不同社会主体的价值判断标准差异的不可避免性，既无必要也无可能把一切价值判断都纳入自己的法律体系，而应当有一定的容忍性，如果妄加取缔，只能适得其反。

用法来评价社会现象就是以一种固有的存在于法中的价值观为基础，法的评价"是一种价值判断，而且可能纯粹是由决定者的利益、有目的的适当性的考虑或者由正义的考虑所决定的"。[1]

（二）合法性的界定

"合法性"一词俨然已成为一个流行语，在不同的领域有着多种用法。但就所指对象而言，可将合法性的含义归纳为两种：一是针对某种个体行为而言时，指行为合乎实在法、制定法的规定，它在英语中被表述为 legality；二是针对某种公共权力或政治秩序而言时，指权力或秩序符合自然法则而具有正当性、权威性和实际有效性，它在英语中被表述为 legitimacy。[2]善治作为一种治理模式，既包括对政治秩序的维护，也包括对社会发展的管理。因此，善治的合法性主要所指的是其正当性。根据马克斯·韦伯的理论，只有当人们认为某种秩序形式具有正当的合理性时它才具有合法性，并且这种正当性本身就是对合法性秩序的一种信念认同。[3]对此，哈贝马斯也有同样的看法，认为广泛的社会认同就是合法化，合法性意味着某种政治秩序被认可的价值。[4]法国政治学家让-马克·思古德也认为，（政治）合法性事实上与治权

---

〔1〕　［德］H. 科殷：《法哲学》，林荣远译，华夏出版社 2002 年版，第 178 页。

〔2〕　参见严存生："法的合法性问题研究"，载《法律科学（西北政法大学学报）》2002 年第 3 期。

〔3〕　MaxWeber, *Economy and Society: An Outline of Interpretive Sociology*, University of California Press, 1978, p. 214.

〔4〕　参见白钢、林广华："论政治的合法性原理"，载《天津社会科学》2002 年第 4 期。Jürgen Habermas, *Communication and the Evolution of Society*, trans and with an introd by T. McCarthy, Beacon Press, 1979, pp. 178~179.

有关，合法性就是对治权的认可。[1]那么，对于善治而言，其价值评判标准之一的合法性就是指治理的权力要取得广泛的社会认同。不过，善治所需要的认同感应当是来自社会的自愿性认可，是公众基于自身的认识和需求所作出的一种自由性决定，而不是基于外界的强制和利诱所作出的被迫性决定，能够支撑起合法性的认同感应当是建立在自由、自愿和平等基础之上的。

从本质上说，善治所追求的合法性首先是公民社会内部的合法性，其次是政治国家内部的合法性。当然，在公民社会不完善的国家，追求政治国家内部的合法性就是主要内容。所谓公民社会内部的合法性主要是指公民意志，而政治国家内部的合法性主要是指国家意志。善治应该是公民社会与政治国家共同参与的结果。[2]

从程序上讲，善治的合法性是指管理者的管理行为应当得到被管理者的授权。即使是在不够开化的古代，当权者要顺理成章地进行统治，也需要假以或天神或祖辈的权力授予来增强其统治的牢靠性，只不过这种授权只是形式上的，是来自于被管理者之外的授权，不具有现代文明意义上的合法性。英国学者斯托克认为，"权力要合法……必需有三个条件：符合既定的规则；规则本身经受得起以共有的信仰为参照而进行的检验；以及下属——尤其是其中最重要的成员——对特定的权力关系明白表示同意"。[3]善治过程中的授权一是来自于被管理者自身，二是这种授权以法律形式加以确立，即通过法律程序实现合法化，三是这种授权不能一劳永逸，而是要由公众周期性地不断确认。

（三）善治亦能促进政治的合法性

由于当今社会多样性和复杂性的增强，传统的合法性因素被逐步消解，国家权威或合法性在一定程度上存在着下降的问题，但试图"通过求助于传统的世界观和常规的国家伦理，使统治秩序得到维护"[4]的方式已经失效，

〔1〕 [法] 让-马克·思古德："什么是政治的合法性？"，王雪梅译，载《外国法译评》1997年第2期。

〔2〕 马明春："论和谐社会背景下善治的合法性"，载《绥化学院学报》2009年第5期。

〔3〕 [英] 格里·斯托克："作为理论的治理：五个论点"，载俞可平主编：《治理与善治》，社会科学文献出版社2000年版，第38页。

〔4〕 [德] 尤尔根·哈贝马斯：《合法性危机》，刘北成、曹卫东译，上海人民出版社2000年版，第27页。

权力的合法性问题日渐显现。在发达国家，"一方面在商品流通的私人领域中，权力集中起来；另一方面，作为国家结构的公共领域承诺对每一个公众开放"，[1]出现了既要大众忠诚又避免群众参与的背反要求，权力的有效性与正当性问题显现；在后发国家，处在传统向现代社会转变过程中，传统的权力合法性资源不断缺失，新的权力规则有待被认同。[2]

那么，善治理念是否是纾解现代权力合法性危机的资源？俞可平认为，人类的政治核心在 20 世纪末和 21 世纪初已经发生了根本性的变化，善治已经成为政治合法性的主要来源。"如果把合法性定义为社会秩序和公共权威的自觉认同，我们甚至可以直接把善治等同于合法性。"[3]也就是说，提高政府权威的方法绝不是通过加大对社会公众的控制来实现的，相反应该是顺应社会发展的潮流，将社会公众纳入到社会管理的主体之中，政府通过制定和实施良好的法律来保证有序的社会管理。在现代公共治理中，对公共治理过程中行政权的自由裁量权的控制成了现代法律的基本精神。行政法也由早期的管理法转变为现代的控权法。依法行政的实质是根据法律的合理性制约行政的恣意性。

二、民主与参与度

环境管理创新的原动力就是要解决环境管理的效率与效果不协调的问题，但是环境管理的创新并不能仅以追求治理的实际效果为重，同时也应当重视治理过程中的民主诉求。人们追求和向往民主的历史源远流长，随着社会的进步，民主已不断从政治领域向行政领域和社会领域扩展。"民主的政治作用是作为一种政治社会的管理体制体现出来的，而这种民主社会的管理体制需要通过民主治理的形式来表现。"[4]没有民主的法治，充其量只能称为"法制"，缺乏民主的社会管理则会异化为社会控制的工具。另一方面，生态文明的价值观强调个人生存、自然生态以及社会发展的多样性。对多样性的尊重

---

〔1〕　[德] 尤尔根·哈贝马斯：《合法性危机》，刘北成、曹卫东译，上海人民出版社2000年版，第 173 页。

〔2〕　参见叶国文："权力合法性：一种权力起源模式的思考"，载《理论与改革》2003 年第 5 期。

〔3〕　俞可平："走向善治是一个长期的过程"，载《东方早报》2010 年 7 月 4 日。

〔4〕　刘莘、李辉："民主、善治与公众参与——湖南行政程序立法在中国的意义"，载《湖南社会科学》2008 年第 5 期。

尤其要关注深受环境问题之害的社会弱势群体的基本权利和多样需求，这也需要环境管理的民主性来为环境弱势群体保驾护航。所以，在合法性的价值评判标准之上，环境管理的创新还需要设立民主性的价值评判标准。

环境管理的民主性是指环境管理主体可以平等地参与环境治理以及治理过程的公开和透明。良好的治理秩序是依靠多元主体参与社会治理的合力来实现的，而民主性是保证多元主体平等地参与社会治理的关键。治理过程的公开和透明是民主性的必然要求，是良好治理的必然选择。没有民主性，就没有善治。[1]

首先，环境管理的民主性体现在多元治理主体平等地参与社会治理，以及管理权力的适当下放。环境管理的实践系统是一个开放的体系，公民具有参与环境事务管理和民主决策的权利和自由。政府通过健全民主制度，丰富民主形式，保证公民平等地参与社会治理，最终来保障公民的权利和自由。公民则通过有序的政治参与来监督和制约政府，保证政府在多数人的意志下行使公共权力。但民主不等同于公众参与，公众参与是公民对现有的政府治理政策的不合理性可以提出批评和建议，对于新的治理政策的制定和实施，也可以给予密切的关注，并且可以将自己的意见和建议反馈给政府，为政府的行政决策提供参考依据。民主还要求政府将管理权力下放或回归到最低和最合适的层级。这样才能保持对环境多样性和社会多样性的敏感度。权力下放，意味着最贴近环境而生活的人最了解环境，有关的决策权和监督权应当掌握在他们手中。

其次，善治的民主性体现在治理过程的公开和透明。政治透明是政治民主的必然要求，政治透明常常作为民主化发展的重要途径而被人们重视。[2]在民主社会中，每一个公民都有权获得与自己的环境利益相关的政策信息，政府应该没有任何偏见地向公众公开相应的信息，满足公众的合法需求，使利益相关方都能够比较方便地获取与自己利益相关的可靠信息。社会管理的信息如何才能有效地实现上情下达和下情上传？公共服务的善意又如何才能抵达社会的基础细胞？按照善治的内涵，要求管理层必须与基层群众之间建

---

〔1〕 丁宇："论善治的基本诉求"，载《江汉论坛》2009 年第 10 期。

〔2〕 俞可平主编：《中国治理变迁 30 年（1978-2008）》，社会科学文献出版社 2008 年版，第 238~239 页。

立起无障碍的联系通道，这种联系通道既是自上而下的管理输出通道，也是自下而上的民意表达通道。从信息公开和透明的作用来看，治理过程的公开和透明也就是政府与市民社会双向互动的过程，既包括政府向社会输出信息，又包括社会公众通过参与行政决策、执行和监督过程向政府输入信息。这种双向互动是对政府行为实现外部控制的重要渠道，来自社会公众的外部压力可以促使政府对公众更加负责，降低为自己谋取不正当利益的机会。治理过程的公开和透明有利于扩大公共参与促进公民社会发育，提高公共权力运作的透明度，实现政府管理的公正性，重塑政府权威的合法性。因此，治理过程的公开和透明程度愈高，善治的程度也就愈高。

三、公平与公信力

善治的要义之一是促进社会公共利益的最大化，对此不能走入利益总量增加就是"善"的认识误区，不能将善治的评判标准设置为考察治理行为是否增加了全社会的利益总量，更不能将公共利益局限地理解为公共经济利益，使经济利益的加权比重凌驾于环境利益之上。即使社会财富大幅增加，但却以环境资源的大量消耗为代价，抑或是利益被攫取在少数人的口袋中，这都不能称之为善治。善治在促进公共利益最大化的同时，也强调利益的均衡化，不能忽略利益的普惠性。

"社会主义"的概念起初是作为"个人主义"的反题，特别是作为对早期资本主义社会许多弊端的矫正物而出现的。[1] 社会主义价值理念的重要内容之一就是公平。在 20 世纪 80 年代，邓小平理论提出了社会主义的本质理论和发展战略。党的十四大报告明确了在经济领域价值评判的一般原则，即效率优先，兼顾公平。那么，究竟什么才是"公平"？"不患寡而患不均"的绝对平均主义不可取，乌托邦式的"按需分配"暂难实现。在我国经济高速发展之下所带来的新局面对公平这一价值取向又有着怎样的影响？对于今天的中国社会来讲，公平首先应该体现在机会公平上。机会公平与法的普遍性相联系，它要求对所有人平等执行法律和制度，提供公平的机会而不是均等的结果。但对环境管理者来讲，机会公平并不是唯一应该提供的公平产品。有些时候一味强调机会公平而不注重结果上的扶弱原则，可能导致弱势群体

---

〔1〕　参见谢鹏程：《基本法律价值》，山东人民出版社 2000 年版，第 1~2 页。

的生存状态跌破基本底线，生活难以为继。这就要求管理者必须积极动用公共资源来帮助社会守住这条不可突破的底线。[1]

建设生态文明过程中的环境管理必须坚持公平原则。第一，社会公平能够有效地凝聚社会各领域、各阶层的力量，推动符合广大人民利益的改革。而政府应该被赋予承担维持社会公平的责任，只有这样，才能够在利益多元化的社会现实中，推动各项政策的有效实施。第二，社会公平反映了社会多数群体的意愿，而维护这种意愿需要公正的制度安排、程序设计。唯有通过制度化建设，建立体现社会公平的法律和制度，才能确立消除社会不公的制度规范，有助于在既有体制和政治结构中推进改革。第三，实行体现社会公平的政策，弱化利益冲突和社会对立。社会公平既能推动社会进步，也能避免因为利益过度分化带来的激烈冲突。第四，形成社会公平意识，重建文化和道德秩序，从深层结构方面提高文明水平，维护社会公平。第五，生态文明所理解的公平，包括人与自然之间的公平、当代人之间的公平、当代人与后代人之间的公平等。追求环境正义，尊重环境作为人类社会发展重要因素的权利和地位，实现可持续发展，在当代与后代之间维持一种公平的代际关系。

针对我国目前环境管理的现实情况，要实现公平这一重大价值目标，要点就在于公信力的确立，而公信力的支撑要素之一应是确定性。历史经验表明，投机是失序的产物，社会越是失序，投机就越盛行。当法律制度实施过程中的确定性严重不足时，投机的诱惑和收益会被放大，守法的风险与代价随之增加，社会中的价值观和正义观易被颠覆。因此，树立行政公信力的路径之一便是要重建法律制度的确定性。先秦法家代表人物商鞅在《商君书》中有言："一兔走，百人逐之，非此兔可分以为百，由名分未定。夫卖兔者满市而盗不敢取，由名分已定也。"[2]这一例证简明扼要地说明了确定性的重要性，唯有定分，方可止争。在目前环境管理的过程中，一些政府官员在执行法律政策时没有深刻认识到维护政府公信力的重要性，在不堪其扰的情况下

---

〔1〕 孙潮、刘哲昕："用法治精神推进社会转型"，载《解放日报》2011年10月9日。

〔2〕 一说认为《吕氏春秋·慎势篇》引《慎子》云："今一兔走，百人逐之，非一兔足为百人分也，由未定。由未定，尧且屈力，而况众人乎？积兔满市，行者不顾，非不欲兔也，分已定矣。分已定，人虽鄙，不争。故治天下及国，在乎分定而已矣。"另一说认为，商鞅在《商君书》中说："一兔走，百人逐之……夫卖兔者满市，而盗不敢取。"

会出现以个别妥协换取整体项目进展的情形。短期来看，这种个别妥协会起到速效，但长期来看，这种做法却是以牺牲政策的确定性和行政的公信力为代价的，最终结果会加重社会的不公平。政府公信力的树立一定程度上有助于社会公平的实现。

四、效率与回应性

衡量一种管理模式，不仅要看它是否具有合法性，而且要看其有效性是否充分。在社会结构日益复杂的当代，政府的作用应当是加强了而不是变弱了。无论是"大政府"理论还是"小政府"理论，人们共同关注的焦点在于政府的管理是否有效。我国在20世纪80年代进行的政府管理体制改革的重要价值推动力就是效率，"一个良好的政府应该是组织效率、职能效率和政治效率都能够同时实现最大化的政府"。[1]效率，作为经济学上的概念指的是投入与产出、成本与收益的关系，是以最少的资源消耗取得最大的效果。[2]

我国环境管理创新需要用效率作为一项价值评判标准。环境管理不仅仅要关注环境决策由谁制定和如何制定的问题，同时也要重视环境决策的效果。一方面，我国在环境治理方面的投入和能力不断得到加强，而另一方面，我国的环境治理状况却并没有得到人们所希望的遏制和好转，环境状况依然严峻。有研究表明，我国的环境治理效率较低，纵向比较而言我国环境治理效率多年来并没有本质上的提升，横向比较来看我国环境治理效率只有治理效率高的国家的1/3水平。[3]从内容上来看，环境管理的效率包括设置科学合理的机构，控制行政成本，但不仅仅是指经济的、节约成本的治理，更应该是注重经济效益与社会效益和环境效益相结合的环境治理。从程序上来看，环境管理的效率需要体现在管理者对被管理者的回应上。

环境善治中的回应性是指环境管理者应当就被管理者提出的异议给予理由和结果上的及时和负责的反应。社会公众对环境管理者进行监督的形式特征之一就是对环境管理者的环境利益认知提出异议，对公民异议的回应是环境管理权力合法性的应有前提。"公共参与的回应与参与的机会本身一样重

---

〔1〕 "治道变革的两个界碑"，载《21世纪经济报道》2006年8月14日。

〔2〕 吕世伦、文正邦主编：《法哲学论》，中国人民大学出版社1999年版，第582页。

〔3〕 董秀海、胡颖廉、李万新："中国环境治理效率的国际比较和历史分析——基于DEA模型的研究"，载《科学学研究》2008年第6期。

要。一个不必有任何回应的参与，仅是满足形式上的参与要件，对参与者或开发者而言都无实质的意义。"〔1〕环境管理者对公民异议的回应是一种制度化的回应，而非事实性回应。因环境问题的高度的科技背景与决策风险、利益冲突与决策权衡决定了对公民异议的回应不是简单依据普通常识就能进行合理判断的问题。并且，环境管理者的回应与行政答复有所区别，前者是"合目的性"的判定，目的在于作出是否采纳异议的决定；而后者是"合法律性"的审核，目的在于作出是否对公民权利予以保护的决定。〔2〕

回应性的应有内涵之一体现在责任的承担。党的十六届四中全会中提出将"依法实行质问制、问责制、罢免制"以加强权力运行的制约和监督。问责制的实施就是政府回应民意而对行政主体采取的措施。推进制度化的问责只是手段，目的在于推动我国环境管理真正形成由政府与社会协调合作，从而更有力地推进治道变革。环境问责始于政府在应对重大突发性环境事件时对民意的积极回应，政府对于民意的回应和政府的责任性是紧密联系的，也可以说是政府责任性的延伸。此外，环境保护强调个体责任，但这种责任还必须与社会责任相融合，个体责任的行使必须纳入社会责任的框架，因为环境行为只有在兼顾个体与他人的关系时才会起到保护环境的效果，过度地关注个体行为不仅不是解药，在某种程度上正是疾患本身。归根结底是"社会、社会结构、社会决策酿成了地球的灾难"。个体责任和社会责任的结合实质上是普遍联系背景中的相互依存性，追求整体社会而不仅仅局限于个人是环境保护的积极目标。

小结：用善治理念创新环境治理

我国的环境管理经历了行政权力浓厚的"管制"阶段和公民环境权利弱化的"管理"阶段，正在迈向政府管理与公众参与相结合的环境"善治"阶段。因为根据市场经济发展的逻辑，在经济和社会发展的各个领域，包括环境保护领域在内，政府、企业、社会组织等各方力量将不断调整各自的定位，形成比较协调的结构，共同为实现发展目标做出贡献。在环境政策中，长期

---

〔1〕 叶俊荣：《环境政策与法律》，中国政法大学出版社 2003 年版，第 204 页。
〔2〕 参见王蓉：《环境法总论——社会法与公法共治》，法律出版社 2010 年版，第 174~177 页。

以来形成的几乎由政府包办一切环境保护事务的格局已逐渐暴露出局限性，应该进行结构性调整，以促使社会力量进入环境保护领域，这种调整过程就是迈向环境善治的过程。环境善治尤其强调两个方面的含义：①在环境保护的主体方面，各个方面的行动者如政府、社会组织、媒体、企业等，都有独特的作用，需要构成一种适当的关系；②在环境保护的手段方面，应该是多样化的，行政管制、法律制裁、经济处罚、道义感召、舆论压力等手段之间，也要形成一种合理的结构。

马克斯·韦伯曾在《新教伦理与资本主义精神》中论证过："通过任何一项事业的表象，都可以在其背后发现一种无形的、支撑这一事业的时代精神力量；这种以社会精神气质为表现的时代精神，与特定社会的文化背景有着某种内在的渊源关系；在一定条件下，这种精神力量决定着这项事业的成败。"[1]我国环境治理创新的事业也应当以反映时代精神力量的法治、民主、公平与效率这四重价值作为创新的导向。法治是社会管理创新的根本性价值判断标准，任何社会管理行为都应当服从于法治的运行框架之下。民主是社会管理创新的保障性价值判断标准，要防止公共利益异化为少数人的利益。公平是社会管理创新的目的性价值判断标准，公平正义是社会主义的本质属性，社会管理的创新必须遵循公平原则。效率是社会管理创新的有效性价值判断标准，社会管理的创新若无成效则背离了创新的初衷。但我们应当认识到走向善治是一个长期的过程，善政在目前依然有不可取代的地位，善政是实现善治的关键，法治和民主也依然是善治的决定因素。

---

〔1〕 转引自谢鹏程：《基本法律价值》，山东人民出版社 2000 年版，第 2 页。

构建环境治理体系的中国道路：
善政与善治的结合

"治国有常，而利民为本。"

—— （西汉）刘安《淮南子·氾论训》

在历史长河中，社会结构的变迁经历了从一体到两分再到三分的过程，从自然状态的原始社会到城邦国家产生之后，国家与社会的两分结构开始逐步显现；从封建社会向资本主义社会过渡之后，经济得以从政治、社会生活领域中分离出来，政府、市场、社会的三分结构开始渐渐形成。因专业学科的差异或是研究需要的不同，学界对于社会结构的划分存在多种认识。本书根据运行机制的不同，将环境管理机制分为环境行政机制、环境市场机制和环境社会机制。

就目前我国环境管理的困境而言，最大的问题在于环境管理的整体强化与环境质量的局部恶化之间的矛盾，环境管理的成效不理想。这需要对环境管理的机制和绩效进行反思。若将环境管理比喻成一架飞机，那么在传统的环境管理模式中，行政管理好比是机身，既占据了环境管理的主导地位，也附带有多元利益取向；市场机制是机翼，有效地调节着环境管理的运行；社会机制是机尾，不能没有它的存在，但是作用却十分有限。而在环境管理的创新模式之中，政府应当从社会利益之中抽离出来，充当管理这架飞机的方向盘，主要任务是从宏观上把握环境管理的方向；社会公众应当是发动机的角色，公众才是环境治理不断完善的动力所在；市场机制则依旧发挥机翼的作用，助推环境管理的良性发展。

从追求绩效最优的角度考虑，当前最需要进行角色优化和转换的是环境行政管理机制和环境社会治理机制。因此，本书的论证的内容是建立在"政府—社会"的二维架构上，探讨环境行政管理机制的改革和环境社会治理机制的创新，以及二者间的互动合作关系。但需说明的是，"政府—社会"的二维架构并未将市场完全抛开，而是将市场的经济调节机制归入政府的经济规制，将市场的一大经济主体企业归为一类社会主体。按此逻辑，本书将环境管理划分为环境行政管理和环境社会治理，环境行政管理又可分为经济规制和社会规制，环境社会治理的分类主要是按照不同的社会群体进行划分。其中，环境行政管理机制改革的主要路线是实现从管治到服务的职能转变，环境社会治理机制创新的路线则是在社会自治的基础上实现与行政管理的互动合作。环境治理体系架构如图4-1所示：

$$
\text{环境治理} \left\{
\begin{array}{l}
\text{环境行政管理} \left\{ \begin{array}{l} \text{经济规制} \\ \text{社会规制} \end{array} \right. \\
\text{（管理—服务）} \\
\text{环境社会治理} \left\{ \begin{array}{l} \text{公\quad 众} \\ \text{社会组织} \\ \text{利益集团} \end{array} \right. \\
\text{（自治—合作）}
\end{array}
\right.
$$

图4-1 环境治理体系架构图

第一节 传统环境行政管理的评价

传统环境管理主要是建立在行政管制独家主导的基础之上，借助市场机制之翼，再辅之以弱化的公众参与。我国的环境管理之所以形成行政主导模式，除了传统政治因素外，与改革开放初期我国经济和科技的发展水平不高也有关，在无法用高科技和高投入解决环境问题的情况下，依靠政府采取行政和法律手段是当时最有效的办法。从我国多年的环境管理实践经验来看，传统环境行政管理手段的运用在环境保护的国家战略实施和环境质量的整体改善方面可谓功不可没。然而，环境行政管理模式在强制性的命令控制方式上还存在着灵活性不足、协调性不够、决策滞后等缺陷，从而导致环境管理中政府失灵现象的发生。但是，环境行政管理显现出的这些弊端尚且不能撼动它的主导地位，它依然有着不可替代的作用，当务之急是要有针对性地对其加以改进。

一、传统环境行政管理的不可替代性

环境行政管理主要是基于市场调节机制失灵而导致环境危机的认识，从而依靠行政命令与法律强制的力量来解决环境问题的政府主导式的治理模式。当然，除了行政与法律手段外，环境行政管理也会运用到经济、技术、教育等手段来协调发展与环境的关系。政府环境管理职能的有效发挥能够为环境保护的建设与发展提供必要保证。

（一）环境行政管理的功能：弥补市场缺陷

一方面，环境问题本身的特性决定了环境行政管理对环境保护的重要性。首先，环境和自然资源具有竞争性，如果人类对环境公共物品的消费超越自然界的承载能力，仅仅依靠自然因素作用于资源环境的再生和恢复，非但不能满足人类发展的需要，甚至会对人类生存构成现实而紧迫的威胁。其次，环境和自然资源具有非排他性，如果要将特定的个人排除在享受这种物品的效用之外，通常很难做到或者不可能做到。最后，环境和自然资源具有外部性，私人主体基于自身利益的考虑，往往不愿意投身于资源节约与环境保护，但这并不等同于私人主体会自发地减少对这些共有资源的消费。

另一方面，公共物品的若干理论模型也论证了市场机制对环境保护的失灵。1910年，著名经济学家马歇尔提出的"外部不经济性"理论为政府对企业和个人的环境影响行为进行管制提供了理由。1968年，美国生态学家哈丁发表的"公地悲剧"理论也提醒人们更加注意到环境恶化中环境公用性问题，是典型的市场失灵。解决外部不经济性的根本办法是将外部问题内部化，而外部问题内部化是市场无法解决的，正如著名经济学家萨缪尔森所说："当今没有什么东西可以取代市场来组织一个复杂的大型经济。问题是市场既无心脏，也无头脑，它没有良心，也不会思考，没有什么顾忌。所以，要通过政府制定政策，纠正某些由市场带来的经济缺陷。"同样，在环境保护和环境治理的过程中，政府环保部门的行政管理仍然是必不可少的，政府干预和介入市场对环境资源的配置实为必要，这种干预和介入构成了环境管制的内容。

（二）环境行政管理的职能：政府的必然担当

公民应当享有在良好的环境中生活的权利，环境保护是国家不可推卸的责任，现代国家都将环境保护列为政府的一项基本职能，并形成一个强有力的环境行政管理体制。从本质上说，政府职能指的是根据社会需求，政府在国家和社会管理中承担的职责和功能。具体到政府环境行政职能，一般是指政府在履行从综合决策、行业管理到监督控制等基本环保职责时，应承担环境保护方面相应的计划、组织、指挥、协调和控制的基本职能。当然，政府环境行政的具体管理职能是必须通过有关职能部门去具体落实的，这些职能部门包括环保部门和其他相关部门。我国自 20 世纪 70 年代开始建立起环境行政管理体制，在机构改革中几经调整，机构不断健全，政府环境行政职能得到逐步完善。这主要包括：贯彻并监督执行国家关于环境保护的方针、政策和法律法规；直接投资规划和建设环保基础设施；会同有关部门制定环境保护的条例、规章、标准、规划和计划等并监督检查其执行；根据法律赋予的权力审批环境影响评价报告，对防治污染设施进行验收、审核，颁发排污许可证，征收排污费等；组织环境监测，掌握辖区内的环境状况和发展趋势；推广环境科学技术；对环境违法行为实施行政处罚，以惩戒教育违法行为人等。

（三）环境行政管理的权能：后代人权利代表

20 世纪上半叶发生的环境危机和公害事件促使环境保护的思想和理论呈现突飞猛进地发展，加上第二次世界大战以后自由主义思想和人权观念的复兴，在此背景下美国哲学家约尔·范伯格于 1971 年在《动物与未来世代的权利》一文中首次提出了后代人权利理论。[1]此后，后代人权利理论得到了大力发展，并得到许多国际环境保护条约和宣言的认可，如《斯德哥尔摩人类环境宣言》的共同信念 1 和 2、《里约环境和发展宣言》的原则 3、《世界自然宪章》的目的、《联合国气候变化框架公约》的前言以及《生物多样性公约》的目的等。[2]包括 1987 年世界环境与发展委员会在《我们共同的未来》的报告中也是从当代人与后代人的代际平等角度对"可持续发展"进行定义的，即"可持续发展是既满足当代人的需要，又不对后代人满足其需要的能力构成危害的发展"。

---

〔1〕　SeeJoel Feinberg, "The Rights of Animals and Future Generations", in *Philosophy and Environmental Crisis*, ed. William Blackstone, University of Georgia Press, 1974, pp. 43~68.

〔2〕　刘卫先："回顾与反思：后代人权利论源流考"，载《法学论坛》2011 年第 3 期。

从历史意义上来看，后代人的权利实际上是当代人生命和精神的一种延续，但是从法律意义上来看，后代人是尚不存在的，无法用行为来维护其权利，所以，后代人的权利必须由当代人来代理。而仅仅停留在由当代人代理后代人权利的泛化层面上是不够的，应当为后代人推选出合适的权利代言人来有效保障后代人的环境利益。部分国家已经在其政治现实中设立了保护后代人的组织机构，如芬兰议会中的"未来委员会"，以色列议会中的"后代人保护委员会"，荷兰在政府内部设立的保护后代人机构"经济政策分析署"，[1]还有法国的"后代人委员会"也是后代人行使权利的"受托人"。[2]因此，政府在代理后代人权利方面也有着不可推卸的责任和极为重要的作用。尤其是在当前我国社会的转型时期，要处理好发展与环保的关系，协调好当代人与后代人权利的公平分配，必须要政府的宏观介入。

二、传统环境行政管理的内生局限性

从 1973 年决定成立国务院环境保护领导小组办公室，到 2018 年成立的生态环境部，这 45 年是我国环境行政管理机构从无到有、从小到大、从低到高、从合署到独立的发展过程，也是我国环境问题日益凸显、集中爆发的过程。在环境问题尚不突出和剧烈的阶段，传统环境行政管理发挥了功不可没的作用。但是，在全球性和区域性环境问题加剧恶化的阶段，传统环境行政管理开始显现出管理不力和效率低下等局限性，呈现出环境保护领域的"政府失灵"现象。

（一）管理体制的局限

《环境保护法》第 10 条对我国环境行政管理体制作出了原则性规定："国务院环境保护主管部门，对全国环境保护工作实施统一监督管理；县级以上地方人民政府环境保护主管部门，对本行政区域环境保护工作实施统一监督管理。县级以上人民政府有关部门和军队环境保护部门，依照有关法律的规定对资源保护和污染防治等环境保护工作实施监督管理。"即我国环境行政管理体制是统一监督管理与分级、分部门监督管理相结合的体制。其中"统管部门"是指国务院环境保护行政主管部门和县级以上地方各级环境保护行政

〔1〕 参见刘雪斌："代际正义研究"，吉林大学 2006 年博士学位论文，第 132~133 页。
〔2〕 郑少华：《从对峙走向和谐：循环型社会法的形成》，科学出版社 2005 年版，第 83 页。

主管部门，"分管部门"是指依法分管某一类污染源防治或者某一类自然资源保护监督管理工作的行政部门。[1]这表明，我国环境保护并不是环境保护主管部门单打独斗，海洋、土地、林业、农业、水等多个领域的行政主管部门亦有部分环境监管职责。统管部门与分管部门之间法律地位平等，没有行政上的隶属关系。我国传统环境行政管理体制设计还存在一定的局限。

其一，统管部门与分管部门之间的职权划分不够明确。我国传统环境行政管理体制的制度安排，主要是按照行政区域划分的资源要素管理。这与自然生态系统的整体性特征不一致，完整的生态系统常常被人为分割，由不同行政区域的不同行政部门进行"碎片化"的分管分治。典型的就是水资源管理领域的"九龙治水"现象，即水利、环保、建设、农业、林业、渔业、海洋等行政主管部门依据相关法律法规，都具有一定的水资源管理职权和职责。这种多头管理容易造成职责交叉重复，统筹和协调各部门的管理职责是水资源管理体制方面的重点和难题。在生活噪声污染管理领域也存在类似的问题，环保、公安、城管行政主管部门各自为政进行"条块化"管理。各环境行政管理部门之间的职权和职责不明晰，行政职权设置重复或真空，就会影响部门合力的发挥，也影响行政问责时的责任界定。

其二，生态环境监管者和所有者之间的区分不够明确。我国绝大多数环境资源的所有者是国家，运行中由政府进行管理，地方人民政府环保主管部门对辖区内的环境管理工作进行统一监管。环保主管部门是各级地方政府的组成部门，其人事权和财政权都受命于地方政府，当地方政府干扰环境管理和执法时，环保主管部门难以秉公处理。同时，在行政区域上和管理职权上各管一块的体制安排，割裂了生态环境的整体性，也导致了环境跨区域管理的难题。例如，在水管理的收费制度中，污染管理者、资源开发者、排污者之间的管理环节缺乏协调和连贯性，污染管理者负责收费却不负责建设污水处理设施，资源开发管理者负责收费却没有进行有效治理，开发者和排污者交了费就肆意开发和排污，达标与否或者治理效果如何则不予理会，其结果就是江河湖泊的水资源得不到有效保护。

（二）管理定位的局限

政府在以管理者自居时，很容易迷失在自身利益或自己主观的价值判断

---

〔1〕 韩德培主编：《环境保护法教程》（第 8 版），法律出版社 2018 年版，第 30 页。

中，以至于本末倒置。然而，当其以服务者定位时，就自然会以服务对象的利益诉求和价值判断为取向。在以往的环境管理中，政府部门多是采取强制性的管理措施，借助行政权力和法律执行力进行执法管理。这种模式可以较快地取得暂时性的成效，但是从长远来看，因环境管理对象的地位过于被动使得偷排污水等现象十分普遍。环境管理的定位仍然是在环境遭到污染破坏后的严厉惩罚和限期治理，这种末端管理的效果是可想而知的。

（三）管理效率的局限

在传统环境管理模式中，环境管理部门对环境问题的信息获取不及时，对环境突发事件的应急速度较慢，导致环境决策的作出滞后，环境行政管理的措施被动执行。另一方面，环境行政管理也有着传统科层制固有的弊端，即严格的层级处理制度，使得涉及公众切身利益的重大环境问题得不到及时有效的解决，环境管理运行效率的低下已严重影响了环境污染状况的改善和公众环境利益的维护。

（四）管理角度的局限

我国的环境管理历来重视环境行政的权威性和强制性，这在环境管理的宏观角度来看确实是不可或缺的。但是，从环境管理的微观角度而言，行政强制、限期执行、直接干预等管理方式因带有粗暴性、欠缺灵活性等缺陷，在具体事例中的运用往往容易引起行政相对人的抵触情绪和消极行为，对环境行政管理产生阻力，从而造成环境行政管理效率低下、管理成本高昂、管理资源浪费的恶果。

（五）管理目的的局限

对环境管理目标的否定主要是针对地方政府而言，目前地方政府的"经济人"身份远远盖过了"生态人"身份。在地方政府面前，为了促进财政收入增长而盲目招商引资，置区域环境承载能力和纳污容量于不顾，环境保护的长远利益常常为经济发展的短期利益所牺牲。环境主管部门跟随地方政府的风向标，对环境污染企业的管理睁一只眼闭一只眼甚至加以袒护和纵容，使环境行政"执法"变成环境行政"听令"。

三、传统环境行政管理的改进

在环境保护领域，传统的行政命令管理方式直到今天仍然是大多数国家不可或缺的和处于主导地位的管理方式，可以说这种管理方式为保护人类环境保护发挥了重大的、基础性的作用。对传统环境行政管理进行否定之否定的辩证思考，不是要否定环境行政管理的作用和地位，而是要重新审视其角色并改进其功能。

公地悲剧从理论上揭示了个体理性的限度与其市场制度的机会主义，集体行动的困境从理论上说明了公共问题的交易费用及其所带来的困境，公地悲剧及集体行动的困境提供了政府规制的空间。[1]在公共利益的视域里，政府规制对市场失灵领域直接干预，以防止无效率的资源配置和确保需要者的公平利用。环境规制作为政府规制的一项重要内容，是指针对环境污染的外部不经济性，政府通过制定相应的法律与政策对环境污染和破坏等经济活动进行调节，以达到环境、经济协调发展的目标。但是以跨界水污染纠纷为代表的一系列环境规制政策实践表明，政府对于环境外部性的规制并不总有效，也存在环境规制失灵。正如有些学者所言，生态环境治理中的"市场失灵"，并不是政府干预的充分条件；市场机制解决不了的问题，政府不一定能解决，即使能解决，也不一定比市场解决得更好。[2]但是尽管政府规制也存在失灵的现象，也没有人怀疑政府规制的正当理由，今天已经没有一种公法理论或经济理论，否认政府规制经济生活和社会生活的合法性权力了。与过去不同的是，人们关注和辩论的主题已不是要不要政府规制，而是政府应该如何规制。

充分发挥政府行政职能，积极变革传统的强制性政府职能是世界各国政府都面临的问题，英国、美国等国家在政府行政改革的过程中已经开始尝试进行政府服务外包、管理手段创新、加大市场化改革、放权分权、政府组织内的企业化改革等实践活动，其中许多经验是值得我们借鉴的。通过对环境行政管理的利弊分析，我国政府环境行政必须明确新形势下环境管理的正确方向，积极变革和充分发挥政府环境行政管理职能，有效地规范环境行政主体的管理手段和管理行为，促进环境行政管理水平和效率的提高。我国2018年的国务院机构改革，为建立健全生态文明建设的领导体制和部门联动，创造了有利条件。

---

〔1〕　潘伟杰：《制度、制度变迁与政策规制研究》，上海人民出版社2005年版，第27~30页。
〔2〕　肖建华、邓集文："多中心合作治理：环境公共管理的发展方向"，载《林业经济问题》2007年第1期。

首先，增进政府的环境服务职能，逐步完善环境服务职能体系。政府服务职能的加强直接关系到环境行政管理的效率和效果。面对日益严重的环境问题及其带来的危害，社会公众比任何时候都更加关注政府行为，迫切需要政府更加维护公众利益和公共利益。只有获得公众认同和支持的政府管理才是有效力的管理。因此，新形势下的政府环境管理必须强化服务职能，提高服务理念，改进服务方式，从而加强政府凝聚力，把政府和社会公众的力量有机地整合起来以实现环境管理目标。

其次，在环境行政管理中实现强制性手段与非强制性手段的协调与配合。传统环境行政中的强制性手段往往多于非强制性手段，虽然这在某种程度上可以发挥环境行政的权威性，但是对特点各异的不同管理对象却难以实施全面、有效的管理。同时，政府的环境行政过多地直接干预企业生产经营活动和具体环境事务，往往难以体现宏观调控和监督管理的职能要求。因此，在环境行政实践中运用引导、沟通、协助、协商等较为和缓的非强制性管理手段，体现出更加灵活、应变性强和有效力的特点，不仅可以弱化行政强制性行为，而且能够改善管理者与被管理者的关系，减弱或消除环境行政过程中的冲突和摩擦，更容易获得被管理者的信赖和主动自觉的配合，从而提升环境行政的效率，降低政府行政管理的成本。事实上，由于环境行政机关本身具有法律地位和权力背景，从本质上看环境行政非强制性手段基本上还是在强制性管理手段的框架下实施的，实践中两者也是无法截然分开的，它们的有机结合和互为补充是环境行政运行的最佳形态。

再次，规范环境行政管理中的命令与控制手段。规范化控制管理是环境行政管理职能创新的一项重要内容，在充分利用科技手段对环境进行科学监测与分析研究的基础上提出行之有效的规范性管理标准和控制措施，制定区域内环境行为的基本标准和规范要求，以环境标准制衡环境行为，有助于以工作效率和公平取代传统的随意性管理，树立环境行政管理的严肃性和权威性。同时，这种管理职能的有效运用还能够切实加强环境行政管理中的过程控制，促使环境行政做到从源头开始主动介入管理，真正建立起从"末端治理"到"源头控制"的现代环境管理模式。从价值倾向性上来看，环境行政的规范化控制管理更强调总体环境效益和环境权益的公平与公正，不同于传统管理中主要侧重于行政系统本身的依法运行与控制，以及相应地提高行政目标和效果的价值取向。

最后，明确和落实环境行政管理中的环保职责。从横向来看，应明确部门环境管理的职责划分。我国环境监管体制是采取统一监管和分级分部门监管相结合模式，在各部门之间的权责划分应当清晰，或者建立具有可操作性的议事协调与合作机制，防止各部门之间的监管空白或监管重复。《生态文明体制改革总体方案》中提出"将分散在各部门的环境保护职责调整到一个部门，逐步实行城乡环境保护工作由一个部门进行统一监管和行政执法的体制"。从纵向来看，应落实地方政府对环境质量和环境监管的责任。环境保护目标责任制有助于明确环境保护的责任主体、责任范围等，同时也应当强化政府环境责任的问责和追责机制，提高地方政府对环境保护的重视程度。在环境管理体制创新方面，比如我国许多地方政府成立了环境保护委员会或者生态文明建设委员会，由党政一把手担任委员会主任。又如我国确立了河长制，由省、市、县、乡的党委或政府主要负责人担任河长，负责辖区内河流治理。在强化环境责任方面，2015 年出台了《党政领导干部生态环境损害责任追究办法（试行）》，弥补了我国法律对党政领导干部造成生态环境损害后责任规定的缺失。

第二节　环境社会治理的利弊分析

通过上文对环境行政管理的辩证分析可知，在某些方面环境行政管理也不一定是最佳选择。伴随着社会发展的态势和公民意识的觉醒，社会治理的主体呈多元化发展，环境管理不再被认为是政府的专属职能，社会也是环境治理的一类主体，也有权利和责任对环境进行自发管理。环境治理的创新需要构建和完善新的管理机制，通过多方参与、协同解决的方式增进环境治理的效果，这就是与环境行政管理机制相对应的环境社会治理机制。

一、环境社会治理之利：缓解环境的公共物品困境

（一）环境属于具有"拥挤性"的准公共物品

公共物品（public goods）理论受到世人关注是源于美国经济学家萨缪尔森的研究，在其 1954 年发表的《公共支出的纯理论》一文对"集体消费品"（collective consumption goods）的界定被认为是公共物品的最早定义，即"每

个人对这种物品的消费，都不会导致其他人对该种物品消费的减少"。[1]在这之后，许多西方学者都对公共物品的概念加以研究。其中较具有代表性的观点有马斯格雷夫的"有益物品"（merit goods）理论[2]、德姆塞茨的"集体物品"理论[3]、布坎南的"俱乐部物品"理论[4]、奥尔森的"集体行动逻辑"理论[5]等。尽管对公共物品的解释见仁见智，但大部分理论的焦点都聚集在物品消费上的（非）排他性和（非）竞争性方面。消费上的非竞争性是指不会因为增加一个消费者而减少其他消费者的消费，或者不会因为增加一个消费者而增加该物品的供给成本，即所谓的边际成本为零。消费上的非排他性是指物品一旦提供出来，就无法排除那些不付费的人来消费，包括客观上无法排除和因成本过高而不值得排除，即不能排除所谓的"搭便车"者。关于公共物品的内涵众说纷纭，经历了从公共物品与私人物品的两分法，到公共物品、准公共物品、私人物品的三分法，再到私益物品（完全的竞争性和排他性）、俱乐部物品（排他性较强而竞争性较弱）、公共池塘物品（竞争性较强而排他性较弱）、纯公共物品（完全的非竞争性和非排他性）的四分法的演变。[6]此外，也有学者对公共物品的概念或是分类标准提出质疑，如马尔莫洛认为物品只有"公共供给"和"私人供给"之分，而无所谓"公共物品"和"私人物品"。[7]Ver Eecke 则认为"公共物品"与"私人物品"之间

---

〔1〕 参见刘太刚："对传统公共物品理论的破与立——兼论后公共物品时代的政府职能定位理论"，载《北京行政学院学报》2011 年第 3 期。

〔2〕 马斯格雷夫认为，公共物品不仅有别于私人物品，而且还有别于有益物品。公共物品是指政府根据消费者的意愿提供的、消费者有权选择消费或不消费的非私人物品，而有益物品则是指政府不考虑消费者的意愿而强制消费的非私人物品。

〔3〕 德姆塞茨则认为，公共物品不仅有别于私人物品，而且还有别于集体物品。其中，公共物品指具有消费的非竞争性的物品，而集体物品则指兼具消费的非竞争性和非排他性的物品。

〔4〕 布坎南认为，"任何集团或社团因为任何原因通过集体组织提供的商品或服务，都将被称为公共产品"。布坎南还提出了著名的俱乐部物品理论——从纯公共物品到纯私人物品都属于"俱乐部物品"。其中，纯公共物品是俱乐部成员数为无穷大的物品，纯私人物品则是俱乐部成员数为 1 的物品，而介于二者之间的物品也就具有不同程度的公共性。

〔5〕 奥尔森认为，消费上的非排他性是公共（或集体）物品的必备属性，而是否具有消费的非竞争性则对公共物品的属性不产生本质影响；而且，公共（或集体）物品只能就特定集团而言——某个集团的公共（或集体）物品，对于另外的集团则不属于公共（或集体）物品。

〔6〕 参见沈满洪、谢慧明："公共物品问题及其解决思路——公共物品理论文献综"，载《浙江大学学报（人文社会科学版）》2009 年第 6 期。

〔7〕 臧旭恒、曲创："从客观属性到宪政决策——论'公共物品'概念的发展与演变"，载《山东大学学报（人文社会科学版）》2002 年第 2 期。

不存在分类的客观标准，因为同一物品可同时成为公共物品和私人物品，这取决于不同的分析角度。[1]

　　环境与资源起初被认为毫无疑问地属于公共物品范畴，但随着人类的迅速发展和极度消费，自然资源开始出现消费限度，成为具有"拥挤性"的准公共物品，也就是环境资源具有非排他性和可竞争性。可以看出，公共物品的概念界定和范围划定并不是绝对的，除了物品的自身属性外，还受到技术改善、制度安排等因素的影响。例如，在没有技术改变的情况下，一艘船只对灯塔信号的利用并不影响任何其他船只，且无法排除任何船只对灯塔信号的利用，灯塔是纯公共物品。然而，如果能把灯塔设计成只让装有特殊接收器的船只接收信号，那就可以容易地实现排他，它就不再是纯公共物品了。[2]所以，当物品供给的技术加以改善后可以改变物品的属性，而制度安排则可以决定技术的取舍。加上公共物品相比私人物品具有更广泛的外部性影响，因此对公共物品的管理或供给往往还需要通过公共事务的政治安排来抑制公共物品的负外部性。

　　（二）环境类公共物品的困境所在

　　公共物品的困境属于社会困境的一种表现形式，社会困境是指当集体中有两个以上的成员时，就需要在个人利益最大化或集体利益最大化之间进行选择。对个体而言，选择个人利益最大化似乎更为有利，但如果所有成员都作出这种选择，那么得到的结果会比追求集体利益最大化要差。[3]这就是个体理性与集体理性相背离所导致的合作困境，也会引发公共物品供应困境，即由于公共物品的非竞争性和非排他性特征会使个体产生"搭便车"的自利行为，然后诱发其他成员的机会主义心理，减少个体成本并力争个体利益成为个体的理性选择，就会导致公共物品供应不足，从而损害集体利益。环境保护的过程中就会产生典型的公共物品困境，环境保护需要所有社会成员的共同行动，但部分社会个体的自我评价会出现偏差而认为自己对环境保护的贡献或对环境污染的影响是微不足道的，个体就会只获取环境利益而逃避环保义务。

────────────

　　[1]　臧旭恒、曲创："从客观属性到宪政决策——论'公共物品'概念的发展与演变"，载《山东大学学报（人文社会科学版）》2002年第2期。

　　[2]　[美]哈维·S.罗森、特德·盖亚：《财政学》，郭庆旺、赵志耘译，中国人民大学出版社2009年版，第54页。

　　[3]　Samuel S. Komorita，Craig D. Park，*Social Dilemma*，Westview Press，1996，p. 8.

环境类公共物品的困境具体表现在：

第一，环境保护的高成本。由于个体理性决定了大多数社会个体成员不会为了保护环境而负担额外成本，导致环境保护的重担落在政府身上，政府为了保护和治理环境需要付出很高的成本。

第二，环境要素的低质量。环境保护的高成本不一定能带来高质量，因为公共物品的属性决定了环境不同于市场产品，不受价格、供求等市场规律的调节，而且环境质量的高低也缺乏相应的制度激励和奖惩机制。

第三，环境效益的不均衡。环境保护的行为主体与受益主体并不完全一致，环境破坏的行为主体与受害主体也不等同，因此，环境效益的程度和范围都会出现不均衡现象。

第四，环境权益的滥分配。当政府目标与社会目标不一致时，政府决策就会对部分群体的环境利益造成损失。例如地方政府为了经济利益不顾环境容量而过度开发利用自然资源，又如在生态补偿不足的情况下侵犯公民的环境权益等现象。

第五，环境"公共性"被蚕食。米歇尔曼曾提出"反公共物品"的概念，他认为，既然存在任何人都有权使用却不能拒绝其他人使用的"公共物品"，那么从逻辑上而言就应该存在任何人都可以拒绝其他人使用而自己却不能单独使用的"反公共物品"。[1]公共物品与反公共物品的形成本质上都是由于某种权利被滥用而导致的资源使用不足，前者是因为使用权被滥用，而后者是因为排他权被滥用。[2]当前我国环境类的反公共物品也屡见不鲜，如收费的海滩、网拦的水域、墙围的草地等，"环境公用物"因公共物品排他权的滥用而越来越少，环境的公共性因环境管理权的滥用而被逐渐蚕食。

（三）环境类公共物品困境的解决方案

关于公共事务的传统理论分析模型主要有三个：哈丁的"公地悲剧"、道斯等人的"囚徒困境"以及奥尔森的"集体行动逻辑"。这些传统的集体理论认为公共资源的个体使用者是难以组织起来去为了公共利益而采取集体行动，为了解决公共事务治理的这种困境，他们提出的解决方案或市场产权私

---

〔1〕　Frank I. Michelman, Ethics,"Economics, and the Law of Property", in J. Roland Pennock & Jone W. Chapman eds, *Ethics, Economics, and the Law*: *NOMOS series 24*, University Press, 1982, pp. 5~6.

〔2〕　Parisi F., Schulz N., Depoorter B., "Duality in Property: Commons and Anti Commons", *International Review of Law and Economics*, 2005（25）, pp. 578~591.

有或政府外部干预，但得到的效果往往也不十分乐观。按照经济学理论，公共物品的边际成本接近于零，其价格应等于边际成本，所以市场缺乏有效动力来提供公共物品。那么，公共物品供给的市场失灵就要求政府的干预，然而政府提供公共物品往往却并不遵循个体意愿，甚至违背个体意愿。

　　既然公共物品强烈的外部效应容易导致市场供给的严重不足和政府供给的效率低下问题，那么美国经济学家埃莉诺·奥斯特罗姆指出的第三条道路——自治组织管理，无疑是克服市场和政府双重失灵的一种较好尝试。1990 年，奥斯特罗姆在《公共事务的治理之道：集体行动制度的演进》一书中系统地阐述了公共事务治理的第三条道路，她指出仅仅以政府途径或者以市场途径来解决公共事务难题，这种方法的合理性是有待商榷的，强调一定条件下人们能够为了集体利益而组织起来采取集体行动，并提出了通过自治组织管理公共物品的新途径，但同时她也不认为这是唯一的途径，因为不同的事物都可以有一种以上的管理机制，关键是取决于管理的效果、效益和公平。[1]在大规模的公共事务治理中，个体之间沟通困难或者缺乏沟通，个体改变集体状况的成本很高或者就没有改变集体规则的能力，确实存在"集体行动的困境"。而在规模较小的公共事务治理或资源利用中，情况则是相反的，小规模环境下个体之间便于沟通，容易建立起共同的行为准则，"集体行动的困境"是可以化解的。尤其是当个体能够组织起来进行自发管理公共事务时，借助政府力量管制和实行产权私有的方法是低效率的。自治组织进行公共管理的动力在于能够联合起来的社会个体具有共同意愿。而个人进行公共物品供给具有三大动机：一是个人经济利益，二是个人物质利益，三是个人精神利益。[2]在环境保护领域也是如此，个体基于资源交易的经济利益，或者资源使用的物质利益，或是环境享用的精神利益，会产生环境保护的动力，这些各种利益动机的共同集合就是自治组织自发从事环境保护的动力所在。

　　我国的自然资源主要由政府进行管理，这在一定程度上能够缓解"公地悲剧"，但也存在着因为信息成本和实施成本过高而导致的政策迟滞、政策失

---

　　[1]　参见 [美] 埃莉诺·奥斯特罗姆：《公共事务的治理之道——集体行动制度的演进》，余逊达、陈旭东译，上海译文出版社 2000 版。

　　[2]　D. J. Young, *Voluntary Purchase of Public Goods*, Public Choice, Vol. 38, No. 1, 1982, pp. 73~85.

误，甚至是政策缺失。改革开放以来，我国为提高自然资源的利用效率，通过承包、租赁等形式在一些地方引进了私人市场管理体制，但私人体制也存在着外部性较强、垄断投机等市场失灵问题，特别是在自然资源利用中表现得非常明显。为克服这两种体制的缺陷，借鉴自治组织理论，可以引入社会自主治理的自然资源管理模式，即重视生态系统中资源使用开发者的自治管理，强调社会组织在一些公共资源管理中的主导作用。这尤其适用于中小规模的自然资源管理，因为小规模资源的开发、使用和收益者往往就是当地公民，这些资源保护、利用的好坏与其利益息息相关。以自愿的方式，通过社会组织形式将他们组织起来共同参与资源管理，以自主的制度创新来合理安排、统筹利用，一方面能够有效地克服因"公地悲剧"而带来的资源过度开发与退化，同时也可提高管理的针对性，降低行政管理的成本。当然，这并不意味着社会自主治理模式是环境管理的唯一方法，环境的社会管理也存在尚难逾越的障碍，应当根据环境与资源的不同特征，因地制宜地在多种管理模式之间取长补短，形成适合我国国情的多中心环境管理体制。

二、环境社会治理之弊：公众参与的困境

即使被界定为准公共物品，环境也具有公共物品的一般性特点，如共有性、非排他性和普惠性等。正因如此，环境问题牵涉到诸多利益相关主体，并且每个主体都有着各自不同的利益出发点，同时各类主体也面临着不同的约束性。事实上，任何环境制度与政策的制定都需要建立在对环境治理相关主体的利益与行为的准确把握的基础上，否则环境政策与制度都难免会有失公允。我国现阶段实行环境社会治理的重大弊端就是公众参与环境管理的内生性和制度性困境。

（一）环境保护公众参与的内生性困境

一方面，传统文化对人们的公民意识有着重要影响，我国的传统文化始终渗透着一种整体思想特征，这在历史上曾起过积极作用，但也使"个体存在过多的依赖性而缺乏独立性格"。奥斯特罗姆的自治组织理论中所描述的是一群有着强烈个人主体意识和自治愿望的理性人通过自主合作治理的制度安排实现了集体利益的优化。[1]而我国的公民意识还有待培育和增强。不容置

---

〔1〕 张鑫："奥斯特罗姆自主治理理论的评述"，载《改革与战略》2008 年第 10 期。

疑，生活在社会这个最大潜在集团中的每一个成员都有保护环境的义务。但是，在我国，社会大众自觉采取环境保护行动的积极性还很不够，大多数人都具有搭便车心理，总是"事不关己，高高挂起"。据河海大学的吴上进、张蕾早前进行的公众环境意识和参与环境保护现状的调查表明："发现别人浪费水"，只有5%的人会制止；"看到有人乱扔垃圾"，只有2.5%的人会制止；"看到某企业超标排放污染物污染环境"，只有6%的人愿意去举报；当发生"环境民事纠纷"时，只有5.5%的人选择提起环境公益诉讼，甚至还有10%的人选择忍气吞声。[1]这些数据可以证明，我国社会大众在环境保护行动中的消极被动、等待观望的普遍搭便车心理。正是这种心理和态度使得我国的环境保护在社会大众层面显得行动力不足。

另一方面，我国现有行政体制几十年来虽几经改革，但就其总体特征而言仍处于强政府、弱社会的一元结构。政府的影响遍及社会生活的每个角落，而社会的自我意识和自主治理能力却相对较弱。因此，政府对社会组织内部规则的认可和支持是社会组织得以产生并长期续存的重要保障。政府应在提高社会自主治理能力方面发挥重要作用，但发挥重要作用并不是说政府去干预社会组织的规则制定，更不能越俎代庖，直接处理本应由社会来治理的具体社会事物，政府作用的发挥更应放在促使社会自治能力增强的法律和社会环境构建上。

（二）环境保护公众参与的制度性困境

除了上述我国传统文化和行政体制对公众的个体公民意识造成的内生性影响之外，公众参与环境治理还存在外在的制度性约束。

第一，公众参与的激励制度不够。我国《宪法》第2条和《环境保护法》第6条对公民参与社会事务管理和环境保护的权利都作了明确的规定。单行法中如《水污染防治法》的第5条第13条，《水法》第11条也对公众参与水资源保护和管理作出了原则性的规定。但通过对公开发布的有关公众参与信息公示进行分析，目前绝大多数公众参与都是在建设项目的环境影响评价中进行的，其他方面如水资源规划和治理过程中的公众参与比例极低。这种局面与我国环境法中公众参与的激励制度的欠缺不无关系。虽然我国环境保护

---

〔1〕 吴上进、张蕾："公众环境意识和参与环境保护现状的调查报告"，载《兰州学刊》2004年第3期。

中对公众的正向激励早有法律规定，《环境保护法》第 11 条规定："对保护和改善环境有显著成绩的单位和个人，由人民政府给予奖励。"但是在具体操作层面，仍未有可行的运行规则。

第二，公众参与的法律定位不明。我国公众参与环境保护是权利还是义务？在法律文件中表现为公众参与权，表面看似乎是权利。但是，"有权利，就有救济"，现有法律并未规定公众参与权如何救济的内容。如果是义务，则"有义务，就有责任"，现有法律也未明确规定公众不行使参与义务会承担什么样的责任。从现有的可操作性的公众参与法律文件来看，[1]公众参与似乎更多是一种在行政机关自由裁量权范围下的任意性规定，不具有强制性。这种制度安排只能泯灭公众参与的自愿性、广泛性和代表性。[2]

第三，公众参与的制度整合不力。现有公众参与环境保护的规定没有集中起来作专门、统一的法律规定，而是都散落在环境基本法和一些单行法律法规中。作为单行法，应该是对基本法所确定的环境保护基本原则进行细化的、具体的制度设计，而我国的环境基本法和单行法对公众参与的立法方面存在简单重复现象，比如《水污染防治法》《大气污染防治法》对公众参与的规定仅仅是对《环境保护法》基本精神的重复再现。据了解，覆盖整个环境保护领域的公众参与环境保护法规——《公众参与环境保护办法》的立法已经形成草案。[3]

第四，公众环境信息的获取不畅。知晓环境信息是发挥公众参与效能的前提性保障，《环境信息公开办法》出台后，公众知晓环境信息的制度设计相比其他制度而言较为完备。但是一方面该办法的效力等级不高，有些机关和单位不予服从，环保部门并没有强有力的惩戒措施，另一方面对应当公开的信息范围、时间、程序以及公众申请信息公开的程序、效力和救济途径等并没有明确的规定，导致实践中环境信息公开离公众预期还有较大差距。

---

〔1〕 主要是《环境影响评价公众参与暂行办法》（2006 年）和《环境信息公开办法（试行）》（2007 年）。

〔2〕 参见史玉成："环境保护公众参与的制度绩效、缺陷与未来路径——对完善我国环境保护公众参与法律制度的思考"，载《甘肃理论学刊》2008 年第 1 期。

〔3〕 直到 2015 年 7 月 2 日，原环境保护部部务会议通过了《环境保护公众参与办法》，作为新修订的《环境保护法》的配套实施规章，也是首个对环境保护公众参与作出专门规定的部门规章。

三、环境社会治理的定位：对环境行政管理的有益补充

秩序是社会文明的重要价值之一，有序的环境管理也是社会秩序的重要组成部分，应当明确环境社会治理与环境行政管理之间的主要管理范围，以便在不同的管理领域中发挥各自的优势功效。

在环境管理创新中构建环境社会治理体制并不是否认政府是环境管理的主体和环境行政管理的主导地位。环境问题的公共性、广泛性和长远性特征，决定了环境保护既是政府的主要职责，同时也需要社会公众的广泛参与。实践证明，政府进行宏观管理的效率要高于其微观管理。政府可以将部分环境公共物品的供给和维护职责托付给社会组织，同时也保留一定的监管职权，这样既可以减轻政府行政运转的人力物力的压力，又可以利用社会组织的专业化力量实现公共物品的高效率管理。但是这种设想尚待考证，因为目前社会正处于转型期，社会组织的发展虽有长进但是力量还十分薄弱，承担公共物品服务的能力还留有疑问。政府应当在政策上扶持环保社会组织的发展，包括硬件方面的支持和软件环境的创造，如能力建设的指引等。因此，加强环境保护的社会协同与公众参与是创新环境社会治理、最大限度激发社会活力的重要途径。

环境社会治理对环境行政管理的有益补充主要体现在：一是环境社会治理进行环境监督和管理不受行政区划的限制。我国的环境行政管理首先有各部门在环境管理中的分权，然后地方按照行政区划进行管理，这就人为地割裂了环境的流动性和连贯性，在环境管理中缺乏有效的协调和统一规划，造成了对地方利益的考虑远大于对环境资源保护的考虑。二是环境社会治理进行环境纠纷管理具有更为中立的身份。由于"在实践中有许多污染纠纷的发生，都和行政机关违法审批或者不严格执法等有关"，[1]因此，行政机关在纠纷处理中往往推卸责任或者有偏袒的行为；同时，由于行政机关所做出的调解并没有直接的强制执行力，环保部门怠于行使权力，不利于环境纠纷的快捷解决。而环境社会治理的主体具有独立的社会责任感，能够中立地解决环境纠纷并对牵涉行政机关渎职的环境纠纷进行监督。三是环境社会治理进行

---

〔1〕　王灿发："中国环境纠纷及其处理的初步研究"，载王灿发主编：《环境纠纷处理的理论和实践》，中国政法大学出版社 2002 年版，第 10~11 页。

环境管理具有专业性的知识优势。随着我国"大部制"机构改革的推进，环境行政管理的趋势是宏观化和综合化，环境的微观管理领域正好为专业技术的社会力量提供了一个舞台，环境保护的综合性、广泛性和跨学科性，使得在环境保护中需要多方力量的共同参与。

第三节　构建环境行政管理与环境社会治理的
合作关系：前景与瓶颈

理论和实践已证明：私有化——市场、中央集权——利维坦作为环境问题的解决方案均已遭遇失败的验证，从而产生对多中心环境治理的制度需求。目前，不仅仅是要开辟出第三条道路——环境的社会自治管理，而且应当进一步建构起环境公共事务的多中心合作治理模式，即重整环境行政管理的职权，构筑环境社会治理的基础，建立政府与社会的环境治理合作关系。

一、合作前景：从直控到互动的转变

亨廷顿有言："政治秩序也部分地取决于政治制度的发达程度和新兴社会势力被动员起来参与政治的程度两者之间的关系。"[1]现代社会的复杂性使得对公共事务的参与和处置不再是政府的独家专属，而日益需要由政府和企业、社会组织、公民共同承担。那么，环境管理也不应再局限于政府内部的行政管理，而应当建立起政府与社会组织在环境管理中的互动关系。环境行政管理与环境社会治理之间应当建立起这样一种互动关系（如图4-2所示），即由环境行政管理自上而下地指导环境社会治理，环境社会治理由下而上地回应环境行政管理。环境保护是涉及全体社会成员共同利益的问题，政府应有所作为地发挥出环境行政管理的主导性和基础性作用。

---

〔1〕〔美〕塞缪尔·P.亨廷顿：《变化社会中的政治秩序》，王冠华等译，生活·读书·新知三联书店1989年版，第1页。

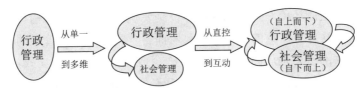

图 4-2　环境行政管理与社会管理的互动合作图

（一）促进环境管理主体从单一到多元的增加

由于起初人们将环境问题视为单纯的技术和经济问题，多从具体实物层面找寻环境问题的成因，将环境管理等同于污染治理，而没有意识到环境管理中主体缺失的问题，这就导致在环境立法上存在"见物不见人"的弊端，在管理主体上存在"单一行政化"的缺陷。进入环境问题密集爆发的时期，人们认识到环境问题很大程度上就是人的观念问题和人的管理问题。正如联合国环境规划署原署长 M. K. 图卢巴所言，环境管理并不是管理环境，而是管理影响环境的人的活动。[1]如果不对环境治理过程中的各方主体加以重视，环境问题将难以从根本上得到解决。

改革开放以来，我国的利益结构和利益主体日益多元化，推动了社会管理的民主化进程，各种管理主体的功能逐步得到发挥，各种管理主体的地位得到承认。公民的民主意识和参政意识日益增强。不同利益主体的利益诉求日趋个性化、复杂化，各种利益主体之间的矛盾和摩擦是不可避免的，一旦处理不及时或处理不当，就会加剧彼此的对立冲突，影响社会的稳定和发展。因此，利益的整合需要提供新的组织结构形式，各种非政府组织的出现适应了利益主体多元化的要求。从社会管理主体方面看，必然是由传统计划体制下单一主体的社会管理模式向多元主体的社会管理模式转变。环境管理涉及的内容非常广泛，从纵向上看，包括环境评价、环境监测、环境立法、环境影响、环境反馈、环境治理等各个环节；从横向上看，包括区域环境管理、工业企业环境管理、自然资源环境管理、水资源环境管理、土地资源环境管理、森林资源环境管理、农村环境管理、海洋资源环境管理等各个层面。这样，在不同区域、不同阶段中，就会有不同类型的环境管理主体，它们也在其中发挥着不同的作用。

---

〔1〕〔日〕岩佐茂：《环境的思想》，韩立新、张桂权、刘荣华译，中央编译出版社 1997 年版，第 83 页。

环境管理主体从单一到多元的增加，是要从单一的政府机构扩展到企业、社会组织、公众等更广泛的主体。就政府而言，一直是环境管理的绝对主体，以前环境执法部门总是居高临下地发号施令或者阶段性地运动式治理，现在应当采取开放和包容的态度，与社会组织和公众进行合作管理，充当"掌舵者""服务者"的角色。就企业而言，在经济刺激模式的环境管理中，企业是被作为环境管理的客体对待的，各种政策法规的制定是围绕对企业的生产进行监督和治理的。在环境善治阶段，应当充分利用企业的环保社会责任，促进自觉性环境管理的发展。就社会组织和公众而言，之前长期被排除在环境管理之外，偶尔有其自发或自觉地组织起来的环境保护行动只是个案而没有形成成熟的机制。公众参与环境综合决策的力量虽小，但是其参与增加了环境综合决策的社会公正和正义的力量。因此，就环境治理主体的构成而言，除了政府作为环境公益的重要维护者代表国家承担环境管理的职责外，作为市场力量的企业以及作为社会力量的公众和环保社会组织等都应该成为环境治理的重要主体。在多元主体构成的环境治理系统中，政府直接作用于企业和社会力量，企业施加影响于政府和社会力量，而社会力量则可以以个人和集体两种形式，直接或者间接地对政府和企业的环境治理行为进行干预。多元主体的分层治理是环境管理创新的方向之一。

区别于国家这个环境利益主体的第二、第三法律主体的法律地位得以确立，那么相应的权利与利益的维护成为历史的必然。原来仅作为公共利益的环境利益也由政府的一元独占向政府、市场、社会等多元支撑的趋势发展，并逐渐形成一个新的运作模式体系，以突现环境利益取向的多元性。在这种模式体系中，每一主体将围绕环境利益而形成错综复杂的关系网络：环境利益与经济利益的冲突与整合、环境公益与环境私益的冲突与整合。而每一种利益形态之间的冲突与整合都需要主体通过对其利益的行使和维护实现。诸如此类的现实决定了在社会转型中，要实现良好的环境利益保护与衡平，必须实现环境治理主体的多元化变革，实现多元主体的互动和互助。

（二）促进环境管理视角从单向到双向的转变

行政法律关系包含的双方主体分别是行政主体和行政相对人，一般认为行政主体是享有国家行政权，能以自己的名义行使行政权，并能独立承担相应法律责任的组织；行政相对人是指行政主体的行政行为影响其权益的个人或组织。[1]在传统行政关系当中，行政主体与行政相对人之间是一种管理与被管理的对立关系。促进环境管理视角从单向到双向的转变，一是行政主体与行政相对人的关系应由对立转向统一，从单向度管理转为双向度合作；二是除了行政权力直接作用的行政相对人之外，还应当关注与行政行为有利害关系的利益相关人。

行政法学多从行政权限或行政行为的立场进行研究，较少从公民立场出发，对行政相对人的研究较为欠缺。[2]但自从现代行政法的"平衡"理论出现后，开始强调行政相对人的主体意识，明确其在行政法律关系中的主体地位。平衡论认为，行政法的发展就是行政机关与相对一方的权利义务从不平衡到平衡的过程，[3]否定将行政主体及其行政权力作为根本，也否定行政相对人首先是行政主体行政管理的对象。行政相对人的法律地位不仅仅是行政主体管理的对象，同时也是行政管理的参与人，并且在行政救济和行政监督法律关系中可以转化为救济对象和监督主体。淡化行政相对人是行政主体的管理对象或者权益受行政主体影响的片面观点，将行政相对人在行政活动中置于同行政主体平等对话的位置，可以使得行政主体与行政相对人之间的合作关系成为可能。

另外，行政法律关系并非是一种绝对单一的双方关系，有可能存在与行政行为有利害关系的第三方主体。尤其是在环境行政管理之中，由于环境的不可分割性，环境行政行为不仅仅会对直接作用的人产生影响，还会对周围其他公众产生间接影响，把环境利益相关人的利益作为"被吸收在公益中的先天的波及性利益"[4]是不合适的。因此，行政主导的环境治理模式由三方主体构成，即行政主体、行政相对人、利益相关人。[5]环境行政管理的视野不能局限在行政主体与行政相对人之间的权利义务关系，行政主体也应当对利益相关人承担一定的附加义务，如信息告知等。

---

〔1〕　参见姜明安主编：《行政法与行政诉讼法》，北京大学出版社、高等教育出版社 2007 年版，第 68 页。

〔2〕　参见方世荣：《论行政相对人》，中国政法大学出版社 2000 年版，第 13 页。

〔3〕　罗豪才、袁曙宏、李文栋："现代行政法的理论基础——论行政机关与相对一方的权利义务平衡"，载《中国法学》1993 年第 1 期。

〔4〕　[日] 原田尚彦：《环境法》，于敏译，法律出版社 1999 年版，第 174 页。

〔5〕　此处的"利益相关人"不同于行政法语境中的"行政第三人"，它是指行政主体与行政相对人的行为对环境产生的潜在影响而可能造成环境利益受损的相关公众群体。

（三）促进环境管理结构从直控到制衡的互动

我国的环境政策法规历来倚重政府管制的作用，环境管理制度大部分是以行政行为的方式由行政部门直接实施，具有很强的政管理色彩，如在淮河、太湖等流域采取的"运动式"治理也是主要运用行政力量。在这种政府直控型的环境管理模式中取得的环保效果是直接的，但政府所需要承担的成本是高昂的。这些成本大部分都被分摊于各级环境保护部门，而各级环境保护部门的财政能力又是有限的，这就是环境政策的执行成本与政府财政的支持能力之间的矛盾所在，结果则是部门利益获胜，而使环境政策的执行效果大打折扣。这是环境行政管理面临的人力物力入不敷出的内在压力。与此同时，环境行政管理还面临管理绩效低下的客观压力。由于环境行政强制性手段强调既定的环境行政目标和与此相适应的最低环境行为标准，这种做法既抑制了行政相对方的积极性和主动性，又导致了行政管理主体改进动力不足，管理系统低效运行，致使双方面缺乏创新意识，形成环境行政管理工作长期裹足不前的局面，无法应对当前经济社会迅速发展而环境压力加剧之势。特别是我国地域辽阔，经济社会发展条件不一，环境问题的产生及其特征千差万别，强制性手段的运用忽视了这种地域差异性，人为地增加了管理难度，从总体上看无益于环境行政预期目标的实现。

从历史过程看，政府直控型环境政策有其合理性和实际效益，它的优势领域是在那些公共性和总体性强、需要一定强制性的环境管理事务方面，即在创造和维护人与人就环境权益进行合理交易所需的"秩序"方面，如环境立法、制定环境标准、协调政府内部各个不同的职能部门、监测并公布环境质量状况、普及环境科学知识和意识、传播环境科技信息等，一般称之为"宏观环境管理"；而它的劣势领域，往往是在那些对大量发生但分散度大、每一项又涉及较大成本的环境权益冲突的处理，即一般称之为"微观环境管理"的事务。对发达国家来说基本不是问题的行政费用开支，在我国就是一个很大的约束条件，这样，政府直控型环境政策在我国就受到客观的限制。以有限的政府力量去监督数量庞大的环境污染和环境破坏行为，必然是力不从心的。

环境行政管理面临的各种压力促使了我国正在从管理行政向服务行政转变，公权力与私权利正在从对峙走向协商。在改革的进程中，中国在经历了由计划经济时期的政府控制型发展模式向"有组织的市场经济"时期的政府主导型发展模式转变之后，正在进一步向政府推动型发展模式转变，其最终目标是建立以社会的自主性为主要特征的政府引导型的发展模式。[1]在现代行政中，尽管通过行政强权而实施行政指令是行政管理的重要内容，但行政行为的强制性逐渐弱化，今天的行政领域更多的内容是指导、劝诫、合同和服务。换言之，这种命令、服从关系的存在也是为了更好地提供服务行政的目的而使用。相对人与行政机关形成了广泛"协商"的态势。通过沟通与合作，双方形成了一个良性互动的局面。双方都以积极的态度出现，行政相对人已经成为公共行政和服务行政的受益人，成为积极主动地影响着公共政策的参与者。社会管理体现了社会自治，建立在自我表达和某种程度的自我决策的基础之上，其要求的条件性更强，能充分地展现分歧和冲突，成为管理者道德风险的有力防范手段，形成公共决策失范的约束。在行政管理与社会管理结合的基础上才能实现环境利益的更好维护。

由此看来，弥补和克服政府直控型环境政策的不足，就是要寻找一种在"微观环境管理"领域对政府作用进行补充或替代的政策形态，在政府力量之外还需要大量的社会力量来从事环境监督和制约工作，以实现社会内部的相互制衡。这些社会力量是没有"编制"限制的，它们可以是营利性企业、非营利组织的公民个人。这种新的政策类型可称之为"社会制衡型环境管理"。

二、合作瓶颈：环境社会治理有待培育与创新

环境行政管理与社会管理的互动合作关系言之容易行之艰难。根据制度经济学的相关研究，在大群体中要形成合作关系需要具备以下条件：首要条件是合作比不合作对各方都更有利，即合作会给双方带来互惠的利益；第二个条件是双方要有共同的知识，或者具有共同的文化，拥有的信息要对称；第三个条件是存在着抑止人们背离合作的机会主义行为倾向的各种机制。[2]通过上文的分析，环境行政管理需要将其面临的内外压力进行分解，环境社会治理则有内在的需要与意愿进行环境保护和利益维护，因此两种管理主体之间存在利益互惠的关系。两种管理模式合作的瓶颈在于双方的地位不等、

---

〔1〕　张国庆等：《典范与良政：构建中国新型政府公共管理制度》，北京大学出版社 2010 年版，第 172 页。

〔2〕　参见张旭昆"人类形成合作关系的条件及合作类型的选择——兼论组织形成的条件"一文，载于 2003 年《中国制度经济学年会论文集》。

权力悬殊、信息不均，并缺乏促进合作的相关制度。

（一）政府理念的瓶颈：经济职能重于环保职能

自 20 世纪 30 年代"罗斯福新政"实施后，政府开始对经济直接干预，经济先行的理念大肆弥漫；政府管理手段也以国家干预为主，行政权力呈现明显扩张趋势，使得"行政国家"应运而生。我国从建国以后至改革开放以前，均实行计划经济体制，对社会的管理也是高度集中的计划管理。改革开放以后，作为后发国家发展战略的共同特征即为经济追赶型发展，一切以经济发展为目的，政府放在首位的是经济职能，GDP 总量是衡量各级政府绩效考核的重要指标。改革开放初期还延续了计划经济体制下全国"齐心协力办大事"的一定氛围，然而随着市场经济体制的不断改革，我国经济在高速发展了一段时期之后，分配不公和利益分歧日益加剧，经济级差和群体分化日渐清晰，潜伏的矛盾和危机日趋暴露，给政府管理带来重重障碍。

同时，这些经济社会背景也造就了环保领域存在与之遥相呼应的问题。著名的"库兹涅兹曲线"很直观地说明了经济发展与环境问题之间的关系。一般而言，随着经济的不断发展，环境问题会随之加剧，待经济发展到一定程度，环境问题便会出现拐点呈减轻趋势。这一环境拐点的到来伴随的应该是经济的转型发展。我国目前远未等到这一拐点的出现，并且该曲线理论能否在我国得到应验也还遭到质疑。上述经济发展状况与行政管理体制、环境管理之间的关系很好地印证了"经济基础决定上层建筑"的定理，但就目前的实际情况来看，现阶段更加需要发挥出上层建筑对经济基础的反作用力。环境问题是在经济发展与环境保护之间矛盾的产物，是经济利益和环境利益之间博弈的结果，但归根到底是人的问题，是各类社会群体的问题。在环境保护领域，现阶段上层建筑中的制度建设应当注重保障弱势群体基本权益的理念。

（二）政府权力的瓶颈：行政权力过大

关于我国环境政策中政府权力和社会权力比较悬殊的情况，有环境法学学者作出评述：在研究我国环境立法理论与实践时，却明显存在对（公民）环境权利的忽视。立法上过于强调国家的环境保护权力，忽视公民的环境权利，使得公民的环境权利保护要求缺乏法律依据，人们环境保护的积极性难以发挥，很难使环境法达到保护环境，协调人类与环境关系的目的。[1]

---

〔1〕 吕忠梅："论公民环境权"，载《法学研究》1995 年第 6 期。

我国在环境政策的制定和实施过程中，政府的作用主要反映在两个方面：一是在政府与社会对环境政策的贡献力度上，政府占据了绝大部分比例。政府所承担的环境管理事务非常多，无论从宏观政策的制定和微观环境监督，基本上都由政府直接操作。相比之下，社会力量所能发挥作用的空间相当有限。二是政府在实施环境政策中，所采用的手段也是以本身所能直接操作的为主，特别是大量使用行政控制手段。即使是所谓"经济手段"，也是政府直接操作的管理方式，必须由政府投入相当的力量才能运行，在这个意义上说，经济手段其实是行政手段的一部分，是一种用收费、罚款等经济价值来调控的行政管理手段。政府始终是这些手段的操作者，或曰是"当事人"。

（三）环境权利的瓶颈：无法促进公民融入环境治理中

环境权利是一种和社会利益密切相关的私权，或者说具有社会权力属性的私权，环境权利越来越具有社会化的属性，其行使已经进入到社会公共的领域当中。《行政许可法》是行政管理中一部很重要的法律，其表明凡是通过市场机制能够解决的，应当由市场机制去解决；通过市场机制难以解决，但通过规范公正的中介机构自律能够解决的，应当通过中介机构自律去解决。在这个意义上，已经明确了三种权利（力）的行使有一个顺序：私权问题尽量通过私权的办法解决，若解决不了再用社会力量去解决；社会力量还解决不了再动用国家的力量。现在人们越来越注意到，在市场经济当中国家不适合对一切都进行干预，更不适宜直接和私权发生冲突。现在最大的问题仍然是公权和私权的冲突。

目前，尽管在实体法中规定了各种各样的权利，而仅根据法典的记载，权利仅仅是简单的约束，若缺少主体的努力，权利只能成为空虚的东西。正如鲁道夫·耶林在《为权利而斗争》里所论述的那样，权利如果缺乏争取的活动，就不会有实效性权利的存在，只有通过权利者不断的斗争，才能确保法的支配和人格尊重得以实现。人们每天都在强烈地主张权利，但权利不会自然地受到尊重，必须依据法律来维护。如果缺乏这样的斗争意识，期待法律维护是不可能的。当权利的主张赋予实际行动时，义务者就得考虑如何尊重权利。为了实现这种目的，审判作为最强硬的手段必须更广泛地被利用。审判不是置于特殊空间下所进行的活动，它是人们日常生活的延伸，它必须具有与此相符的合理性。并且权利的保护不能缺少适当的程序。程序的难易除了决定着权利的实现可能性外，同时也决定着本身的内容。条文中所写的权利，通过程序中法律主体的活动，内容是经常变化的，因而使权利不得不具有浮动的性格。[1]在一定意义上讲，权利只是"我可以"享有某种利益，而权力是"我能够"实现某种利益，前者具有结果上的不确定性，后者则正好相反，权力能够帮助主体实现其权利。

理论研究中对环境权利的赋予与逻辑构造的原有关注往往要重于环境权利的享有与保护的实质条件。但是，权利不仅需要具有正当性，还应当具有可行性，因为权利是具有成本的，现代社会中权利的享有与行使需要依靠政府组织和动员公共资源来予以保障。[2]"一种利益要具有成为一种权利的资格，仅当一个有效的法律制度通过使用集体的资源来保卫它，并把它作为权利对待。没有公共财力的投入和支持，所有的权利都不可能得到保护或者得到强制执行。"[3]环境权利的享有和实现尤为如此，也是要付出成本的，并且这种成本在现在看来是越来越高的。首先，公民环境权的享用需要付出私人成本，即公众在享受美好环境时直接从私人财产中支付的费用。并且，由于环境资源的国家所有和环境保护的强制手段，使公众免费享受环境资源的机会越来越少，收费的海滩、草地等自然景观增加了公众享用环境权利的私人成本，并导致拥有不同私人财产的个人能享用的环境权利不同，造成了环境权利的不平等。其次，公民环境权利的享用需要付出公共成本，表现为各种环境税费。环境税是面向整体社会成员均衡征收的，其使用所建立的环境公共物品和服务是面向全体公众，而不限制实际受益者的；但环境费用则是按照环境公共物品的使用而按比例征收的，针对特定的受益者。最后，公民环境权利的享用还需要付出社会成本，即环境权利的有效行使还需要一系列社会规则和制度的保障，这构成非财产意义上的权利成本。

此外，权利本身并不是绝对的而是相对的，需要对权利进行权衡的原因不在于为了保护更大、更重要的利益或价值而必须牺牲该权利所代表的价值，而在于社会或者政府用于权利保护的资源总量始终是有限的和稀缺的。因此，

---

〔1〕 参见陈刚主编：《自律型社会与正义的综合体系——小岛武司先生七十年华诞纪念文集》，陈刚等译，中国法制出版社 2006 年版，第 139 页。

〔2〕 参见姚建宗："权利思维的另一面"，载《法制与社会发展》2005 年第 6 期。

〔3〕 Stephen Holmes and Cass R. Sunstein, *The Cost of Rights*, *Why Liberty Depends on Taxes*, W. W. Norton&Company, 2000, pp. 15~17.

权利的保护和权衡就必然要涉及资源分配的优先性选择。[1]自然资源的稀缺是环境权利产生的根本原因，环境权利的存在是对自然资源分配的制度安排。可供人类整体使用的自然资源是十分稀缺的，但某种具体资源的稀缺状态可能并非是由于资源的绝对匮乏，而有可能是社会在利益取舍的考虑下有意识选择的结果，[2]因为自然资源同时具备经济和生态属性，当经济发展与环境保护相冲突时，政府与社会保护环境权利的抉择是具有不确定性的。因此，通过环境权利来保护环境的力度是值得商榷的。

三、合作突破点的构想：环境管理中社会权力的运用

环境行政管理与社会管理之间最根本的合作瓶颈在于行政管理权力过大，社会权力不足，公众环境权利弱小，也就是政府治理成本过高，社会自治空间不足。那么该如何找寻合作的突破点？这其实涉及的是如何发掘社会和公众参与环境保护的动力所在，以及如何抑制行政权力异化后侵犯公众环境利益的问题。

权力与自由是相对应的两极，人们为了保障其自然权利的自由，将其权利部分或全部委托给国家，赋予统治者以权力，由公共权力重新建立起一种社会秩序来保障人们在社会中的自由。然而，人们的这种愿望构想却遭到历史的恶作剧，权力异化为压制和剥夺自由的工具。公共权力的所有权与使用权的分离，公共利益与行为主体的利益之间存在的差异，为行政权力滥用、侵犯公众利益创造了条件。为了有效防止政府权力的滥用，不能仅将目光停留于政府的正当性与合法性问题上，还需要进一步探究政府权力的制衡问题。按照卢梭社会契约论的观点，国家权力是一种公民之间的契约，因而约束并照顾着全体公民。从这个意义上来看，公民服从主权也就是服从自己的意愿。然而国家权力虽然是绝对的、不可侵犯的，但是需要以公共约定的范围为限，

---

[1] SeeStephen Holmes and Cass R. Sunstein. , *The Cost of Rights*, *Why Liberty Depends on Taxes*, W. W. Norton&Company, 2000, pp. 15~17. 参见姚建宗："权利思维的另一面"，载《法制与社会发展》2005 年第 6 期。

[2] 参见吕忠梅、刘超："资源分配悲剧性选择中的环境权——从环境资源分配角度看环境权的利益属性"，载《河北法学》2009 年第 1 期。

如果超出了公共约定的范围，权力就不再有效了。[1]英国哲学家约翰·洛克认为，政府是一种信托，其目的是保证公民人身和财产的安全，当统治者失于职守时，国民有权撤销对它的信任。[2]"权力必须受到制约"已是公认不疑的定律，而且权力还必须受到有效的制约，再好的权力必须要有制约，没有限制的权力对执政者和民众而言都是一种灾难。

关于制约权力的途径，最早是以孟德斯鸠为代表的"以权力制约权力"论，但局限于国家权力的内部分权与制衡，国家权力之外的制约与监督力量被忽略了，由于这种权力的内部制衡模式具有天然的利益关联性，仍难以完全避免国家权力的利益偏袒之弊。为了弥补"以权力制约权力"的不足，"以权利制约权力"的命题被提出，其主要途径是以法律形式确立公民权利而约束政府权力，但权利的个体性规定导致了权利主体的力量无法与强大的政府权力相抗衡，并且法定权利要发挥制约权力的作用，仍不能完全超出国家权力的认可与限制，所以又试图从外部寻求制约国家权力的社会力量，而提出了"以社会权力制约国家权力"的模式。[3]

公民享有的环境权利只是消极地作为行政权力不可逾越的界限，据有被动性，环境权利的前提在相当程度上依赖于国家权力能否有效地保障环境权利的合理分配和行使；而环境社会权力可以有主动性，社会权力不完全受国家权力的牵制，相反，社会权力倒可以影响国家权力。欲使对环境行政权力的监督与制约达到预期的效果，就必须发挥社会的力量，而不应仅仅凭借个人权利或国家权力本身。确立环境社会权力，一是扩大了对行政权力制约的范围，将环境行政管理之外的社会力量纳入权力制约过程中，弥补了以权利制约权力的力量不足，加强了对行政权力的外部监督；二是社会权力对政府权力的监督与制约较之国家权力之间的监督与制约具有更强的弹性，无论是社会组织、公共媒体还是公众群体，都不是国家权力的直接行使者，从而为

---

〔1〕 [法] 卢梭："社会契约论"，何兆武译，载丁一凡编：《大家西学：权力二十讲》，天津人民出版社2008年版，第129页。

〔2〕 [英] 约翰·洛克："政府论两篇"，赵伯英译，载丁一凡编：《大家西学：权力二十讲》，天津人民出版社2008年版，第101页。

〔3〕 参见郭道晖："论国家权力与社会权力""论以社会权利制衡国家权力""论权力的多元化与社会化""社会权力与法治社会"等系列论文，均已分别收入郭道晖：《法的时代精神》《法的时代呼唤》《法的时代挑战》三书中。

权力的监督与制约提供了弹性空间，可以避免国家权力内部制约所产生的对峙僵局。此外，由于社会权力多以组织形式出现，从而避免了个人权力监督与制约的无序状态，容易形成一种对政府权力监督与制约的良好社会环境和规范化的社会秩序。

小结：以合作实现环境管理创新

传统环境管理主要是建立在行政管制独家主导的基础之上，借助市场机制之翼，再辅之以弱化的公众参与。从我国近些年的环境管理实践来看，传统环境行政管理手段的运用在环境保护的国家战略实施和环境质量的整体改善方面功不可没，但同时也存在诸多缺陷而导致管理不力和效率低下的局面，呈现出环境保护领域的"政府失灵"现象，政府在环境管理中面临的压力迫使其进行内部改革的同时，还需要寻求外部合作。

政府的环境管理权来自于全体公民的委托，应该服务于人民主权，但在事实上，这种政府代理制度有可能发生异化。其一，政府异化为非责任政府，公民除了向政府进行申诉以外，不能采取其他有效的监督措施，政府也不负任何赔偿责任。其二，政府代理有可能异化为强制代理，公民由权利人转向义务人。一方面，公民大量纳税以维持环境管理制度，另一方面却不能处理与自己有关的环境事务。因此，公民应当作为一类环境管理主体，并形成与政府行政管理相对应的环境社会治理模式。

另外，因我国环境管理中的市场手段实质上是依附于行政管理权力之下，仅仅只是被作为经济规律来发挥其调节作用，尚且构不成一种独立的环境管理模式，因此将市场的经济调节机制归入政府的经济规制，将市场的一大经济主体企业归为一类社会主体。所以，本书中构建的环境管理格局分为环境行政管理和环境社会治理。环境管理的创新进路在于环境行政管理与环境社会治理之间的互动合作。

环境社会治理的法理进路：
环境社会权力的确立

"良好生态环境是最普惠的民生福祉，坚持生态惠民、生态利民、生态为民，重点解决损害群众健康的突出环境问题，不断满足人民日益增长的优美生态环境需要。"

——2018 年 5 月习近平在全国生态环境保护大会上的讲话

德国法学家耶林发出过"为权利而斗争"的呐喊，当代法理学家德沃金也发起过"认真对待权利"的呼吁，在法学领域中权利范畴处于重要地位，而有关权力论似乎更多专属于政治学、社会学领域。这是因为西方法学的根基是私法，罗马法的传统内容是以权利义务的合理分配为核心，英国普通法的传统内容中国家机关与个人都受制于同样的普通法，所以权力与权利是同质的，不像东方国家中权力之于公众有"天然优势"。直到现代共和制的兴起需要为反对君主制提供正当性的据理，人们的注意力才集中到权力身上，力图将权力与君主的个人人格分离开。[1]权力范畴受到法学的重视是始于近代启蒙思想中的权力分立理论以及现代公法的发展，政府的行政权力极度扩大，渗透到社会生活的诸多领域。一方面，强势的行政权力对弱小的公民个体权利存在侵害的可能与现实，因此对行政权力进行控制的呼声高涨；另一方面，福利国家的理念又要求政府权力的目的在于服务社会公众。社会对政府权力既需要又恐惧的心理使得人们对权力正向作用和反向作用的适度性问题引起

---

〔1〕 参见周永坤：《规范权力——权力的法理研究》，法律出版社 2006 年版，第 95~96 页。

了很大关注。

在我国，人民的权利问题已经被提到了很高的高度，党和政府越来越注重"认真对待权利"，但权力问题也同样需要认真对待。政府权力的"经济性"特征与公民权利的"自利性"特质造成了当前我国环境管理的短板，政府"行政权力"的强大与公民"环境权利"的弱小决定了环境社会权力存在的必要。

第一节　语意之考察：社会权力的源与流

一、社会权力的缘起与演变

（一）权力概念的廓清

权力是人类社会和所有社会关系中的一种普遍现象，社会视野中的权力结构是一个举足轻重的问题。追寻权力的原始基础和最终轨迹应当是在社群和社会之中进行，而不是在政府和国家之中。在原始社会，部落、氏族为了维持生活秩序需要一定的权威（权力），这是"自然所赋予的最高权力"，[1]是神圣不可侵犯的，且需要被个人无条件服从。部落、氏族的这种权威（权力）就是"人类社会最早出现的社会权力"，[2]马克思称其为"国家权力的萌芽"。关于权力来源的传统学说主要有"神授论""暴力论""契约论""经济决定论"等。"权力神授论"在启蒙运动发生之前的古代社会中通行无阻，在现代法律理论中的影响已很小。"权力暴力论"是对当时的现实权力不信任的表现，它破除了权力迷信，同时也助长了权力暴力化。"权力契约论"是一种逻辑上的理论推理，它强调了权力的合意性、权力对象的价值、权力的有限性和权力的正当性。"权力经济决定论"将权力的产生从人的意志转移到社会中，但马克思主义也着重强调了经济关系与包括权力在内的上层建筑之间的关系是相互的，仅注重单向度的决定关系也不妥。德国法学家施密特认为还有两种权力来源观念，一是权力来源于自然，二是权力来源于上帝，但这两种观念都存在悖论，他的结论是权力来源于人与人的关系。[3]不过，周永

---

〔1〕《马克思恩格斯选集》（第 3 卷），人民出版社 1995 年版，第 121 页。

〔2〕 郭道晖："社会权力：法治新模式与新动力"，载《学习与探索》2009 年第 5 期。

〔3〕 参见舒炜编：《施密特：政治的剩余价值》，上海人民出版社 2002 年版，第 308 页。

坤先生认为权力的产生不是一个有意识创造的成果，而是一个"自生自发"的过程，是一系列进步的综合性的结果。权力区别于暴力的不同点在于它是以习惯意义上的规范作为依据，权力本身以一定的社会规则的形式出现，并推进社会规则的进化。[1]

权力是什么？与中文"权力"相对应的英语有两个，一是"power"，从拉丁文"potere"转变而来，原意为"能够"；二是"authority"，多指法令与权威。[2]本书对"权力"的研究是指"power"。马克斯·韦伯认为，权力是"把一个人的意志强加在其他人的行为之上的能力……权力意味着在一种社会关系里哪怕是遇到反对也能贯彻自己意志的任何可能性，不论这种可能性是建立在什么基础之上。"[3]在韦伯看来，强制性是权力的典型特征，即使在权力客体不愿意服从的情况下权力主体也能干涉客体行为而使其服从。罗伯特·达尔也从强制性这一角度分析了权力的概念，认为"A对于B的权力就是A能使B去做某件如果没有A的干预B就不会去做的事情的一种能力"[4]。丹尼斯·朗则认为："权力是某些人对他人产生预期效果的能力。"[5]可以看出，丹尼斯·朗对权力的理解更注重权力后果的可预期性。

权力常常与权威、权利等词汇交织在一起，受到强制力、支配性、威望度的影响。但权力毕竟不同于权威、统治等概念。对于权力与权威的关系，美国社会学家爱德华·阿尔斯沃思·罗斯认为，权力产生的直接原因便是权威，拥有最高权威的阶级会拥有最多的权力。[6]但罗伯特·比尔斯特认为权威常常不会有权力伴随，当二者相遇时权力往往是权威的基础，而权威是权力的结果，权威不是权力的组成因素或必要因素。[7]罗伯特·比尔斯特的观点与我国目前的现实情况更加相符，并且现在权力机构所拥有的权威性在日益遭到公众质疑，具有权威性的实体或个体又往往没有或少有权力，权力与

〔1〕 参见周永坤：《规范权力——权力的法理研究》，法律出版社2006年版，第243~254页。

〔2〕 丁一凡编：《大家西学：权力二十讲》，天津人民出版社2008年版，第1页。

〔3〕 [德]马克斯·韦伯：《经济与社会》，林荣远译，商务印书馆1997年版，第81页。

〔4〕 [美]罗伯特·A.达尔：《现代政治分析》，王沪宁、陈峰译，上海译文出版社1987年版，第38页。

〔5〕 [美]丹尼斯·朗：《权力论》，陆震纶、郑明哲译，中国社会科学出版社1998年版。

〔6〕 E. A. Ross, *Social Control*, Macmillan, 1916, p. 78.

〔7〕 See Robert Bierstedt, "An analysis of social power", *American Sociological Review*, Vol. 15, No. 6, Dec., 1950, pp. 730~738.

权威的界限变得越来越分明。重点应当要厘清权力与权利的关系，这似乎有一定的难度，因为"权利"本身就是较为模糊的概念。一方面，权力和权利密切相关。权利是在一定关系中的某种行为自由，意味着权利主体对义务主体具有一定的支配和控制，可以说权力是从权利关系中产生出的一种关系，或者说权力是权利的一种特殊表现，[1]也可以认为权力是权利的聚合和转化的结果。[2]但另一方面，权力与权利在一定程度上又存在多种含义，其一是"集体"与"个体"，在我国权力的主体是作为整体的人民及其授权的国家机关，而权利的主体一般是公民、法人和其他社会组织；[3]其二是"公"与"私"，权力是以国家、社会公益为目的的公共权力，而权利一般体现为个人或法人等社会私主体的利益；其三是"强制与否"，国家权力具有直接的强制性，而权利人通常不得自行强制相对人，权利的实现除了靠相对人的配合外，还要靠强制性的国家权力做保障；其四是"自由与否"，权力的范围是"法未授权皆禁止"且不得滥用，侧重于权力的控制，而权利的范围是"法无禁止即自由"且原则上可以放弃，侧重于行动的自由。

权力的属性是什么？首先，权力具有社会属性。权力必须具有服从的对象才能称之为权力，若权力没有对象所指，那么权力对于所有者而言只是空壳，所以权力的运行是一种由此及彼的单向度运行。其次，权力具有强制属性。这表现为权力具有强制力而非影响力，权力需要服从而非自愿。权力是一种决定力和执行力，尽管权力所有者的能力可能不被认可，影响力可能不具效果，但权力本身不能被否认。最后，权力具有不平衡性。不平衡主要是指权力作用双方的意志是一种从属关系，不平衡才会使一方对另一方形成利益依赖关系，不平衡性是权力存在的必要条件和形式。[4]最后，权力具有公共性。在现代社会，权力一般被解读为公共权力。因此，公共性也是现代权力的重要特质。国家权力是公共权力的一种重要形态，是国家机构所拥有的公共权力。

---

〔1〕　武步云：《人本法学的哲学研究》，法律出版社 2008 年版，第 109 页。

〔2〕　严存生："自由与权利、权力、法律（下）"，载《中共南京市委党校南京市行政学院学报》2005 年第 2 期。

〔3〕　在此说明这种划分并非绝对，例如国家机关进行民事活动时也可以成为权利主体，国家机关的个体行政官员也可以拥有权力。

〔4〕　参见武步云：《人本法学的哲学探究》，法律出版社 2008 年版，第 110 页。

权力的基础又是什么？现实社会中任何形式的权力都不是天赋的，也不是源于人的自然本性，而是源于人的社会本性，存在于社会成员相互依赖的群体生活之中。而社会生活中成员个体的利益与需求是不同的甚至是冲突的，为了维持整个社会的运行秩序，就需要通过某种方式将冲突控制在秩序范围以内，即通过权力的强制性与支配力来控制冲突。但是社会成员或群体所掌握的资源并由此形成的力量对比是不均衡的，拥有资源优势的一方能够更多地影响和支配相对弱势的一方，从而导致权力关系的产生。所以，从资源占有的角度来看，权力的基础不完全是人的意志因素，更深刻的在于社会成员或群体对各种资本占有的不平等。塑造权力基础的资本包括经济资本、社会资本、文化资本与符号资本。[1]

(二) 权力的演变曲线

在国家出现以前只存在早期的社会权力，马克思称之为"国家权力的萌芽"。随着私有制和阶级的出现促使国家产生以后，国家以强制手段和暴力机器掌控了社会资源，使国家和社会高度一体化，国家权力吞并了社会权力，成为权力的唯一代表形态。在专制主义国家中，国家权力完全集于统治者之手。随着启蒙运动的发展，法国思想家孟德斯鸠的三权分立理论促使资产阶级民主共和国时期国家权力开始分化，立法权和司法权先后从行政权中独立出来，国家权力的内部分权使国家体制开始从封闭走向开放。[2]卢梭的社会契约论则把过去由君主代表的"国家主权"转变成了人们共同的权力，首创了"人民主权"理念。再后来，随着市场经济的发展，使得社会力量不断壮大，促进了国家与社会的二元分化，国家从内部的分权发展到了国家向社会的分权，社会权力又开始作为一种独立的权力形态而存在。国家权力的历史演进经历了从集权到分权再到还权的形态转变，以及从统治到管理再到服务的职能转变。社会权力的历史演变呈现出从有到无再到独立的发展曲线，可以将社会权力划分为前国家时代的社会权力和后国家时代的社会权力。

---

〔1〕 参见彭斌："作为支配的权力：一种观念的分析"，载《浙江社会科学》2011 年第 12 期。经济资本是以占有物质资源作为其客观化的存在方式，以所有权关系作为其制度化的表现形式，以货币作为其媒体与中介物。社会资本是实际的或潜在的资源的集合体，那些资源是同对某种持久性的网络的占有密不可分的，这一网络是大家共同熟悉的、得到公认的，而且是一种体制化关系的网络。文化资本是社会成员在社会化过程中形成的习惯、性情或者能力倾向。符号资本是一种信誉，是赋予那些已经得到足够认同的人的权力，这种权力使他们处在一个强化其认同的位置上。

〔2〕 参见郭道晖："社会权力：法治新模式与新动力"，载《学习与探索》2009 年第 5 期。

由于社会权力被国家权力长期侵蚀，使得人们对它的关注程度远不如国家权力。

社会权力从国家权力中分化出来的过程在一定意义上就是民主化的过程。随着民主潮流的不断涌动，经济、政治、社会等领域不断得到开放，各种利益集团和社会组织不断涌现，社会发展道路呈现出多元化和多样化的方向。由于社会组织的不断壮大并占有丰厚的社会资源，导致其拥有较高的社会地位，从而逐渐对政府决策和行为产生影响，社会权力开始形成。如环保组织可以通过开展声势浩大的社会活动，对环保决策产生很大的行为压力，对行政权力产生影响并加以制衡，这就是环境保护领域中社会权力的表现。

社会权力的兴起也意味着利益的多元化。一方面，尽管国家需要把权力集中起来，但是利益的多元化使得政府越来越无力包办一切社会事务，政府需要将一些职能委托给社会组织去行使，既可以节省国家开支，又可以调动社会积极性。另一方面，社会组织为了更好地实现自身利益需求，也希望促使国家权力不断趋于社会化，即人类的社会权力开始逐渐回归到社会，将国家的部分社会公共权力归还于人民，这既是社会权力发展的内在逻辑，也是现代权力发展的必然趋势。

（三）社会权力的学理概念

马克思和恩格斯早就提出过"社会权力"的概念，马克思主义将社会权力分为"财产权力"和"政治权力"两种，前者是支配他人劳动的权力，[1]后者即国家权力，是第一个支配人的意识形态的力量，[2]是经济权力的产物。[3]还有当代德国著名思想家哈贝马斯也十分重视社会权力的理论。目前，我国学界对"社会权力"概念的诠释有社会权力制衡观[4]、社会权力资源观[5]、社会权力网络观[6]等。其中，对社会权力做出了较为系统研究的是郭道晖教授，他认为"社会权力是指在国家与社会二元化格局下，社会主体因拥有自己的社会资源和独立的经济、社会地位而形成的对国家和社会的影响力、支

---

〔1〕《马克思恩格斯选集》（第 1 卷），第 170 页。

〔2〕《马克思恩格斯选集》（第 4 卷），第 249 页。

〔3〕《马克思恩格斯选集》（第 9 卷），第 80 页。

〔4〕 周蔚："社会制约权力——市民社会中权力制约模式的选择"，载《理论观察》2008 年第 5 期。

〔5〕 郭道晖："论国家权力与社会权力——从人民到人大的法权关系谈起"，载《法制与社会发展》1995 年第 2 期。

〔6〕 姚朋："迈克尔·曼的社会权力史及权力史观述评"，载《史学月刊》2003 年第 7 期。

配力。"[1]其中"社会资源"包括物质资源（人、财、物、资本、信息、科技等）；精神资源（思想文化、道德习俗、社会舆论、合乎历史正义的法外权利等）；社会群体资源（民族、阶级、妇女会、青年会、企业事业组织、各种行业协会等）；社会势力资源（宗教、宗族、帮会等）。江平教授认为，社会权力是私权公法化的一种产物，甚至也可以说是公权私法化的产物。私权的核心是自由，社会权力的核心是自治，国家权力的核心是强制力。无自由无以形成私权，但私权已经不是绝对的了，有些私权因为具有某种共同的关系，个性越来越少，社会性越来越多。比如环保的问题，单靠国家的权力去解决不行，单靠私人的权利去解决也不行，于是环境保护越来越成为一个社会的公共利益。[2]学者吴克昌认为，社会权力是产生和存在于社会生活中的，并对人们的社会活动具有支配作用的影响力。[3]因此，社会权力，其实就是社会主体利用自身独有的资源优势对国家、社会所产生的影响力、支配力乃至一定程度的强制力。在具体形态上，社会权力具有多种类型，主要包括"社会组织的经济权力、政治权力、科学文化知识权力以及民间法权力、道德权力、宗教权力等"。[4]从社会权力的形态可以看出，社会权力对国家和社会诸多领域都产生了深刻的影响。

二、社会权力的现代意义

美国法律人类学家埃里克森认为，社会存在多元的控制体系，主要有五种控制者提供行为规则，即个体行为者、合约行为者、社会力量、社会组织和政府。不同控制体系所用的制裁工具各异，对应的分别是依据伦理的自我控制、依据合约的个人自助、依据规范的替代自助、依据规则的组织执法和依据法律的国家执法。并且可将这五种控制体系划分为第一方控制、第二方控制和第三方控制。[5]如表 5-1 所示：

---

[1] 郭道晖："论社会权力的存在形态"，载《河南省政法管理干部学院学报》2009 年第 4 期。

[2] 江平："改革的重要目标，扩大社会权力"，载《中国改革》2008 年第 3 期。

[3] 吴克昌："国家权力、社会权力及其关系的分析"，载《中南大学学报（社会科学版）》2004 年第 2 期。

[4] 郭道晖："论社会权力的存在形态"，载《河南省政法管理干部学院学报》2009 年第 4 期。

[5] 参见 [美] 罗伯特·C. 埃里克森：《无需法律的秩序》，苏力译，中国政法大学出版社2003 年版，第 156~159 页。

表 5-1

类型	控制者	制裁依据	制裁工具
第一方控制	个体行为者	伦理	自我控制
第二方控制	合约行为者	合约	个人自助
第三方控制	社会力量	（非正式）规范	替代自助
	社会组织	（组织）规则	组织执法
	政府	法律	国家执法

各种控制体系都存在一定的弊端和局限，因而需要相互补充，相互促进。在社会公共领域，主要还是依靠第三方控制体系实现社会的有序发展。尤其是在社会权力兴起之后，社会非正式规范和社会组织规则的力量可以对政府控制体系的弊端进行修正。虽然社会治理的主导力量仍是政府，但它已不是所有领域中的唯一权力中心，政府已开始将很多社会事务交由社会组织运用其社会资源与社会权力来治理。社会权力主体可以通过强大的社会资源优势，对行政权力、行政过程乃至行政活动都发挥出积极的功能和作用，也可以支持、监督行政权力依法、正当、有序运作。社会权力作为一种积极的建设性权力，对行政权力和社会事务可以起促进作用。

（一）社会权力能够促进行政权力社会化

行政权力的社会化，即是行政权力从国家领域向社会领域转移，是行政权力在社会中的本质性回归。它是与传统行政"单一化""集中化"相对立的概念，是社会发展到特定历史时期的产物，也是一个不断发展并逐步完善的过程。行政权力社会化最直接的表现就是行政管理社会化，政府在社会管理和公共服务领域，改变传统的大包大揽的做法，通过转移或委托代理等方式，将一些职能让渡给政府以外的社会其他主体行使，以达到提高行政效率、降低行政成本等目的。正如郭道晖教授指出的，"由于政府承担社会服务法人任务过载，也需要卸去一些本可以或本不该由它拥有的权力，下放给非政府组织"。[1]在这样的安排下，社会组织就能够运用这些公共权力解决社会成员自身的问题，无须政府干预和强制。公共权力向社会的回归是政府权力未来发展的既定方向和基本趋势。

---

[1]　郭道晖："权力的多元化与社会化"，载《法学研究》2001 年第 1 期。

（二）社会权力有效推进行政过程民主化

现代社会中，公共事务的内容越来越复杂，情势变更越来越快，这增加了行政机关处理日常事务的难度。行政机关需要严格遵守依法行政的原则，但是法律的稳定性要求使得法律规定的内容多是原则性或抽象性的，尤其在面临突发事件时法律的滞后性难以对新的变化作出及时的回应。对此，行政自由裁量权的安排有着现实的需要，同时也就给行政权力的民主化进程设置了障碍。这种行政自由裁量权滥用的危机可以通过社会权力主体的民主参与来解决。传统的人民主权是一种代议制的民主形式，仅注重决策的权力是来源于和归属于人民，偏向于"结果取向"的民主，也就是具有程序的精英化和控制的末端化特征，容易使民主的结果与本意产生偏差。因此，行政民主应当实现从结果到过程的拓展，用制度的形式将公众利益偏好和需求融入行政决策的制定过程中，在这一过程中每一个人与他人的关系必须是独立且自主的参与。环境社会权力的确立正是对"过程取向"民主的实践，社会权力主体可以通过参与、监督等形式促进行政过程实现民主化。

（三）社会权力可以增进行政活动有效化

现代意义上的行政活动，不但要追求合法性，也要追求有效性、最佳性。在行政管理中引入有效性、最佳性考量这一向度，首要的理由是"现代国家行政任务的膨胀使得行政调控的最佳性成为行政实务和理论所必须追求的目标。"[1]而社会权力及其主体在行政管理中的引入，能够发挥自身独特的优势，这对于公共行政的效率和效果而言，无疑形成了巨大的冲击力。一般认为，社会权力主体的优势主要表现在：一方面，这些主体来源于社会，分布广泛而且众多，类型上具有多元化、多样性，这是政府机关不可能具备的基本优势；另一方面，这些主体由于扎根于社会内部，与社会联系十分密切，比政府更容易把握社会上所发生的每一处变动，这样对于降低处理成本而言具有明显的优势。社会权力可以填补行政权力在社会公益领域的真空。特别是在地方性、小社区乃至家庭式的小范围里，既便利又无微不至地关怀被遗忘的角落。因此，社会权力及其主体的优势，有利于大大提高行政活动的有效性、可行性，从而有利于提高行政决定的科学性、可接受性。有研究表明，

---

〔1〕 朱新力、唐明良："法治政府建设的二维结构——合法性、最佳性及其互动"，载《浙江学刊》2009 年第 6 期。

"公营部门（也称公共部门）提供服务的成本费用平均比承包商提供服务的成本费用要高出 35%~95%"。[1]也就是说，在处理同一项行政事务上，一般社会组织的运作成本比政府部门要低得多，效果也会好得多。由此，社会权力在行政管理中的吸纳及其作为，有利于促进行政活动效率的提升。

第二节　运行之可能：环境保护领域的社会权力

社会权力在环境保护领域中的体现（下文中将其称之为"环境社会权力"），就是社会关系中的民间组织和社会群体以其拥有的社会资源对与环境相关的社会行为所产生的影响力。这种权力是介于国家权力与个人权力之间的一种权力形态，它有着不同于国家权力与个人权力运行的独特规则。

一、环境社会权力的合理性

一项权力得以存在的前提涉及它的合理性与合法性问题，权力的合理性与合法性又是一体两面的关系。在应然层面上，权力应当同时具有合理性与合法性，但实然层面上，一项权力具有合理性并不必然取得合法性，合法的权力也不一定是合理的。权力的合理性侧重于权力为何有效，权力的合法性着眼于权力为何实现。另外，权力的合理性与合法性也是人类社会共时性的价值理念和历时性的时代个性的统一，并且历时性是其主要特点。[2]因此，本部分主要探讨环境社会权力的合理性问题。尽管在本章的上一节中阐述了社会权力复兴的基础，但是现代社会中环境保护的历史使命为社会权力的运行增添了新的时代特征，现代社会权力不能仅仅以传统社会权力的合理性为基础，权力的合理性还需要从时代精神中寻找答案。

罗尔斯曾提出"公共理性"的概念来重构现代社会的理性基础，他认为公共理性是与个体理性相对应的，其目标的公共性体现为共同的善和根本的正义，其内容的公共性体现为宪法中公民的基本权利。[3]环境社会权力是一种公共权力，它存在的合理性与维护社会公共需要和公共利益相联系，是公

〔1〕 ［美］戴维·奥斯本、特勒·盖布勒：《改革政府——企业精神如何改革着公营部门》，上海市政协译组、东方编译所编译，上海译文出版社 1996 年版，第 5 页。

〔2〕 参见姜朝晖："权力论：合法性合理性研究"，苏州大学 2005 年博士学位论文。

〔3〕 ［美］约翰·罗尔斯：《政治自由主义》，万俊人译，译林出版社 2000 年版，第 13 页。

共意志的集中体现和社会秩序的管理力量。

（一）环境社会权力的目的合理性：维护可持续发展的社会利益

环境社会权力存在的目的是站在可持续发展的角度上增进社会利益的普惠性。在内容上，可持续发展的社会利益不仅仅是指环境利益，同时也包含经济利益在内；在性质上，可持续发展的社会利益不仅强调量的增长，更看重质的保障。环境社会权力正是为了抑制当前经济利益高于环境利益的状况以平衡好二者之间的度量关系。环境是全社会的公共物品，国家作为社会的"受托人"，服务于社会的环境利益是理所当然，其"促进社会意志的行为"应当具有目的上的合理性。当国家公权力的行使得不到有效监督甚至偏离于既定目的时，其"合目的性"就受到质疑与挑战。在此情况下，需要拟制一种能够代表社会进行最终监督的意志主体，[1]这就是环境社会权力，其目的是在与国家公权力制约和互动的基础上更好地促进社会自治，维护可持续发展的社会利益。

（二）环境社会权力的道德合理性：源于公众的自愿认可

由于权力是可以控制他人的制约性力量，因此一方面要对权力运行给予程序性的规范，另一方面要对权力主体赋予道德上的要求，从内部和外部两方面防止权力的滥用。权力的道德合理性的最终决定因素在于公众对掌权者获取权力的方式及其政策法规接受和认可的程度。一种权力是否能得到公众的真心支持和拥戴，就看它是否能关注民生，真正保障公众的根本利益。环境社会权力能够得到人们的服从，不是依靠强制手段，而是公众在内心自愿认可该权力的安排，认为理应如此或者于己有利。

（三）环境社会权力的价值合理性：代表环境公共利益

从现代社会中权力作用的机理而言，权力理应是公共权力，而不是个人的专有物，因为个体力量只是个人权利的基础，其微小的力量不足以达到建立和维持公共秩序的效果。权力是一种组织化的社会公共力量，这种社会力量存在的意义是建立社会秩序和维护公共利益。环境社会权力代表的应是社会全局性、普遍性的公共利益，或者是"公众"的利益，而不是某些团体或者私人的利益。环境社会权力的公共性体现在它是为公众整体环境利益服务的"公权"，仅有利于少数人利益的权力不一定合理；环境社会权力可以调和

---

[1] 参见王蓉：《环境法总论——社会法与公法共治》，法律出版社2010年版，第141页。

矛盾利益，从中发现并维护公共利益；环境社会权力可以促进公共环境利益
的生成。

（四）环境社会权力的形式合理性：促进公众的环境权利意识

权力的形式合理性主要体现在权力结构的合理性，即应当从结构上保证
权力为人民服务，不仅仅是在理论上保证权力来自于人民，更要在实践中保
障人民对权力的可控和纠正，因此权力应当是分散的。[1]环境社会权力既是
环境行政权力向社会的回归，又是社会公众环境权利的集中，公众直接拥有
环境社会权力，并可以依据法定的结社权直接行使环境社会权力。公共权力
的形式合理性的标准在于能否促进社会公众的美德和智慧，评价公共权力形
式的合理与否，"应该根据它对人们的行动，根据它对事物所采取的行动，根
据它怎样训练公民，以及如何对待公民，根据它倾向于促使人民进步或是使
人民堕落，以及它为人民和依靠人民所做的工作的好坏"。[2]环境社会权力
产生的动力在于公众环境权利意识的增强，同时环境社会权力的确立和运行
又能推动公众环境权利意识的提升。

当然，环境社会权力存在的合理性不等于环境社会权力运行的合理性。
权力本身并无"善"与"恶"之分，但权力的运行受制于权力行使主体的意
识，当权力主体对其不合理地使用时，就会导致公共权力出现不可控的腐蚀
性。因为获得公共权力实质上是获得了公共利益的支配权，源于利益的诱惑
极易导致公共权力的滥用。当权力的工具性与价值性保持一致时，权力表现
出善的效果；当权力的工具性背离了价值性时，权力就表现出恶的效果。[3]
因此，对社会权力的运行也需要通过法律制度加以规范化约束。

二、环境社会权力的取得方式

权力的最初形态是个人权力，当个人权力的力量不足以保障权利和维护
秩序时，个人权力聚集到一起就形成了社会权力。这种权力聚集的理想方式
是以个人权力的主体间合意为聚集基础并以某种规范为表现形式的。也就是
说，环境社会权力来源于社会公众的意愿和选择，而非政府的意志和强制。

---

〔1〕 参见周永坤：《规范权力——权力的法理研究》，法律出版社 2006 年版，第 222~223 页。

〔2〕 ［英］J. S. 密尔：《代议制政府》，汪瑄译，商务印书馆 1997 年版，第 29 页。

〔3〕 权力的工具性是指权力发挥的实效，权力的价值性是指权力的终极意义，即关注哪些主体
的利益。参见唐土红："论权力的德性"，载《探索》2010 年第 2 期。

构成环境社会权力的社会合意是公众对生存环境的合理性追求，是建立在自下而上的"普遍承认"和"接受机制"的基础上的。[1]社会权力不是个人权力的简单叠加，而是在个人权力聚集的基础上形成了一种有机整体性的新权力，是代表了社会成员的共同利益并具有公共性的社会权力。个人权力的主体是一个具有现实人格的具体人，而社会权力的主体是诸多人联合，或表现为组织或表现为不特定的多数公众的一种聚合；个人权力运行的目的主要在于自身利益的保障与实现，而社会权力运行的目的在于满足成员间的公共利益需要；个人权力的影响范围主要集中在私人领域，影响力相对微弱，而社会权力的影响范围主要集中在社会公共领域，影响力强大，甚至可以与国家权力制衡。

另一个层面的权力来源是指一项具体权力的来源或依据，如环境社会权力是来源于法律的赋予，还是另一权力主体的授予。这就是要探讨环境社会权力取得方式的问题。在权力总量不变的情况下，权力的取得其实是权力在不同主体之间的转移。权力的取得途径可以具体细分为多种方式，如征服、革命、让渡、委托、继承等。[2]征服和革命方式属于权力的原始取得方式，让渡、委托和继承等属于权力的继受取得方式。就环境社会权力而言，其可能的取得方式如下：

一是环境社会权力的法律确认。我国《宪法》中已经规定了一切权力属于人民，人民有权依照法律规定通过各种途径和形式管理社会事务。作为部门法学的环境法可以此为宪法依据，在环境立法中直接规定社会公众参与环境治理的权力，社会公众可以运用环境公共权力进行环境治理，自主协商解决环境问题，无须环境行政权力的介入，这是公共权力向社会回归的最高形态。

二是环境社会权力的行政让予。即政府主动让出一部分环境公共权力，通过行政授权或委托的方式转移到环保社会组织当中，形成环境社会权力与环境行政权力的互动合作。就我国目前的情形而言，更具现实性的环境社会权力取得方式是行政机关增加对环保社会组织从事环境管理的授权和委托。

三是环境社会权力的契约形成。即环境社会权力既不通过法律的明确授

---

〔1〕 参见王蓉：《环境法总论——社会法与公法共治》，法律出版社2010年版，第136~137页。
〔2〕 周永坤：《规范权力——权力的法理研究》，法律出版社2006年版，第254~259页。

权，也不来源于行政机关的委托，而由社会权力主体通过一定的组织和程序赋予该组织对成员进行管理的权力，这是由社会组织内部的民主机制产生的。如行业协会以章程的形式要求其成员企业进行环境保护。

目前，环境社会权力较为可行的取得方式是第二种，因为环境社会权力的行政让予可以有效地推进行政机关与社会公众和组织在环境保护过程中的互动合作。我国环境管理中的授权主体并不少见，如《环境保护法》第7条第2、3款规定了对较多行政机构的授权，又如《淮河流域水污染防治暂行条例》第4条设立了淮河流域水资源保护领导小组。但我国委托环保社会组织从事环境管理的情形还很少，这是我国进行环境管理创新的重要突破口。

三、环境社会权力的主体与对象

"所有权力都是以权力服从者的同意的或者不同意的承认为基础的。"[1]权力只有得到或被动或自愿的服从才能达到预期的效果。但规范意义上的社会权力应当是一种源于法律并受法律规范的正当能力。只有正当的社会权力才能赢得其共同体成员真正的认同与持久的服从。那么，正当的环境社会权力的运行首先应当具备适格的权力主体和适用的权力对象。

（一）环境社会权力的主体

政府以外的社会主体，如公众、利益群体、政党等非政府的社会组织和群体都可以成为社会权力的主体，但并不是所有社会主体都拥有社会权力，只有真正享有公民权利的，才能成为社会权力的主体，特别是拥有社会资源的社会主体，才真正拥有社会权力。那么，在环境保护领域中，社会权力的主体是谁？又应当由谁来行使？因为在现代社会，占有权力的主体可能并不行使权力，这主要是由于代表制的形成使得权力的所有者与行使者分离。历史的经验已证明，不论在何种类型和何种规模的国家中让全体成员（统治阶级）直接行使公共权力都是不可能完全实现的，公共权力的高效运行要通过合法程序委托给一定的组织或群体代表代为行使。"权力并非为国家和其他公共机构所专属，权力还可以由协会、社会运动群体、集团和俱乐部等组织以及个人拥有和行使。"[1]社会权力是不同于国家权力和个体权力的一种集体性权力。我国的国家权力归人民享有而由权力机关代表人民行使，我国宪法中规定了"一切权力属于人民"，人民是国家权力的原始所有者，人民代表大会的权力来自于人民的授予，是行使国家权力的机关。私人权利归私人享有由个人行使。现代文明的社会中，个人的力量已不足以成为权力的载体，除非依托于某种社会力量或社会组织。社会权力的主体是多样的，在前国家时期，社会权力主要表现为家庭、氏族、氏族公社、部落等权力，随着国家权力的出现，民族、阶级、阶层、非政府组织、利益集团、行业协会乃至国际性社会组织等具有组织型特点的社会权力成为常态化的权力形态。非组织型的群体性权力也时常活跃于社会生活的舞台。这些大大丰富了社会权力的主体形态。社会权力应归社会公众所有，应当由政府和企业之外的第三部门来行使，也就是社会公共组织。20世纪80年代以来，社会组织在我国显现出了不断兴起的趋势。目前，环保领域的社会组织的存在形式主要有：环保非政府组织、行业协会、学术团体、社区组织等。

（二）环境社会权力的对象

在权力运行过程中所确立的社会关系中，掌握权力的一方为权力主体，一般处于主动和支配的地位；受权力作用的一方为权力对象，总是处在被动和服从的地位。我国《宪法》规定"中华人民共和国的一切权力属于人民"，而在现实的公共管理中，作为权力拥有者和权利主体的人民却变成了被管理者，受权力的作用和支配，成为权力的对象。权力的受托者成为权力的主体。权力运行中所产生的这种特有现象与权力的本质之间的矛盾，使权力的滥用和权利的受侵害成为可能。虽然宪法确认了"人民主权"的基本原则与以"控权"为基本特征的"法治"治国方略，但权力与人民之间在实践上的背离并未从根本上得到解决。

因为权力在本质上是特定的力量制约关系，在形式上表现为公共权力，权力只有在明确的范围界限之内才能称其为权力，才能够被较好地行使，否则只能成为特权。同样，为了避免社会权力主体的恣意，防止权利主体被侵害，实现行政权力与社会权力的良性互动，就需要将社会权力作用的范围限

---

[1] [美] 史蒂芬·卢克斯：《权力——一种激进的观点》，彭斌译，江苏人民出版社2008年版，第64页。

定在环境保护的公共事务之中，并与行政权力的作用范围进行区分。因此，环境保护领域中的社会权力主要是制衡偏离了环境保护目的的行政权力，以及与环境利益产生冲突的其他社会权力。也就是说，环境社会权力的对象是在环保公共事务中接受社会权力作用的政府机关、企业法人。

第三节　功能之彰显：环境社会权力的两重功能

一、对环境行政权力的监督和互动

社会权力与政府权力制衡的目的不是为了相互对抗，而是为了相互促进。社会权力的首要功能就是促进政府权力在合法化的道路上运行，制约政府权力的运行动机与范围，抑止政府权力的腐败寻租。

（一）以社会权力监督政府权力的需要

在社会契约理论的框架中，政府的合法性与正当性来源是建立在人民意志一致基础上的社会契约，政府从构建之日起就是人民权力的集中代表，承担着保障人民权利与自由的重要使命。在我国，全国人大及其常委会代表民意制定宪法和法律，由宪法和法律赋予政府权力，那么按照逻辑上的推理，政府的权力来自于人民的赋予，政府的行为是人民的授权，政府应当全权代表人民的利益，从反面来讲，政府没有依据创造一己之利，更没有理由以权谋私，也没有资格动用公共权力去侵害私人权益。但是，根据现实中的实践来看，政府也是集多元利益于一身的，尤其在面临交错复杂的利益冲突时，并不能保证无时无刻都将人民的利益全面安置妥当。另外，由于法制的不健全和监督的不完善，政府权力在运行过程中会出现责任的缺失，加上团体利益和部门利益的分化与争斗，政府权力蜕变成部分利益主体谋利的工具。因此，对政府权力进行制约与控制的问题就摆在了重要位置。

起初学者们认为权力的过度集中是造成权力滥用的主要原因，那么权力制约的首选方法就是分权，即将国家权力分立为立法权、行政权和司法权，分由不同国家机关行使。但是这种传统的分权理论只是"为了简化和监督国家机构而实行的日常事务上的分工"[1]而已，这种三权分立是局限在国家权

---

〔1〕《马克思恩格斯全集》（第5卷），人民出版社1958年版，第225页。

力内部的分权,这三种权力具有同质性,在运行过程中因利益的关联会出现相互偏袒的情形。为了弥补"以权力制约权力"的缺陷,"以权利制约权力"的思想应景而生,即通过法治路径确立人民的权利,控制政府权力。但是,法律对权利的确立都是个体性的,弱小的个体权利无法与强大的政府权力相抗衡,难以对政府权力形成有效的制约。因此,对政府权力的有效制约需要寻求一种既存在于政府权力之外又与政府权力地位对等的力量,这一力量就是社会权力。相比以往的权力制约方式,"以社会权力制约政府权力"存在几点优势:一是从政府权力范围之外引入制约力量,加强了政府权力的外部监督;二是社会权力多存在于团体或组织中,可以集中分散的个体权益,有利于形成对政府权力的有序监督。

(二)社会权力与政府权力的互动

社会权力与政府权力在价值、作用、目标、范围等方面都存在差异,二者之间可以形成交织互补的互动关系。首先,在治道变革的浪潮中,政府职能发生重大转变,我国政府正在从管制型政府向服务型政府转变,政府逐渐将部分公共事务的管理职能交还给社会,政府权力的让与需要有新的社会主体来接手。其次,社会权力根植于社会基层,比高高在上的政府权力更贴近公民个体权益,更便于满足社会公共需求,社会权力可以成为承接政府权力的适当选择。再次,社会权力与政府权力的互补可以体现在权力的作用领域和地域上。政府行政改革的方向是迈向大部制改革,也就是强调政府机关的综合性与宏观性,社会权力所依托的社会组织发展方向则是突显其作用的专业性与微观性。另一方面,政府权力的层级设置受到行政区划的影响,有着严格的地域限制,而环境的保护和治理尤其强调整体性,这就使得在跨行政区域的环境保护中常常涉及多个政府权力的交涉,权力级别的高低往往严重制约环境纠纷的调处。而社会组织则不存在这种地域局限性,环保社会组织完全可以根据环境的整体性需求进行更加便利的跨界联合与合作。最后,在权力的运行向度上,行政权力自上而下地进行命令与控制,社会权力则可以自下而上地进行反馈与回应,二者的差异性可以形成良好的互补与互动。这正是社会权力得以存在的价值体现和功能彰显,政府职能转变的本质是公共权力向社会的回归,社会权力的兴起是社会自主治理的必然要求。

二、对环境利益的保障和维护

利益关系和权力关系是人类社会关系中的重要表现形式，二者也是紧密相连的，利益是行使权力的目标；权力是创造利益、获取利益的有效手段。当然，行使权力所期待的利益并非都是私益，所产生的利益并非都归为一己之利，权力创造的利益有公共利益，也有个体利益，包括合法个人利益和非法个人利益。（国家）公权力在设计之初，其功能便已经被设定，便是为公共利益服务。公权力是一项服务型的权力，公众赋予国家机关以强大的公权力是要求为其服务的。具体来说，公权力的来源和基础是公共利益，公权力所承担的是公共责任。如果公权力背离了为公共利益服务这一宗旨，那么它便失去了存在的基础。

（一）环境利益既是环境保护的目的也是动力

传统法律部门关注利益保护的内容主要是财产利益和人身利益，很少专门涉及环境利益。随着人类整体生活水平的提高，人们的需求层次从基本物质层面提升至优良环境层面，环境利益开始从传统的财产性利益和人身性利益中抽离出来，作为一种新的利益形式而崛起。人身利益和财产利益上升为法益主要表现为人身权和财产权，虽然财产权是对人的物质利益的保护，人身权包括对人的精神性利益的保护，但环境利益并不是物质利益和人身利益的简单结合。在环境利益中，物质性的环境利益与精神性的环境利益是密不可分的，环境利益的这两个方面总是相伴存在，相互交融在一起。把环境利益归于人身利益或者归为财产利益之一只反映了环境利益的某一个方面而失之片面，把环境利益分别归于人身利益和财产利益本身则没有理解环境利益的含义，也没有明确环境利益的性质。环境利益不同于人身利益和财产利益，是一种新型的法益。

但是环境利益的独立价值和深远意义在实践中还没有得到充分的体现，现代环境危机的实质就是人类过度追求自然界带来的经济利益而忽略了其他方面的利益，甚至为了获取经济利益而牺牲环境利益，从而导致对自然价值的片面追求和人的片面发展。可持续发展给人类指引的道路是一条人与自然和谐相处的道路，既不能陷入"人类中心主义"的沼泽中狂妄自大，也不能走入"生态中心主义"的迷雾中故步自封，人与自然和谐的关键在于坚持"以人为本"。环境保护的目的一方面是要遵循自然界的生态规律，保持自然的永续生长和发展，另一方面也要注重环境保护过程中人类的环境利益，因为自然不是"环境要素的无意义组合"，而是富于"人的价值期望"的自然，人类环境利益的享有理应成为环境保护的目的。

环境利益同时也是人们进行环境保护的动力所在，社会公众采取保护环境的行动会出于自身利益的考虑，或经济利益或精神利益，在立法中充分运用环境利益对环境保护行动的激励作用，可以促进环境法施行的有效性。在我国环境政策中，往往通过环境宣传教育，提高公众环境意识，来激励公众参与环境保护，这当然是极为必要的，但还是远远不够的。在经济学中，人都是理性的经济人，市场机制的内在逻辑其实是利益驱动。污染环境是源于利益驱动，要动员社会力量进行环境监督，同样需要借助于利益驱动。因此，在社会制衡型环境政策中，必须把利益激励置于重要地位。

（二）公民和政府都是环境公共利益的代表

首先，政府并非环境公共利益的唯一代表。人们在理解环境公共利益时经常混淆社会共同体与国家共同体。这种混淆容易导致人们将公共利益与政府利益绝对地等同起来，进而推导出政府是公共利益的唯一代表的结论。环境公共利益是某个社会共同体所有自然人成员共享的共同善。一方面，这个社会共同体的界限并非必然与某个行政区域相对应，所以地方政府并非是环境公共利益的必然代表；另一方面，当这个社会共同体的界限恰好与某个行政区域相对应时，由于政府并非总能准确地认识、理解、表达和主张环境公共利益，所以地方政府也并非环境公共利益的唯一代表。

其次，公民及其团体也是环境公共利益的代表；一方面，当社会共同体的界限恰好与国家相一致时，公民及其团体可以基于国民的身份成为环境公共利益的代表；另一方面，当社会共同体的界限与国家不一致时，这个社会共同体中的公民及其团体也可以基于共同体成员资格成为环境公共利益的代表。总体上，由于环境公共利益必定是某个社会共同体的共同善，所以自然人基于共同体成员资格理应成为环境公共利益的代表。

小结：环境社会权力的法理解析

传统环境管理是一种政府行为，但又不仅限于政府行为，它还需要社会成员的积极配合和广泛参与。促进环境行政管理与社会管理的有效合作应当是在环境管理中重视社会权力的运用和发展。环境社会权力，是社会关系中的社会群体和社会组织以其拥有的社会资源对与环境相关的社会行为所产生的影响力。因为"权力易于膨胀，而权利难以自保"，[1]在现阶段环境行政权力异化和公众环境权利弱化的情形下，确立环境社会权力有其合理性：环境社会权力的目的合理性在于维护可持续发展的社会利益；环境社会权力的道德合理性源于公众的自愿认可；环境社会权力的价值合理性是其代表的环境利益的公共性；环境社会权力的形式合理性是能促进公众的环境权利意识。环境社会权力之"善"集中体现在它能忠于公民环境权利，促进环境正义，并提升环境管理效率。

环境社会权力来源于社会公众的意愿和选择，而非政府的意志和强制。构成环境社会权力的社会合意是公众对生存环境的合理性追求。适当的环境社会权力取得可以通过法律确认、行政让予或契约形式等方式。环境社会权力的功能一方面是和环境行政权力进行制衡和互动，另一方面是对环境利益，尤其是环境公共利益进行保障和维护。环境社会权力应归社会公众所有，主要应当由政府和企业之外的第三部门来行使，也就是环保社会组织。环境保护领域中社会权力的对象应限定为在环保公共事务中接受社会权力作用的政府机关、企业法人。

---

〔1〕　卓泽渊：《法的价值论》，法律出版社 2006 年版，第 286 页。

我国环境社会治理的制度进路：
环境社会权力的运行

"制度是人类设计出来用于调节人类相互关系的一些约束条件。"

——诺贝尔经济学奖获得者 ［美］道格拉斯·C. 诺斯〔1〕

　　权力天然具有膨胀性，权力如果不受限制，就会从维护权利的工具衍化成侵害权利的帮凶，由此决定了"权力行为在本质上是一种程序性的行为"。〔2〕权力存在于具体的社会关系之中，调节权力关系离不开制度的设计，权力关系异化的重要原因之一在于制度的不合理与不完善。对权力关系进行有效的协调和整合，从根本上来说必须首先从权力的制度建设入手。权力的运行过程需要有正当性程序来保驾护航，社会权力主体行使权力时必须按法定的步骤、方式和环节进行，其运作过程必须符合法律的规定。制度性的正当程序具有制约权力的功能价值，能够有效地防止专断和不合理的权力行为，提高权力行为的公平性、民主性和合理性。

第一节　环境社会权力之运行主体：规范的环保社会组织

　　社会组织是人们为了实现特定目标，在从事社会活动时有意识组合的社会群体。社会组织的产生动力是源于人类群体性的价值和功能，社会群体的

---

　　〔1〕　［美］道格拉斯·C. 诺斯：《制度、制度变迁与经济绩效》，刘守英译，上海人民出版社1994年版，第3页。

　　〔2〕　周永坤：《规范权力——权力的法理研究》，法律出版社2006年版，第268页。

形成最初以血缘关系为纽带，随后以地缘关系为纽带，再后来更多的是以共同的价值取向和目标实现作为组织的基础。在20世纪80年代后，因社会治理结构的变革和治理理论的变迁，社会组织又被赋予了新的定位，即在权威性的政府和营利性的企业之外而存在的第三种社会组织形态。学界对社会组织的研究颇多，对其名称尚未达成共识，目前存在"民间/公民社会组织""非政府组织""非营利组织""第三部门"等称谓，它们反映出的共同特征包括组织性、自治性、志愿性、公益性和合法性等。[1]

2008年，党的十七届二中全会通过《关于深化行政管理体制改革的意见》，在深化行政管理体制改革的同时提出"更好地发挥公民和社会组织在社会公共事务管理中的作用，更加有效地提供公共产品"。2010年，原环境保护部首次出台了《关于培育引导环保社会组织有序发展的指导意见》，明确培育引导环保社会组织的重要意义、总体目标、基本原则、政策扶持和能力建设等内容，加大了对环保社会组织的扶持力度，要充分发挥社会组织在环境政策、法规、规划和标准制定与实施中的咨询参谋作用。2012年，党的十八大报告中明确提出，要扩大公众参与，改进政府提供公共服务方式，引导社会组织健康有序发展，充分发挥群众参与社会管理的基础作用。加快形成政社分开、权责明确、依法自治的现代社会组织体制。2014年修订的《环境保护法》中专章规定了公众参与，环保社会组织可以依法享有获取环境信息、参与和监督环境保护的权利，并且符合条件的环保社会组织可以提起环境公益诉讼。2015年，《环境保护公众参与办法》出台，这是首个专门规定环境保护公众参与的部门规章。2018年，党的十九大报告中提出，要保障广大人民群众知情权、参与权、表达权和监督权，构建政府为主导、企业为主体、社会组织和公众共同参与的环境治理体系。这表明党和政府在顶层设计中越来越重视社会组织在行政管理体制改革和社会管理创新中的重要作用和协同共治。笔者将环境保护领域的社会组织称为"环保社会组织"，侧重于研究有能力承担政府职能和权力转移的规范性和组织性较强的环保社会组织，探讨以其作为环境社会权力运作载体的权力机制。

---

　　〔1〕　参见〔美〕莱斯特·M.萨拉蒙等：《全球公民社会——非营利部门国际指数》，陈一梅等译，北京大学出版社2007年版，第12~13页；陆明远：《培育与规制——中国政府的社会组织管理模式研究》，天津人民出版社2010年版，第25页。

一、现存状况：我国环保社会组织的角色困境

现代社会组织发展的出发点本是基于在政府和市场失灵的情况下"承担弥补的任务"，[1]也就是强调其相对于政府和企业的独立性，但是在我国政府力量的强大笼罩下，社会组织的发达程度有限且发展规范不足，要进一步发挥出社会自治的功能，还有待政府对社会组织的积极引导和支持。实际上，我国目前影响力较大的环保社会组织中，有官方背景或者得到政府大力支持的环保社会组织占有较重席位。理想的非政府性和现实的政府依赖性造成了我国环保社会组织面临的角色困境。

（一）我国环保社会组织的成长迅速

一般认为，我国第一个真正意义上的环保社会组织[2]是在经历一番注册波折后于 1994 年成立的"中国文化书院绿色文化分院"，也就是广为人知的"自然之友"，其成立是受到了北京申办奥运会的触动和国际环保组织的启发。1996 年又成立了"地球村"和"绿家园"，随后，大大小小的环保社会组织犹如雨后春笋般迅速发展。截至 2005 年底，我国共有各类环保民间团体 2768 家，其中政府发起成立的 1382 家，占 49.9%；民间自发组成的环保民间组织 202 家，占 7.2%；学生环保社团及其联合体 1116 家，占 40.3%；国际环保民间组织驻大陆机构 68 家，占 2.6%。截至 2008 年 10 月，全国共有环保民间组织 3539 家，比 2005 年增加了 771 家，由政府发起成立的环保民间组织 1309 家，学校环保社团 1382 家，草根环保民间组织 508 家，国际环保组织驻中国机构 90 家，港、澳、台环保民间组织约 250 家。[3]截至 2012 年底，全国生态环境类社会团体已有 6816 个，生态环境类民办非企业单位 1065 个，环保

---

〔1〕 李文良等编著：《中国政府职能转变问题报告》，中国发展出版社 2003 年版，第 415 页。

〔2〕 也有新闻报道认为，1991 年 4 月在辽宁省盘锦市民政部门注册成立的"黑嘴鸥保护协会"是我国第一家环保社会组织。参见"黑嘴鸥保护协会会长刘德天：美丽的湿地我的家"，载《人民日报》2009 年 2 月 3 日。

〔3〕 中华环保联合会：《中国环保民间组织发展状况报告》（2005 年和 2008 年），载 http://www.gov.cn/jrzg/2008-10/30/content_ 1136350.html，2017 年 5 月 18 日访问。说明：该报告采用了较为宽松的统计标准，将不同注册（或未注册）状况下的环保民间组织纳入。同时，也将并非专门从事环保，但有过环保项目、活动的组织纳入其中。

民间组织共计7881个，从2007年到2012年增长了38.8%。[1]截至2015年底，全国生态环境类社会团体已有7000个，生态环境类民办非企业单位433个，共计7433个。截至2017年底，全国生态环境类社会团体约有6000个，生态环境类民办非企业单位501个，共计6501个。[2]截至2018年10月31日，广东省正式登记注册环保类社会组织共321家，广州市75家；其中基金会17家，社团187家，民办非企业单位117家。[3]

环保社会组织的迅速发展是我国社会环保意识不断上升和环保力量不断聚集的成果，也是我国环境问题日益突显的影响。环保社会组织在社会生活诸多方面的活动中都体现出了社会力量对环境保护的贡献：

第一，环保社会组织对国家环保政策产生影响。2004年，地球村、世界自然基金会、自然之友等环保社会组织发起了"26℃空调节能行动"，该行动的影响力逐渐扩大后，国务院办公厅在2007年发出《关于严格执行公共建筑空调温度控制标准的通知》，要求所有公共建筑夏季室内空调温度设置不得低于26℃，冬季室内空调温度设置不得高于20℃。从而使空调节能这一民间行动上升为政府规定。[4]

第二，环保社会组织与政府进行合作。如怒江水电开发、圆明园防渗漏工程、厦门海沧化工项目等事件中，环保社会组织联合公众、专家、媒体、官员的力量致使不利于环境保护的决策被取消或改进。又如贵州省的"草海农民协会"与"自然之友"在政府的生态移民项目中进行合作，探索出不完全依赖生态移民又实现环境保护的道路。[5]

第三，环保社会组织推动环境公益诉讼的发展。在相关立法尚未确定环境公益诉讼制度之前，已有环保组织对排污企业提起环境公益诉讼，为该制

---

〔1〕　沈慧："我国已有近8000个环保民间组织"，载 http://finance.chinanews.com/ny/2013/12-09/5596400.shtml，2017年5月18日访问。

〔2〕　民政部："2015年社会服务发展统计公报""2017年社会服务发展统计公报"，载 http://www.mca.gov.cn/article/sj/tjgb/，2018年12月20日访问。

〔3〕　"广东环保社会组织达321家"，载《信息时报》2018年12月7日。

〔4〕　参见杜悦英："26℃空调节能行动五周年回顾"，载 http://www.fon.org.cn/content.php?aid=12138，2011年8月20日访问。

〔5〕　参见向虎、关良基："不依赖'生态移民'的森林再建造——以长江上游贵州省G村的NGO活动为例"，载新吉乐图主编：《中国环境政策报告——生态移民》，内蒙古大学出版社2005年版，第77~86页。

度的正式建立进行了有益探索。如中华环保联合会自 2009 年以来提出了诉江苏某集装箱有限公司、诉贵阳市乌当区某造纸厂、诉清镇市国土资源管理局、诉贵州省修文县环保局等多起环境类诉讼，有力推进了我国环境公益诉讼的实践发展，在 2014 年修订《环境保护法》时明文规定了环境公益诉讼。在该法 2015 年 1 月 1 日正式生效后的两年时间内，全国法院共受理社会组织提起的环境公益诉讼案件 122 件，其原告包含 15 家社会组织。[1]社会组织提起环境公益诉讼案件数量有了较大幅度的增长。

第四，环保社会组织对企业进行监督。如 2011 年公众环境研究中心、自然之友、环友科技中心等 36 家环保社会组织发布了《IT 行业重金属污染调研报告（第四期）》，针对苹果公司污染导致多名员工中毒事件提出倡议。[2]又如由公众环境研究中心和自然资源保护协会合作研发的 CITI 指数，是全球首个基于品牌在华供应链的环境管理表现的量化评价体系，它采用政府监管、在线监测、经确认的公众举报、企业披露、第三方环境审核等公开数据进行动态评价。在 CITI 指数 2017 年度评价报告中，涉及在华采购的 267 个品牌和 14 个行业，推动 1004 家供应商对其违规问题整改或排放数据做出披露。[3]

由此可见，我国环保社会组织作为环保社会力量的主要载体正处于从"接受管理"到"参与管理"的转变进程之中，对于在环境保护领域发展基层环境民主、履行环保监督义务、扩大环境公众参与和维护公众环境诉求方面发挥着积极的作用，环保社会组织进一步的规范性发展必将有利于增强社会的自治功能。

（二）环保社会组织的定性问题

尽管环保社会组织在凝聚环保力量进行环境保护方面的功劳不小，但是和其他社会组织一样仍受到许多误解，有人担心社会组织的发展会削弱政府的职能和权威，甚至影响到社会稳定，这种局面也阻碍了环保社会组织积极作用的发挥。社会组织的两面性不容忽视，然而仅靠政府力量缓解环境压力是不够的，因此，正确对待社会组织的态度应当是将其纳入规范化、制度化、

---

〔1〕 王旭光、王展飞："中国环境公益诉讼的新进展"，载《法律适用（司法案例）》2017 年第 6 期。

〔2〕 资料来源：http://www.acef.com.cn/html/hjflfw/pgt/2116.html，2011 年 8 月 14 日访问。

〔3〕 "绿色供应链——CITI 指数 2017 年度评价报告"，"2017 绿色供应链 CITI 指数发布"，载《中华环境》2017 年第 11 期。

法制化的发展轨道，而不能盲目限制其发展。2010 年，环境保护部出台的
《关于培育引导环保社会组织有序发展的指导意见》表明了政府对环保社会组
织作用的肯定，环保社会组织在参与、支持、监督环境保护方面应该发挥出
更大的作用。但是，我国环保社会组织在法律上的定性较为模糊。

　　其一，关于环保社会组织的公私法主体之争。尽管公法与私法的界限已
不如以往明晰，但法律主体公私属性的界定在法律关系的确定和权利的维护
方面仍具有重要意义。因为公法中的法律关系主体处于不平等地位，在内容
上涉及权力与服从关系，在行为上应遵守依法行政原则，在救济上适用行政
诉讼程序且有国家赔偿问题；而私法中的法律关系主体处于平等地位，在内
容和行为上尊重当事人意识自治，在救济上适用民事诉讼程序且是侵权责任
问题。这些重大的差异性决定了应当首先明确环保社会组织的法律属性。

　　然而，环保社会组织的法律属性也并非是"一边倒"的问题，一方面是
因为现代社会中社会关系空前复杂，社会主体的行为既可能涉及公权力也可
能关系私权利，另一方面的原因则是当代呈现出的公法私法化和私法公法化
趋势，糅合了公法与私法之间的界限。环保社会组织的法律属性应当视其行
为性质而定，总体而言，基于环保社会组织的私立性或民间性，其基本法律
属性应当是私法主体，但当其承接了行政机关赋予的环境管理职能时，则属
于公法主体。

　　其二，关于环保社会组织的形式之分。早前我国法律法规对法律主体的
相关规定十分复杂，根据我国《民法通则》（1986 年）的规定，法律主体包
括个人和组织，组织又包括法人和非法人组织，法人又可分为企业法人、机
关法人、事业单位法人和社会团体法人。根据我国《社会团体登记管理条例》
（1998 年）的规定，社会团体是指中国公民自愿组成，为实现会员共同意愿，
按照其章程开展活动的非营利性社会组织。社会团体的形式包括协会、学会、
联合会、研究会、基金会、联谊会、促进会、商会等。根据《民办非企业单
位登记管理暂行条例》（1998 年）的规定，民办非企业单位是指企事业单位、
社会团体和其他社会力量以及公民个人利用非国有资产举办的，从事非营利
性社会服务活动的社会组织。民办非企业单位的形式包括法人、合伙、个体
经营者等。另外，在《基金会管理条例》（2004 年）出台后，对基金会进行
了专门规定，此前是对基金会采用了社团法人的登记管理方式。

　　我国环保社会组织的存在形式也是多种多样的，如"自然之友"属于社

团法人；[1]"地球村"属于民办非企业单位；[2]"中华环境保护基金会"属于基金会法人；[3]"绿家园"则是非法人组织，因《社会团体登记管理条例》规定社会团体应当具备法人资格，禁止非法人社团的存在，因此早些年前政府对其采取了"不接触、不承认、不取缔"的对策。[4]另外，还存在一些组织形式与组织类型不一致的情形，比如将社会团体登记为社会服务机构，将社会服务机构登记为基金会等。鉴于此种纷乱情形，有必要对环保社会组织的存在形式进行专门的规定，并在现有法律法规基础上对财团法人、公益法人、非法人的社会组织的相关内容进行补充和完善。

直到 2017 年《民法总则》施行，该法将法人划分为营利法人、非营利法人和特别法人三大类，事业单位、社会团体、基金会、社会服务机构等均归入非营利法人一类，社会组织的法律身份得以统一，法律地位得到明确。

（三）我国环保社会组织的管理障碍

除了现实合理性与积极作用外，环保社会组织的实践还需要满足合法性的前提条件，法律制度的完备也是促进环保社会组织发展的重要保障。目前，我国环保社会组织的发展首先就面临着法律规定的"双重管理体制"障碍。我国《社会团体登记管理条例》第 6 条规定："国务院民政部门和县级以上地方各级人民政府民政部门是本级人民政府的社会团体登记管理机关（以下简称登记管理机关）。国务院有关部门和县级以上地方各级人民政府有关部门、国务院或者县级以上地方各级人民政府授权的组织，是有关行业、学科或者业务范围内社会团体的业务主管单位（以下简称业务主管单位）。法律、行政法规对社会团体的监督管理另有规定的，依照有关法律、行政法规的规定执行。"第 9 条第 1 款规定："申请成立社会团体，应当经其业务主管单位审查同意，由发起人向登记管理机关申请登记。"据此规定可知，我国法律对社会团体的设立采取行政许可主义，是由业务主管部门和登记主管部门进行双重

---

[1] 自然之友于 1994 年 3 月经政府主管部门批准注册成立，其章程表明是非营利公益团体。资料来源：http://www.fon.org.cn，访问日期 2011 年 8 月 20 日。

[2] 地球村在很长一段时间里只以公司名义运作，直到 2004 年才在北京郊区注册为"民办非企业"机构。参见"环保民间组织调查"，载《中国青年报》2006 年 4 月 24 日。

[3] 中华环境保护基金会是环境保护部主管、民政部登记注册的中国第一家专门从事环境保护事业的全国性公募基金会，成立于 1993 年 4 月。资料来源：http://www.cepf.org.cn，访问日期 2011 年 8 月 20 日。

[4] 参见肖晓春："法治视野中的民间环保组织研究"，湖南大学 2007 年博士学位论文。

管理的体制。对于环保社会组织而言，需要先经过作为业务主管部门的环保机关的审查同意，再由发起人到作为登记主管部门的民政机关进行注册登记。民政机关主要负责形式上的审查和登记，而环保机关负责实质上的审查和批准，并对成立后的环保社会组织进行指导与监督。

这种双重管理体制给环保社会组织的发展造成两大影响：一方面，使得民间自发的草根社会组织数量较少，而具有官方背景的环保社会组织处于政府的直接控制之下，造就了"半官半民"的性质，难以具备完整意义上的独立性或自治性，但社会组织的成立初衷就是为了满足环境保护的自治需求，这就存在"受制"与"自治"的矛盾。另一方面，使得环保社会组织登记注册的门槛偏高，因为业务主管部门对成立后的环保社会组织进行指导与监督是一种责任和负担，在现实操作中业务主管部门因精力有限，在接纳没有政府或事业单位背景的环保社会组织时相对谨慎和严格，使得许多社会组织只有通过非营利性企业法人的形式进行注册，这也意味着无形中给他们增加了税收的负担，造成对环保社会组织"登记严"而"监管轻"的管理局面。

二、前景展望：环保社会组织承接环境服务管理职能

在环境问题日益严重、公众环保意愿提升、政府多重职能交错的多重压力下，政府的环境管理权遇到了挑战，这给环保社会组织步入环境管理领域提供了契机。环保社会组织基于其知识的专业性和非政府性而具有一定的社会影响力，其社会权力的运用方式不同于以往的命令式、强制式、刚性的行政权力，使得在政府权力下得不到公正保护的公众渐渐向环保社会组织靠拢。

（一）环保社会组织参与环境公共物品供给

环境公共物品的非排他性和外部性特征决定了它的市场供给是低效率或者无效率的，环境公共物品的公益性、公共性特质决定了它的政府供给是理想的。然而，由于环境资源的稀缺特性和受损状况，当前公众对环境公共物品的需求越发甚于往日，并且公众对环境公共物品的需求又有着不同的层次性，这使得政府在环境公共物品供给中面临复杂的情况和沉重的负担。另一方面，由于环境公共物品的多样性决定了政府难以提供全面的服务，日益严重的环境问题也说明完全依赖政府供给环境公共物品是不现实的。

在公共经济学领域，公共物品的"提供"与"生产"是两个不同的环

节。早在 20 世纪 60 年代初，公共经济学家马斯格雷夫就指出："公共物品的政府供应并不意味着由政府来生产。"[1]把"提供"与"生产"两个环节分开，是为了让更多的主体参与到公共物品的生产过程中来，从而提高公共物品的供给效率并减轻政府的压力。政府与社会协作来提供环境公共物品成为一种必要。自 1973 年我国第一次全国环境保护会议召开，近几十年我国不断增加环境保护法律法规、加强环境行政执法、提升环保主管部门地位，足以说明我国政府是环境保护的主要建构者。1994 年环保社会组织开始成立并发展后，我国的环境公共物品供给出现政府生产为主、多元供给并存的局面，并且我国环保社会组织近年来逐步摆脱单一的与政府对立和互动的关系模式，将其功能显现和行为互动扩展到媒体、互联网以及国际非营利组织领域，并利用这些新的领域所带来的发展机会来为强化自身的功能服务。[2]我国环保社会组织在提供环境公共物品的能力上已有基础但仍需加强。

环保社会组织的非营利性以及同政府提供物品的一致性构成了它与政府共赢的现实基础。现代治理理论认为，虽然政府是理所当然的公共物品提供者，但却非唯一的提供者，而且政府从来都不是公共物品的唯一提供者，政府以外的社会组织尤其是非营利组织在某些公共物品的供给上有着政府不可比拟的优越性。尤其是环保社会组织可以在政府无暇顾及或无力顾及的某些环境领域提供相应的物品，起到填补政府职能的社会作用。这种对政府职能空位的补充对政府行政绩效的提高发挥了重要的作用。"服务"是公共物品提供者的共同理念，环保社会组织对此应当特别关注。这是因为环保社会组织所提供的公共物品具有更纯粹的"公共性"。从理论上讲，"公共性"越纯粹的物品要求提供者的"服务"意识更强；另一方面，公共物品的受益对象越广泛和不确定，也越需要物品提供者的服务理念越强。显然，环保社会组织具有极强的社会公益性，"服务"应当成为其价值的核心，如果偏离了这个核心，那么它的一切活动都无法实现社会赋予它的神圣目的，也就违背了自身存在的价值和理由。

政府与环保社会组织协作供给环境公共物品可以通过环境行政合同的方

---

[1] [美]理查德·A. 马斯格雷夫：《比较财政分析》，董勤发译，上海人民出版社、上海三联书店 1996 年版，第 8 页。

[2] Guobin Yang, "Environmental NGOs and Institutional Dyanmics in China", *The China Quarterly*, No. 181, 2005, pp. 46~66.

式生产。政府将原先垄断的公共物品生产权向私人企业或非营利部门进行转让，政府确定公共物品的数量和质量标准，然后向社会招标，中标的承包商按合约生产公共物品。合同是经过双方磋商和协调，并在双方接受的基础上达成的，所以具有非强制性、灵活性和民主性的优点。与强制性行政手段相比，其管理与被管理的色彩明显降低，使双方关系增添了更多服务与被服务的色彩，增加了间接管理和宏观管理的途径，能起到传统环境监管模式和市场调节难以达到的效果。

（二）环保社会组织协调环境利益纠纷

随着环境问题的爆发及环境容量的减少，不同社会群体之间的环境利益纠纷也越来越多。通常采取自上而下、命令控制的管制模式来解决环境问题是一种见效较快的途径，以国家强制力作保障从而快速达成环境利益冲突后的妥协。但是，环境利益冲突的自身特征，加上公众参与和民主化的世界潮流，使得命令式的环境管制模式难以协调环境利益冲突各方的分歧，很难找到非常公平且双方都乐意接受的解决方案。

从利益冲突的本源来看，"环境利益冲突的主观成因在于环境价值观的冲突"，而化解环境价值观的冲突，可以通过环境利益主体范围的扩大化来实现，建立起将分散的、个体的价值观融入群体价值观的机制。[1]环保社会组织就是这样一种主体聚集和利益表达机制。环保社会组织直接来源于社会，这种与社会个体的密切联系可以促进利益冲突各方达成自觉妥协，这是作为超越于"国家威慑力量"和"个人利己主义"的社会中间力量的优势所在。环保社会组织参与环境利益冲突的解决，靠的不是控制和强制，而是通过群体间的共识、参与和主动精神，建立信任、互利和合理竞争的关系，使冲突各方充分表达意愿，在此基础上就各方利益进行权衡，从而做出在最大程度上反映最广泛公众环境利益的决策，由此环境利益冲突得到初步的缓解。在一个相对和谐的氛围中，环境利益冲突成为非对抗性的冲突，人们总是倾向于寻找缓和的解决方式，比如通过环境圆桌对话的方式，重新安排和平衡各类主体间的环境利益，而不是通过强制力压制环境利益冲突的另一方，使对方环境权益得不到主张。

随着环境纠纷的日益增多以及"环境诉讼爆炸"的压力，建立多元化环

---

〔1〕　参见肖晓春、蔡守秋："论民间环保组织在环境法治建设中的作用"，载《求索》2009 年第 4 期。

境纠纷解决机制成为各国环境纠纷处理和诉讼制度改革的共同发展趋势，出现以司法为核心，包括传统的调解和仲裁、行政处理等方式在内的综合性环境纠纷处理机制。无论是在环境诉讼机制还是非诉讼解决机制（Alternative Dispute Solution，ADR）中，环保社会组织都扮演着非常重要的角色。在环境诉讼机制中，民间环保组织通过提供法律援助、技术支持等方式支持他人提起环境公益诉讼，或者作为原告直接向法院提起环境公益诉讼，从而达到解决环境冲突的目的。在环境 ADR 机制中，环保社会组织的表现也很突出。例如在巴西，该国的第一个环境仲裁院于 2001 年在里约热内卢成立，该院由一些环保领域的律师和专家组成，是一个民间组织，不从属于任何司法机构，只依据有关环保的法律来工作。[1] 在环境 ADR 机制中，为了追求"实质公平"，要促进当事人双方在各种社会规范的指导下进行合意。这种合意过程也是环境利益冲突的化解过程和新规则的形成过程，蕴藏着社会协调的契机。

此外，环保组织还可以提前介入和预防环境污染纠纷。比如 2016 年阿拉善 SEE 基金会、公众环境研究中心等十多家环保社会组织，共同成立了黑臭河治理民间观察网络，实地调研并公布各地城市内河的黑臭现象，发布黑臭河治理观察系列简报。2017 年，自然之友、阿拉善 SEE 基金会、河流守望者中心、公众环境研究中心联合各地方环境 NGO 共同发起"清水为邻"——卫蓝侠黑臭河监督网络行动，先后有 27 家环保组织参与，提交逾百条黑臭河的举报观察，推动地方黑臭水体治理。[2] 十多家环保组织联合构建的这一民间平台，一方面给公众举报环境污染增添了反馈渠道，另一方面也给污染企业增加了监督压力，有助于填补行政监管的漏洞。

（三）环保社会组织监督环境行政权力

对权力的运行进行有效监督与制约，是保证权力的行使不偏离社会公共利益轨道的基本途径。尽管有检察机关作为国家的法律监督机关，对环境行政主管部门的权力进行监督，但是这种监督仍是属于国家机关之间的内部监督。而基于一种制约权力的本质，环保社会组织本身可以成为权力的来源。

---

〔1〕 肖晓春、段丽："论民间环保组织的环境利益冲突协调功能"，载《环境保护》2008 年第 18 期。

〔2〕 沈苏南、马军："黑臭水体治理之百河观察"，载《公众环境研究中心研究报告》2018 年 5 月。

加尔布雷斯认为，权力的来源有三个，其中之一就是组织。[1]具有高度组织化的环保社会组织，可以作为环境社会权力的主要力量，更加有力地监督政府切实履行环境保护的职责，从国家机关外部对政府行政权力加以制衡，更好地发挥社会组织的第三方监督作用。

在 2015 年之前，环保社会组织监督环境行政权力的形式主要有以下两个方面：第一，让环境行政权力在阳光下运行。环保社会组织能够借助媒体的力量使一些环境问题引起更广泛的关注，并通过向政府反映民众意见的方式来督促政府在发展经济的时候顾及民众的环保利益，起到一定的监督作用。如 "绿家园" 等环保社会组织围绕北京动物园搬迁决策发起的争议活动，最终在各方力量影响之下，搬迁动议被终止。[2]第二，让环境行政权力以民主的方式运行。环保社会组织可以利用自身在资源、专业等方面的特长，以专家身份参与决策过程，从而为政府科学地提供环境决策服务，提高决策水平。在我国，民间环保组织也可利用制度性渠道进入政府决策过程。例如，"自然之友" 在每年全国政协会议上提交政策提案。当然，我国环保社会组织在参与政府环境决策和立法方面还存在很大的发展空间。

在 2015 年之后，环保社会组织监督环境行政权力的形式又增加了一种，即让环境行政权力受到公益诉讼的司法监督。2014 年修订后的《环境保护法》正式赋予了符合条件的环保组织参与环境公益诉讼主体资格，发现负有环境保护监督管理职责的部门不依法履行职责的，不仅有权向其上级机关或者监察机关举报，还可以对污染环境、破坏生态及损害社会公共利益的行为直接提起环境行政公益诉讼。这是给环保社会组织又增添了动力，通过司法的力量助推环保社会组织监督环境行政权力的运行。然而，自新环境保护法生效后的两年半时间内，社会组织提起公益诉讼案件数量呈下降趋势，全国人民法院共受理社会组织提起的环境民事公益诉讼一审案件 246 件，在全部公益诉讼案件中占比不足 20%。[3]

---

〔1〕 根据加尔布雷斯对权力的分析，权力可分为三种，即惩罚性权力、报偿权和制约权力。其中，制约权力来源于一种无意识的服从，即从意识上对权力屈服者进行控制。参见 ［美］约翰·肯尼恩·加尔布雷斯：《权力的分析》，陶远华、苏世军译，河北人民出版社 1988 年版，第 122 页。

〔2〕 参见付涛："中国民间组织的发展"，载梁从诫主编：《2005 年：中国的环境危局与突围》，社会科学文献出版社 2006 年版，第 238~249 页。

〔3〕 "保障社会组织开展公益诉讼需精准施策"，载《中国环境报》2018 年 3 月 14 日。

总之，在环境管理中行政力量与社会力量的关系方面，是以政府的环境管理权力为主导，以环保社会组织在环境治理中的参与性、合作性环境治理权力为补充的，这样才更有利于在总体上实现本土化的环境善治，才能更好地构建政府为主导、企业为主体、社会组织和公众共同参与的环境治理体系。

三、实例分析：典型环保社会组织的优势与困境

（一）中华环保联合会的成立

2005 年"世界地球日"当天，"中华环保联合会"宣布成立，它是经国务院批准，民政部注册，环境保护部主管，由热心环保事业的人士、企业、事业单位自愿结成的、非营利性的、全国性的社团组织。[1]中华环保联合会是我国的一个特殊的环保社会组织，其特殊之处表现在联合会的组成人员中有不少是卸任后的政府官员，联合会的成立受到国务院的高度重视。尽管有人质疑中华环保联合会是环保部的外延，[2]但是它较其他环保社会组织而言可以更有效地把政府、社会、民众联合起来。事实上，从我国环保社会组织的发展根基和状况来看，现阶段的重点不是一味强调环保社会组织的独立性，而是更加需要为环保社会组织搭建起力量平台并打开工作局面。中华环保联合会的主要职能包括以下方面：

1. 中华环保联合会推动环境维权

环境维权是环境保护工作的出发点和落脚点，保护环境就是保护人民的环境权益。但很多环境污染案件因为立案难、取证难、鉴定难、处理难等种种原因，难以突破法律诉讼难关。中华环保联合会通过法律援助等方式对公民环境维权起到了很大的推动作用，通过对环境权益受到侵害的公民、法人尤其是弱势群体进行救助——调查取证、法律援助、调解协商、帮助申诉、支持诉讼等，维护公众和社会的环境权益。

中华环保联合会在推进环保社会组织参与环境公益诉讼方面更是功不可没。中华环保联合会诉江苏江阴港集装箱有限公司环境污染侵权纠纷案是我国首例由环保社会组织提起的环境民事公益诉讼，该案被人民法院正式受理并结案。这是我国环境公益诉讼的实践试水，环境公益诉讼还必须从法律的

---

〔1〕 资料来源：http://www.acef.com.cn/html/lhhgk/lhhgk_lhhjj.html，2011 年 4 月 25 日访问。

〔2〕 参见"中华环保联合会：一个特殊 NGO 的诞生"，载《21 世纪经济报道》2005 年 4 月 25 日。

层次来突破，建立环境保护公益诉讼制度，赋予环保社会组织代表公众利益，对污染破坏环境者提起环境公益诉讼的权力和资格。

2. 中华环保联合会对环境行政权进行监督

中华环保联合会诉贵州省清镇市国土资源局不履行收回土地使用权法定职责案是我国第一例由社会组织提起的环境行政公益诉讼。司法是权利的最终救济手段，也是权力的监督方式，扩大原告资格的范围进而建立环境行政公益诉讼制度，借助司法的力量对环境行政权力进行监督和制约是有效的方法。社会公众不可能完全介入到环境立法和环境执法活动中，中华环保联合会可以集合社会影响力和专业知识性，对行政机关在环境管理工作中出现纰漏而造成环境公共利益的损害的行为进行监管。

3. 中华环保联合会提供环境公共物品服务

中华环保联合会的主要职能之一就是为社会提供公共环境信息和环境宣传教育活动。中华环保联合会开展环境领域公众参与和社会监督，建立公众环境信息网站，提供相关的环境政策和技术咨询服务，搭建环境领域公众参与和社会监督平台，组织开展环境保护、维护环境权益的宣传教育活动，提高全民族和全社会的环境意识，这在一定程度上是分担了政府的环境公共物品供给的负担。

（二）泰州市环保联合会的胜诉实例分析

2014 年 8 月 4 日，泰州市环保联合会向人民法院起诉六家化工公司严重污染水体，该起环境公益诉讼案由环保组织作原告、检察院支持起诉，历经法院一审、二审和再审程序，2016 年 2 月 5 日才尘埃落定，最终被告被判赔1.6 亿余元的环境修复费用。该案是最高人民法院再审审查的首例环境民事公益诉讼纠纷，不仅参与主体最特殊、诉讼程序最完整，而且涉案被告最多、判赔金额最大，被众多媒体和专家贴上了"史无前例""里程碑""标本案件"等标签，被最高人民法院与中央电视台联合评选入"2015 年推动法治进程十大案件"，成为在《环境保护法》正式实施之前的一起典型环境公益诉讼示范性案例。

1. 案情简介

原告泰州市环保联合会是 2014 年 2 月 21 日成立的一个公益性社会组织，其业务主管单位为泰州市原环境保护局。泰州市环保联合会的章程规定联合会的主要任务包括为政府及有关部门提供决策建议，开展环保宣传教育活动，组织和引导群众关心、支持和参与环保，开展环境法律援助，开展有助于环保的公益性活动等。案件被告为江苏常隆农化有限公司（以下简称"常隆公司"）、泰兴锦汇化工有限公司（以下简称"锦汇公司"）、江苏施美康药业股份有限公司（以下简称"施美康公司"）、泰兴市申龙化工有限公司（以下简称"申龙公司"）、泰兴市富安化工有限公司（以下简称"富安公司"）、泰兴市臻庆化工有限公司（以下简称"臻庆公司"），这六家公司在泰兴市经济开发区内从事化工产品生产。

该案件可追溯至 2011 年，江苏省泰兴市六家化工企业将生产过程中产生的副产盐酸、硫酸以每吨 1 元的价格"出售"给以泰州市江中化工有限公司（以下简称"江中公司"）为主的四家公司，同时又给江中公司以每吨 20 元至 100 元不等的运输费补贴。没有危险废物处理资质的江中公司用槽罐车将废酸从企业运到码头后，用管子将酸液注入停泊在河边的危险品运输船里，再经由改装的运输船将废酸偷排到如泰运河、古马干河中，然后流入长江，从而导致水体严重污染。偷排行为十分隐蔽，很长时间内都没被发现，直到 2012 年冬季罪行被曝光后，泰兴市环境监察人员顺藤摸瓜，深入调查，会同当地公安部门抓获了 14 名犯罪嫌疑人，通过审讯和进一步调查，六家涉事公司与江中公司违法处置副产酸的"猫腻"浮出水面。

2013 年春节后，泰州市检察院到泰兴市办理此案，针对环境类案件往往牵涉刑事、民事、渎职等情况，办案组确定了"三检合一"的办案思路，一是监督泰兴市公安部门严格依法办案；二是查清案件中是否存在行政机关人员渎职行为；三是除了追究 14 名直接倾倒者的刑事责任，还要追究提供酸源的六家化工公司的民事赔偿责任。前两项任务进展较顺利，2014 年 8 月 13 日，泰兴市人民法院以污染环境罪一审判决戴某国、姚某元等 14 人处有期徒刑 2 年 3 个月至 5 年 6 个月，并处罚金 16 万元至 41 万元，追缴非法所得 1 009 041.9 万元上缴国库，没收涉事的 5 辆危险品运输车和 1 艘危险品运输船上缴国库。此外，根据相关法律规定，认定泰兴市地方海事处泰兴海事所副所长程某、副所长周某在工作上存在失职，泰兴市人民法院一审认定二人犯环境监管失职罪，判处有期徒刑 1 年。对于第三项任务的实施，即民事赔偿部分，最初拟定的方案是与企业谈判，而非诉讼索赔。

但如何才能让企业履行赔偿责任？泰兴市检察院之前没处理过类似情况，便向泰州市检察院请示。而后者同样也没这方面的经验，便找到泰州市原环保局进行商量。但泰州市原环保局同样也没经验，于是只能一起"摸着石头过河"。在此案刑事部分审判过程中，具有专门司法鉴定资质的江苏省环境科学学会鉴定评估认为，正常处理这些倾倒的废酸需要 3660 余万元。泰州市原环保局便拟以此数额为基础与涉案企业谈判。既然是谈判，就必然有博弈有妥协。泰州市原环保局与检察院经过反复权衡，认为当时在法律依据尚不充分的情况下，谈判索赔反而会陷入被动局面，因此最终决定不与企业谈判，而是走司法途径提起诉讼，由泰州市环保联合会担任原告起诉六家化工公司。

2. 该案件的原告主体资格争议

2012 年修订的《民事诉讼法》虽确立了环境公益诉讼制度，但没有明确规定检察机关或环保组织可以作为原告直接提起公益诉讼。在 2015 年《环境保护法》生效之前，环境公益诉讼在全国步履艰难，一些公益环保诉讼案件就因"起诉人不具备诉讼主体资格"，而被挡在法院门外。即使有半官方背景的中华环保联合会，其在 2013 年提起了 8 例环境公益诉讼，也全被拒绝受理。事实上哪些机关、哪些组织可以提起环境公益诉讼，一直是困扰环保公益诉讼的很大的难题，诉讼主体合法性、如何提起诉讼等需要试点探索，更需要司法部门大力支持并受理。上述泰州市环保联合会案例中涉及的第一个争议焦点问题就是泰州市环保联合会的诉讼主体资格争议。

案件中，认为原告泰州环保联合会不具有主体资格的理由如下：第一，根据《民事诉讼法》第 55 条、《环境保护法》第 58 条的规定，综合民事诉讼法释义、最高人民法院曾出版过的相关著作、现行司法文件等，理解认为"有关组织"必须"法定"，泰州市环保联合虽是依法成立，但是不是法律规定的有关组织，二审并没有给出具体说明。第二，泰州市环保联合会没有专职人员。第三，根据我国司法实践。例如在 2013 年年末，海南省高级人民法院因"中华环保联合会主体不适格"裁定驳回其提起的公益诉讼。

认为原告泰州环保联合会完全具备资格的理由如下：第一，2005 年《国务院关于贯彻落实科学发展观加强环境保护的决定》（以下简称《决定》）首次明确提出鼓励社会组织参与环境监督。第二，《民事诉讼法》修改时，将"社会团体"改为"组织"，体现了立法者在公益诉讼主体资格问题上的宽容和开放态度。第三，全国人大法工委副主任王胜明在 2012 年就《民事诉讼法》修改答记者问时说："哪些组织适宜提起民事诉讼，可以在制订相关法律时进一步明确规定；哪怕有的问题目前在法律中关于公益诉讼的主体没有明确规定，还可以在司法实践中逐步探索。"第四，认为法定限定机关不限定组织，但应当与起诉事由有一定关联。第五，有没有专职人员属于行政登记机关审查，不属于本案讨论范围。第六，早在《民事诉讼法》修改前，中华环保联合会就曾依据《决定》起诉过并得到法院受理。

经辩驳认为，泰州市环保联合会依据现行法律规定提起诉讼，具备环境民事公益诉讼的原告资格。《民事诉讼法》第 55 条第 1 款规定："对污染环境、侵害众多消费者合法权益等损害社会公共利益的行为，法律规定的机关和有关组织可以向人民法院提起诉讼。"泰州市环保联合会经泰州市民政局核准成立，并以提供环境决策建议、维护公众环境权益、开展环境宣传教育、政策技术咨询服务为其业务范围，属于依法成立的专门从事环境保护公益活动的社会组织，有权提起环境民事公益诉讼。虽然修订后的《环境保护法》第 58 条对环境民事公益诉讼主体资格范围作出了新的规定，但该法至本判决作出之日尚未生效，不适用本案。该案件判决关于诉讼主体认定，对今后类似的环境公益诉讼具有示范作用。

如今，2012 年修订的《环境保护法》第 58 条规定，依法在设区的市级以上人民政府民政部门登记、专门从事环境保护公益活动连续 5 年以上且无违法记录的社会组织，对污染环境、破坏生态、损害社会公共利益的行为，可以向人民法院提起诉讼。《最高人民法院关于审理环境民事公益诉讼案件适用法律若干问题的解释》就《环境保护法》第 58 条作出了进一步说明：第一，依照法律、法规的规定，在设区的市级以上人民政府民政部门登记的社会团体、民办非企业单位以及基金会等，可以认定为《环境保护法》第 58 条规定的社会组织。第二，设区的市，自治州、盟、地区，不设区的地级市，直辖市的区以上人民政府民政部门，可以认定为《环境保护法》第 58 条规定的"设区的市级以上人民政府民政部门"。第三，社会组织章程确定的宗旨和主要业务范围是维护社会公共利益，且从事环境保护公益活动的，可以认定为《环境保护法》第 58 条规定的"专门从事环境保护公益活动"。社会组织提起的诉讼所涉及的社会公共利益，应与其宗旨和业务范围具有关联性。第四，社会组织在提起诉讼前 5 年内未因从事业务活动违反法律、法规的规定受过行政、刑事处罚的，可以认定为《环境保护法》第 58 条规定的"无违法记录"。

3. 该案件的多部门联动办案模式

此外，该案件还建立了多部门联动的办案模式。一是在公众举报、媒体曝光之后，地方相关部门立即调查锁定证据，将犯罪嫌疑人抓获。以往行政部门对企业的环境违法行为缺乏有效的打击，现在司法部门提前介入，增强了行政执行力。二是泰州市和江苏省两级检察院作为支持起诉人，有力地支援了环保组织维护环境公益。三是专业机构主动承担相关职责，会同有关单位和专家，出庭就环境类案件的技术性问题进行说明和解释。四是江苏省原环保厅对相关环境监测机构出具的环境监测数据进行了认可，使其成为法律的确凿证据。这些多部门之间的联动配合给其他类似案件提供了有益的先例。

（三）"自然之友"与"绿发会"的败诉实例分析

1. 案情简介

2017 年 1 月 25 日，江苏省常州市中级人民法院对一起"常州毒地"环境公益诉讼案件的一审判决引起了各方广泛关注。该案件的起因源于 2015 年末常州外国语学校数百名学生被检测出身体异常症状，疑与学校马路对面正在进行土壤修复施工有关。位于常州外国语学校北边约 26 万平方米的土地上曾有三家化工厂从事生产经营，分别是江苏常隆化工有限公司（以下简称"常隆公司"）、常州市常宇化工有限公司（以下简称"常宇公司"）和江苏华达化工集团有限公司（以下简称"华达公司"）。2010 年三家化工公司搬离该地后，常州市新北区政府拟对该地块进行商业开发，2011 年新北区政府委托原常州市环境保护研究所调查出该地块土壤和地下水污染严重，环境风险不可接受，于是开始着手土地修复工作。2013 年，作为该地块修复单位的常州市黑牡丹建设投资有限公司（以下简称"黑牡丹公司"），在其向江苏省原环保厅报送的《建设项目环境影响报告表》中指出，三家公司使用大量有毒有害化工原料，在三个厂区都发现有废物填埋，常隆公司搬迁过程中也发生过废液倾倒导致局部土壤严重污染的情况。[1]该地块的修复工程于 2014 年 3 月正式开始，计划于 2015 年 6 月全部完成，但实际上到 2015 年年底才勉强结束第一期工程。当 2015 年 9 月常州外国语学校搬入与该地块仅百米之隔的新校区后，数百名学生陆续出现身体不适，直至 2016 年 4 月经央视新闻媒体报道后发酵为广受关注的"常州毒地事件"。2016 年 4 月 29 日，北京市朝阳区自然之友环境研究所（以下即"自然之友"）向常州市中级人民法院递交立案材料，中国生物多样性保护与绿色发展基金会（以下简称"绿发会"）

---

〔1〕　参见"常州'毒地'修复未按规定建封闭设施"，载《新京报》2016 年 4 月 21 日。

作为共同原告加入，两家环保组织起诉常隆、常宇和华达三家化工公司的"常州毒地"环境公益诉讼于 5 月 16 日被正式立案。2017 年 1 月 25 日，该案一审宣判驳回原告诉讼请求；2017 年 2 月 7 日，自然之友向法院递交了"常州毒地"环境公益诉讼案的上诉材料。

该案中原告认为，三被告在生产经营过程中造成严重污染后搬离，但均未对该污染场地进行妥善修复，严重损害社会公众利益。原告的诉讼请求有三：一是被告消除环境污染影响，承担环境修复费用，若无法修复则用货币赔偿替代修复；二是赔礼道歉；三是承担诉讼相关费用。三被告的辩诉理由主要有：其一，污染地块在诉前经紧急修复后不存在对公共利益的损害，诉讼标的不具有公益性；其二，被告并非该污染地块的治理、修复责任主体，环境修复义务已有其他单位代替履行并继续完成修复工程。2017 年 1 月 25 日，该案一审宣判原告败诉，江苏省常州市中级人民法院认为，该地块环境污染系数十年化工生产积累所致，原告的证据无法清晰界定三被告和改制前各阶段企业各自应承担的环境污染侵权责任具体内容；涉案地块的环境污染修复工作已经由常州市新北区政府组织开展，环境污染风险得到了有效控制，两原告的诉讼目的已在逐步实现。因此，法院驳回原告的诉讼请求，189.18 万元的案件受理费由原告方共同承担。〔1〕

2. 环保组织的困境分析

该案判决结果一出便迅速成为舆情热点，其原因之一是"公益败诉首案"，这是自 2015 年我国环保组织被明确赋予法定公益诉讼原告资格以来的首例败诉案；原因之二是"众筹巨额诉讼费"，败诉的原告方面临承担189.18 万元的巨额诉讼费用，计划以众筹的形式募捐诉讼费。

自 2015 年《环境保护法》明确了环境公益诉讼的起诉主体资格后，两年时间内由环保组织提起的诉讼基本都以原告胜诉结案。根据公开报道的环境公益诉讼案件的内容来看，环保组织基本都是对已经经历过行政或刑事处罚后的事件的再次起诉，对判决结果是稳操胜券，如腾格里沙漠污染案、福建南平第一例公益诉讼案件等。即刑事判决后的环境公益诉讼走的是一条"退一步胜利"的捷径，这既可以绕开诉讼取证、司法鉴定等公益诉讼中的拦路虎，亦能在很大程度上获得地方行政力量的支持。"常州毒地"环境公益诉

---

〔1〕 参见江苏省常州市中级人民法院第［2016］苏 04 民初 214 号民事判决书。

讼案是中国首例由草根民间环保组织作为原告成功提起的公益诉讼，败诉后直接导致两家环保组织需要承担巨额诉讼费用，这一结果是否会打击其他环保组织提起公益诉讼的信心？该案的败诉原因和后果值得深思，资源环境的公共性决定了在环境司法的过程中应当重视案件判决的外部性，不能仅看到法律对单个主体的行为评价结果，其视野还需要拓展到环境行为对社会整体利益的影响。环保组织提起公益诉讼的诉讼费制度有待进一步完善。

从我国关于诉讼费用交纳的有关规定来看，根据《诉讼费用交纳办法》第 44 条规定："当事人交纳诉讼费用确有困难的，可以依照本办法向人民法院申请缓交、减交或者免交诉讼费用的司法救助。诉讼费用的免交只适用于自然人。"即法人和其他组织无法申请诉讼费用免交。而 2015 年最高人民法院出台的《关于审理环境民事公益诉讼案件适用法律若干问题的解释》（以下简称《解释》）第 33 条规定："原告交纳诉讼费用确有困难，依法申请缓交的，人民法院应予准许。败诉或者部分败诉的原告申请减交或者免交诉讼费用的，人民法院应当依照《诉讼费用交纳办法》的规定，视原告的经济状况和案件的审理情况决定是否准许。"这意味着该《解释》突破了免交诉讼费用仅适用于自然人的规定，环保组织在败诉后也可以申请免交诉讼费用，但是否减免的决定权在法院。

从环保组织提起公益诉讼的立法目的和社会效果来看，公益诉讼旨在维护社会公共利益，提起公益诉讼的环保组织与案件没有直接的利害关系，环保组织胜诉后也不会得到任何直接的经济利益，被告支付的赔偿金及环境修护费都支付至当地的环保专项账户用于环境治理。此外，环保组织均为公益组织，其本身并无营利能力，所有运作资金均来源于社会捐款。现实中，环境公益诉讼存在的经济困难有目共睹。据中华环保联合会于 2014 年的调查显示，全国 60% 的环保组织无力负担固定办公场所，超过 80% 的组织年度筹资不足 5 万元，而近半组织没有法律相关业务。因此，不宜让环保组织一概承担败诉后的诉讼费用。

对于环保组织提起公益诉讼的诉讼费问题，部分地方法院进行了有益探索，如 2015 年《贵州省高级人民法院关于推进环境民事公益诉讼审判工作的若干意见》第 24 条提出："提起环境民事公益诉讼的原告一律缓交案件受理费，需支付鉴定费的可申请从环境公益诉讼资金账户先行垫付。原告败诉的，人民法院一般应决定免收案件受理费。"《重庆市高级人民法院关于试点设立专门审判庭集中审理刑事、民事、行政环境保护案件的意见》（渝高法〔2011〕364号）第17条第2款规定："提起环境公益诉讼，原告可以申请缓交诉讼费，原告败诉的，免交诉讼费，被告败诉的，由被告负担诉讼费。原告因环境公益诉讼而产生的差旅费、鉴定费、律师费等实际费用，由败诉的被告承担。"还有海南省高级人民法院、昆明市中级人民法院、无锡市中级人民法院等也有相关规定。

另外，最高人民法院出台的《人民法院审理人民检察院提起公益诉讼案件试点工作实施办法》第22条规定："人民法院审理人民检察院提起的公益诉讼案件，人民检察院免交《诉讼费用交纳办法》第六条规定的诉讼费用。"人民检察院提起的公益诉讼案件包括民事公益诉讼和行政公益诉讼，人民检察院代表国家公权力提起诉讼免予交纳诉讼费没有疑问，但环保组织提起环境公益诉讼的社会效果与人民检察院提起环境公益诉讼是一致的，可以在诉讼费用交纳制度方面予以一致的规定。

第二节　环境社会权力之运行平台：有序的社会参与机制

环境社会权力要发挥现实作用，最主要的条件之一是社会权力要有"名正言顺"的法律地位，根据权力法定的原则要求，权力（尤其是公共权力）的存在必须要有法律的明确规定。该条件的实现有赖于全国人大的决议，本书不再作具体分析。条件之二便是社会权力的主体要有施展身手的平台，权力主体施行权力时需要借助一定的机构作为载体或者一定的制度作为助力才能促使权力在阳光下运行，环境社会权力的这一平台就是社会参与机制。[1]环境保护的社会参与机制具有正当性、合法性和制度性的价值，其正当性价值在于更好地实现社会正义和行政民主，社会的参与能促进政府环境行政的民主化，保障公众环境权的程序性正义；其合法性价值在于符合我国《宪法》的规定，人民享有参与管理社会事务的权利；[2]其制度性价值在于它是不同

---

〔1〕　此处用"社会参与"的概念是为了有别于现有的"公众参与"概念，本部分提到的社会参与机制除了包含公众参与制度外，还包括促进立法、行政和司法活动社会化的制度在内。另外，公众参与是作为环境权利的参与，而社会参与是作为环境社会权力的参与。

〔2〕《宪法》（2004年修正）第2条第3款，"人民依照法律规定，通过各种途径和形式，管理国家事务，管理经济和文化事业，管理社会事务"。

社会主体存在利益冲突时的一种公平解决机制。环境保护的社会参与机制的建构表现在环境立法、环境行政和环境司法中的社会参与。

一、环境立法的社会参与："参与式立法"

立法权是国家权力体系中的一项基本且重要的权力，社会参与环境立法既能从根本上维护公众的环境利益，同时也能实现对国家权力滥用的制约。另一方面，社会参与环境立法也是民主立法原则的集中体现和必然要求。从公众角度而言，"参与式立法"是指公众有权通过一定的程序知悉立法信息、表达立法建议、获取信息反馈并被告知决策过程，以达到影响立法决议的效果；从立法机关角度而言，"参与式立法"要通过开放的途径获取利益相关人的意见和建议，并对其加以考虑，最终以公开透明的方式作出决议。参与式立法打破了以往"闭门造法"的局面，增添了立法的公开与公正。实质上，参与式立法代表了一种民主形式，是参与式民主对代议制民主的有效补充。目前，我国参与式立法的表现形式主要有公开征求意见、立法听证和立法游说等，在人大立法过程中，公开征求意见已经形成一种制度性惯例，立法听证制度在我国已正式确立，[1]但尚未成为普遍制度，只是在有限的领域进行听证。立法游说初露端倪，如法学家、律师和民间人士起草法律草案等现象越来越多。

2015年修订后的《立法法》赋予设区的市地方立法权，包含了环境保护领域在内的立法权得以进一步下放，地方环境立法大幕全面拉开。"立法是一门科学"，立法需要足够的理论知识和实践经验作为支持。环境法有着不同于传统部门法的诸多特征，尤其是它的技术性十分明显，环境立法除了需要扎实的法学知识外，还需要丰富的环境科学、生态学、环境伦理学、环境与资源经济学、社会学等跨学科的理论知识。首先，环境立法必须对环境的构成、演变规律、属性特征；对物物相关、相生相克等生态学原理有基本的掌握，要能清晰认识经济社会发展和环境保护中间的辩证关系。其次，环境立法还必须熟练掌握民法、行政法、刑法以及相关诉讼法等传统法学学科的基本理

---

〔1〕 2000年3月《立法法》颁布，将听证制度引进了立法领域，立法制度正式在中国确立了。国务院也在2001年发布了《行政法规制定程序条例》和《规章制定程序条例》，以行政法规的形式，为公众通过立法听证参与行政立法提供了依据。

论，能够把传统法学理论在环境立法领域运用自如，使得环境立法既能遵循基本的法学原理，又能抓住环境保护的关键和核心，突出环境立法的特性。再次，还要能进行立法经济学的分析，使得所立之法具有可行性和效益性。最后，还得具有一定的立法技术，使得整个环境立法彼此协调相互支持，成为一个有机体系。正是由于环境立法需要博学且专业的横跨自然科学与社会科学的多学科知识，因此环境立法具有很高的难度。有学者曾以权力的基础为标准将权力划分成五种类型，分别是强制性权力、奖赏性权力、法定性权力、专家性权力和参照性权力，其中专家性权力的基础是专长、技能和知识，由于世界的发展日益取决于技术的发展，专门的知识技能由此成为权力的主要来源之一。工作分工越细，专业化越强，目标的实现就越依赖专家。[1]因此，环境科学家、环境法学家、环境经济学家、环境伦理学家等与环境保护相关领域内的专家学者也是环境社会权力的一股重要力量。值得庆幸的是，这种专家性的社会权力在环境立法中早已有体现，例如 2006 年在武汉召开"中国循环经济发展论坛"对《循环经济法草案征求意见稿》进行民主讨论，还有 2010 年全国人大环资委和环保部在武汉大学对《环境保护法》的修改意见召开跨学科的座谈会与调研，都广泛征求了各地科研院所与实践部门专家代表的意见和建议。2015 年后，虽然环境立法权下放到设区的市一级，但并不是所有设区的市一级人大法工委都拥有充沛的立法资源，于是地方人大纷纷与高校开展合作，建立地方立法研究评估与咨询服务基地。由此，专家学者深入参与环境立法有了较为常态化的路径。

科学技术与社会是 20 世纪 60 年代末 70 年代初诞生于美国的一门综合性的新兴交叉学科，它代表了一种新的思维模式和新的价值观，适应了世界科技、经济、社会发展的需要，从而引起了学术界和社会各界的强烈关注，并得到了蓬勃发展。近些年，国外对科学与政策的关系进行研究的课题中有一系列就是针对科学融入政策（science into policy）的研究。科学技术发展对法的影响主要表现在以下几个方面：科学技术的发展制约着法的发展；科学技术的发展充实了法的内容；科学技术的发展扩大了法的调整范围；科学技术

---

〔1〕　参见［美］斯蒂芬·P. 罗宾斯：《组织行为学》，孙健敏等译，中国人民大学出版社 1997 年版，第 356~358 页。

的发展影响和制约着法的运作机制和技术。[1]从当今世界各国对环境问题的治理来看，科学技术发展水平高的国家，环境问题都得到了相应的改善；科学技术发展水平较低的发展中国家，环境污染不仅未得到有效控制，有的国家环境污染还很严重。

在环境立法领域，应当引入社会协商行政立法机制。根据《行政法规制定程序条例》第13条和《规章制定程序条例》第16条的规定，我国现有的行政立法中存在行政机关内部协商的立法方式，但环境问题的专业特性决定了环境立法还需要建立起行政机关外部协商立法机制。[2]因为仅泛泛地将环境立法草案面向全社会公布难以取得高水平的效果，而应当将环境立法涉及的多学科、多领域的专家学者组织起来对环境立法草案进行协商。如美国环保署召集政府行政机关、行业代表以及环保组织商讨控制化工设备阀门与泵机泄露的有毒物质标准，环保署还为了取代按照各种环境法律要求的诸多单项许可而推动利害关系人就长期综合许可的内容进行商讨，目的是取得比当时管制要求更优的环境绩效。[3]

公众参与环境立法目前在立法层面已有了明确规定，部分地方性法规对公众参与立法进行了专门规定。比如，2015年实施的《河北省环境保护公众参与条例》第30条规定："省、设区的市人民政府环境保护主管部门根据当地环境保护工作需要，可以委托从事环境保护公益活动的合法社会团体，组织各阶层、各行业有代表性且具有较高社会公信力、热心环境保护公益事业的公众和具备环境、法律等相关知识的专家学者，对环境立法、环境政策制定以及环境保护区域协作等提出咨询意见，为公众提供咨询服务，应公众要求向有关部门、单位、企业表达诉求和意见，参与对环境保护、环境资源开

---

〔1〕　马新福主编：《法理学》，科学出版社2004年版，第278~279页。

〔2〕　参见《行政法规制定程序条例》第13条和《规章制定程序条例》第16条的规定，起草行政法规，起草部门应当就涉及其他部门的职责或者与其他部门关系紧密的规定，与有关部门协商一致；经过协商不能取得一致意见的，应当在上报行政法规草案送审稿时说明情况和理由；起草部门规章，涉及国务院其他部门的职责或者与其他部门关系紧密的，起草单位应当充分征求国务院其他部门的意见；起草地方政府规章，涉及本级人们政府其他部门的职责或者与其他部门关系紧密的，起草单位应当充分征求其他部门的意见；起草部门与其他部门有不同意见的，应当充分协商；经过充分协商不能取得一致意见的，起草单位在上报规章草案送审稿时说明情况和理由。

〔3〕　参见［美］朱迪·弗里曼：《合作治理与新行政法》，毕洪海、陈标冲译，商务印书馆2010年版，第14页。

发利用的调研并提出意见或建议。"2013 年出台的《甘肃省公众参与制定地方性法规办法》，是国内首部引导、鼓励和规范公众参与立法活动的专门性地方性法规，该办法对我国公众参与地方性立法活动的程序规范和保障机制进行了规定，特别对立法信息公开的内容和渠道、公众参与立法的途径形式、公众意见的回应与反馈机制、公众参与立法的激励和补偿制度等问题进行了规定。

二、环境执法的社会参与："行政赋权"到"法律赋权"

环境行政管理与社会管理之间的互动合作除了要求公众的积极参与之外，行政机关鼓励参与和合作的理念也很重要，因此本部分主要是探讨如何从行政机关授权、委托与分权的角度来促进环境执法过程中的社会参与。

环境行政权是国家权力的一种，美国瑟夫·萨克斯教授提出了"公共信托说"，并以此为基础提出了环境行政权。他认为，环境资源就其自然属性和对人类社会的极端重要性而言，它应该是全体国民的共享资源，是全体国民的公共财产。为了合理支配和保护这些共有财产，共有人委托国家来管理。[1]这就需要行政权力介入到环保领域中来。这种学说解决了环境行政权行使的依据问题，但不能很好地解释环境行政权的必要性。事实上，环境行政权是市场机制在保护环境方面存在局限的产物。目前，为保障环境行政权的实现我国法律对环境行政权作了具体规定。我国《宪法》第 26 第 1 款条规定："国家保护和改善生活环境和生态环境，防治污染和公害。"《环境保护法》第 6 至10 条对各级人民政府的环境保护职责作出了规定。

行政机关对于公众而言具有天然的权力优势，在"环保靠政府"思想的影响下，政府部门容易利用其权力的垄断地位，以弱化和虚化公众参与权利来换取权力制度之外的政府利益和以牺牲环境为代价的经济发展。在现实操作过程中，环境行政权还存在效率低下、决策失误、权力寻租等失灵现象，对此法律上也确立了排污权交易、资源税费等经济性的补救制度和措施，但是这类经济性措施的设立缺乏法律上的权利基础，没有直接体现出公民环境权利所在，更不用说环境社会权力的运用。从环境行政权力的角度促进社会参与，可以通过已有的行政授权和行政委托的途径进行进一步的尝试。

环保主管部门可以依照法律规定将环境行政权力授予符合条件和要求的

---

〔1〕 郑少华：《生态主义法哲学》，法律出版社 2002 年版，第 86 页。

环保社会组织，这样环保社会组织能够以自己的名义对外处理公共环境行政事务，并且承担相应的法律责任。如果行政相对人不服授权组织的行政决定，能够对其提起行政诉讼。这种授权行为就是"国家行政权力转化为社会权力"的一种表现形式。[1] 可以借鉴我国《消费者权益保护法》和《律师法》中的授权条款，在环境法中也增加政府权力授予社会组织的规定。

环保主管部门也可以依法将某项权力委托给具有相应条件的环保组织来行使，这种行政委托的形式决定了受委托的环保组织不能以自身名义而只能以委托机关的名义行使该权力，其后果由委托机关承担，受托组织只按照委托合同承担相应的法律责任。并且，受委托组织一般不得再进行委托。[2] 2015 年《环境保护公众参与办法》（环境保护部令第 35 号）第 18 条规定，环境保护主管部门可以通过项目资助、购买服务等方式，支持、引导社会组织参与环境保护活动。

行政分权既是政府自身改革的必然结果，也是社会公共组织不断壮大的政治诉求。环境行政分权是环境行政权部分向社会转移。环保主管机关可以向非政府环保组织让出一部分的公共权力，充分利用环保组织的专业性和公共权力的执行力，可以更加有效地解决部分环境公共事务，与此同时也能在一定程度上减轻政府部门的行政负担和社会压力，也有利于政府更好地实现职能转变。

三、环境司法的社会参与："法庭之友"

司法的社会参与是由国家司法权以外的社会力量介入诉讼，使司法活动能够体现社会关于秩序、自由、公正等价值标准。[3] 党的十八届三中全会通过的《中共中央关于全面深化改革若干重大问题的决定》强调"广泛实行人民陪审员、人民监督员制度，拓宽人民群众有序参与司法渠道"。党的十八届四中全会通过的《中共中央关于全面推进依法治国若干重大问题的决定》强调"保障人民群众参与司法"。党的十九大报告指出要"努力让人民群众在每

---

〔1〕 郭道晖："权力的多元化与社会化"，载《法学研究》2010 年第 1 期。

〔2〕《行政处罚法》第 18 条规定："行政机关依照法律、法规或者规章的规定，可以在其法定权限内委托符合本法第十九条规定条件的组织实施行政处罚。行政机关不得委托其他组织或者个人实施行政处罚。委托行政机关对受委托的组织实施行政处罚的行为应当负责监督，并对该行为的后果承担法律责任。受委托组织在委托范围内，以委托行政机关名义实施行政处罚；不得再委托其他任何组织或者个人实施行政处罚。"

〔3〕 宋英辉等：《刑事诉讼原理》，北京大学出版社 2014 年版，第 84 页。

一个司法案件中感受到公平正义"。司法的公信力与人民群众的参与有密切联系，人民群众有效参与司法有助于实现司法审判的"法律效果"与"社会效果"相统一。与此同时，环境司法因环境的公共性特征，更有必要构建环境司法的社会参与制度。

环境司法的社会参与路径之一便是环境公益诉讼制度的建立。我国传统诉讼法中规定的起诉条件之一要求原告是与案件有直接利害关系的公民法人和其他组织，这种私益诉讼的起诉资格限制了部分人通过传统诉讼途径来维护公共利益。公益诉讼的引入实质上是为更好地保护公共利益提供了更加宽广的司法救济渠道。环境公益诉讼是与原有的私益诉讼相对应的概念，是法律规定的机关和有关组织依据《民事诉讼法》第55条、《环境保护法》第58条等法律的规定，对已经损害社会公共利益或者具有损害社会公共利益重大风险的污染环境、破坏生态的行为提起诉讼。即环境公益诉讼制度打破了传统的私益诉讼中原告必须是与案件有直接利害关系的公民、法人和其他组织的限制，基于对环境公共利益的维护，理论上任何公众都可以对污染环境、破坏生态的行为提起诉讼。环境公益诉讼具有多方面的价值，它是公众参与环境保护的重要形式；是环境污染破坏者和环境保护渎职者的监督力量；是将环境纠纷的解决纳入法制轨道的有效途径；是人民当家做主权利的重要保障。环境公益诉讼是解决环境保护立法可诉性和司法可行性的关键所在，其保障公众环境权益、维护社会公共利益的核心内涵，亦与环境法所固有的社会属性及为弱势人而战的社会正义相契合。2015年被称为"环境公益诉讼元年"，环境公益诉讼制度在立法上正式确立后，全国约有七百家社会组织具备环境公益诉讼的原告资格，但2015年全国法院受理的环境民事公益案件仅有39件，仅有9家社会组织提起环境公益诉讼。在2015年至2018年内，全国也只有25家社会组织提起过环境公益诉讼，并且多数都是几家社会组织作为共同原告起诉。[1]这说明环境公益诉讼并没有出现之前预期的繁荣景象，反而面临"叫好不叫座"的尴尬局面。社会组织提起环境公益诉讼的积极性不高，究其原因有多方面，包括环境公益诉讼制度有待细化、环境地方保护主义的掣肘、污染案件调查取证困难、社会组织经费来源有限等。

在此情形下，2015年全国人大常委会发布《关于授权最高人民检察院在

---

〔1〕 "保障社会组织开展公益诉讼需精准施策"，载《中国环境报》2018年3月14日。

部分地区开展公益诉讼试点工作的决定》，授权最高人民检察院在北京等 13
个省区市开展公益诉讼试点。2017 年在修改《中华人民共和国民事诉讼法》
和《中华人民共和国行政诉讼法》时，分别都新增加了人民检察院提起公益
诉讼的规定。《民事诉讼法》第 55 条增加一款，规定在不存在相关机关和组
织或者相关机关和组织不提起诉讼的情况下，人民检察院可以向人民法院提
起消费者公益诉讼以及环境公益诉讼。此外，还增加了"人民检察院支持起
诉"的规定，即当相关机关和组织提起公益诉讼的时候，检察院可以为其提
供资金、信息、物资等帮助，以支持起诉。《行政诉讼法》第 25 条也增加一
款，即对于负有生态环境和资源保护的监督管理职责，却违法行使权利或者
不作为进而损害国家利益或者社会公共利益的行政机关，人民检察院应当先
向该机关提出检察建议，督促其依法履行职责，在该机关仍不履行的情况下
方可向人民法院起诉。

从短期效益上来看，目前由检察院或者环保部门作为环境公益诉讼的起
诉人，可以用较少的诉讼成本有效地推动环境公益诉讼在我国的实践与发展。
但是从长远效益来看，环保部门提起环境公益诉讼同时运用了行政资源和司
法资源，投入的社会成本较大。此外，我国的检察机关是法律监督机关，享
有公诉权，其本职就是维护国家利益和社会公共利益。检察机关代表国家对
违反法律的行为提起控诉是一项权力，同时也是一项职责和义务。而环境公
益诉讼中的诉权是一项权利，其自由处分性小于私益诉权而大于公诉权，应
当将公益诉权与公诉权加以区分。因此，环境公益诉讼的适格原告由环保组
织和公民个人承担更加合适。

在环境司法领域中拓展对公众环境权益维护的另一条路径就是引入"法
庭之友"制度。"法庭之友"（friends of the court），是指不在诉讼当事人之列
但因对案件的浓厚兴趣和重大利益而请求向法庭递交报告或被法庭要求递交
报告的人。[1]司法过程中的社会参与不同于诉讼参与人意义上的参与，与案
件没有直接利害关系的社会公众或社会组织不是以诉讼当事人的身份参与到
诉讼中，也不只是充当传统的证人角色，而是以一种能动的形态参与诉讼的
模式，这种司法的社会化有助于重塑司法的正当性基础。司法依赖于民众的
信仰而生存，在诉讼中，法官不能凭借其地位和专业知识垄断诉讼，必须让

---

〔1〕　See Bryan A. Garner Editor in Chief, *Black's Law Dictionary*, *Eighth Editor*, West Group, 2004, p. 83.

当事人以及普通民众有效地参与到司法进程中来。长期的审判实践逐渐让法官形成了一种法律精英意识，但同时由于社会分工的逐渐细化，单凭法律专业知识显然不能准确地判决案件。司法制度只有贯彻民主原则，才能得到社会大众的认可和支持。

法庭之友制度起源于古罗马法，在英国普通法中得到发展，被移植入美国法后得以繁荣。公众能够以法庭之友的身份向法院提供相关意见，超越了仅仅充当品行证人的局限。"该制度的存在将民主精神贯彻到法庭审判活动中来，避免司法权运作绝对非民主化。"[1]法院之友制度的首要价值在于能够提供不为法院知悉的事实材料和法律意见，有助于法院扩展证据来源的渠道，准确认定事实，正确适用法律，作出公正的判决。法律不是万能的，法官更不是万能的，其认知能力是有限度的，许多新型案件的出现使得高素质法官也难以作出公正的判决，客观上需要拓宽新的渠道，吸取各行各业的专家意见，以保证案件判决的准确性，实现实体正义。此外，允许法庭之友提交书状的过程本身就是司法民主的表现，同时又实现了程序正义。

如果说人民陪审员制度是用一般的大众意识来帮助法官克服其精英意识所造成的认识片面性的话，那么法院之友制度就是用他们各自领域的专业意见来弥补法官专业认识上的不足。由于法庭之友制度的主体范围限制较为宽松，所以法院之友的意见通常代表了社会各方面的意见，将民众化的意见加以专家化提交到法庭，使得司法审判过程具有民主化色彩，保障了民众对司法活动的参与权、监督权，防止司法专横，提高司法的公信力。法庭之友书状被援引的过程，就是法院判决将民主精神贯彻到审判活动的实现过程。

环境公益诉讼中最为合适的法庭之友应当是非政府环保组织，允许民间环保组织作为"法庭之友"参与环境公益诉讼，为法院公正判决提供意见和建议，但他们的意见并没有法律约束力，采纳与否由法院决定。民间环保组织提供专家意见，不影响法官审判的"法庭之友"的方式也是在各国现行法律框架下最能广泛接受的方式，也为实现法庭的公平正义做出了自己的贡献，能够发挥环保团体在环境公益诉讼中的作用。

当然，提倡司法过程的社会参与，目的仅在于防止司法权的滥用、强化司法的正当性，而不是干预司法独立，像"媒介审判""审判政治化"现象

---

〔1〕 张泽涛："美国'法院之友'制度研究"，载《中国法学》2004年第1期。

则是社会参与异化的表现，需要加以规制。

四、环境事务的社会参与："邻避事件"

邻避效应早先发生在欧美国家，起因是居民担心在自家附近建设垃圾焚烧厂、核电厂等之类的邻避设施，会对其身体健康和周边环境带来不良影响，于是发出"不要建在我家后院"（Not In My Back Yard，NIMBY）的口号以示强烈反对。近十年来随着我国城市建设的日益扩张，邻避事件也开始逐渐增多。根据国务院发展研究中心的研究报告统计，2003 年我国最早出现 1 件邻避事件，在 2009 年达到阶段性新高共 13 件，2014 年达到峰值共 15 件，2015年下降到 5 件，2016 年间又发生了 19 件以上。该报告中还统计了 96 件邻避事件中有近 1/3 的项目停建或停产，在 2016 年的邻避中"一建就闹，一闹就停"的情况占到 50%以上。[1] 由此可见，邻避事件所带来的社会影响颇为严重，不仅给相关建设项目进展造成影响，也对利益相关方的生活秩序带来不便，若处理不当还会影响到地方政府的社会公信力，使社会整体利益造成负面影响。从几例不同处理方式的典型邻避事件来看，一起是异地复活的"厦门 PX 项目事件"，一起是原地续建的"杭州中泰事件"，还有一起发生在我国香港地区的丽晶花园邻避事件，都反映出社会公众的有效参与是化解邻避冲突的关键因素。

例如，厦门 PX 化工项目于 2004 年 2 月获得国务院批准立项，2006 年 11月开工建设，原计划 2008 年投产。但 2007 年 3 月有 105 名全国政协委员提案建议项目迁址，至此该项目引发公众广泛关注，2007 年 6 月厦门市民集体上街以"散步"为名抵制 PX 化工项目。随后政府举行二次环境影响评价、公众投票和座谈，在充分尊重民意的前提下，最终决定该 PX 项目迁址漳州。[2] 厦门 PX 化工项目事件以政府向公众妥协而收场。

又如，2014 年 5 月在浙江省杭州市余杭区中泰街道一带发生了一起典型的邻避事件，当地群众因反对中泰垃圾焚烧发电厂项目选址，发生了规模性聚集，甚至有少数人封堵公路、打砸车辆、围攻执法人员。该起群体性事件

---

〔1〕　"'邻避'如何变'邻利'"，载《人民日报》2017 年 1 月 14 日。

〔2〕　参见梁彩恒："2007 年厦门 PX 事件"，载 http://env.people.com.cn/GB/8220/140236/8451073.html，2017 年 1 月 20 日访问。

发生后，余杭区人民政府迅速做出反应，表示在项目没有履行完法定程序和征得大家理解支持的情况下，一定不开工。最终经过多方努力和妥善处理，两年后该垃圾焚烧发电厂得以在原址建设。[1]杭州中泰事件处理的成功经验值得总结，是政府和公众互动的成功范例。

而早先在我国香港地区的丽晶花园小区，居民曾持续五六年反对在小区附近建设包含艾滋病治疗服务的健康中心。对此，该地区成立了咨询委员会来调解政府与居民之间的冲突。该咨询委员会作为独立的第三方，可以包括学者、律师、牧师、官员、医院代表、诉求各异的居民代表等各界人士，此外委员会成员中还有香港知名环保组织，委员会还有专门的环保评估小组。[2]这些中立代表人员的客观参与和利益相关方的广泛参与，可以给邻避事件的解决提供有利的群众基础。

环境邻避事件之所以发生，其根本原因在于邻避设施给周边公众带来的利益和损失分配不均，其直接原因在于邻避项目开展过程中公众参与不足，本质上的利益分配不均和程序上的公众参与不足共同促成了邻避冲突的发生。在邻避项目中直接获利的往往是项目方，利益容易受损的往往是周边民众，因此，化解邻避冲突的关键在于保证利益相关者利益分配的公平性和参与权利的充分度，这需要通过法律的执行力和政府的公信力加以保障，通过立法公平分配利益，通过政府公正保障参与。目前，我国还没有关于邻避问题的专门立法，当相关法制缺失、政府决策不透明时，就需要寻找第三种路径来化解邻避冲突，即专业化的第三方社会组织参与邻避问题的解决。

2016 年，广东省人大常委会表决通过了《广东省人民代表大会常务委员会关于居民生活垃圾集中处理设施选址工作的决定》（广东省第十二届人民代表大会常务委员会第 69 号公告），是国内首个把垃圾处理设施选址问题上升到法律层面的法规。该决定中提出，"各级人民政府及有关部门应当鼓励基层群众性自治组织、社会组织以及志愿者开展居民生活垃圾集中处理法律法规和相关知识的宣传，形成有利于推进居民生活垃圾集中处理设施选址工作的舆论氛围"。邻避事件得以规范解决的关键程序是有效的公众参与，而公众有效参与的前提就是信息公开。邻避项目得以规范建成的关键程序之一是环境

---

〔1〕 参见"杭州解开了'邻避'这个结"，载《人民日报》2017 年 3 月 24 日。
〔2〕 "香港怎么预防和处理'邻避'？"，载《南方都市报》2012 年 9 月 11 日。

影响评价，环境影响评价是一项专业性较强的工作。虽然在环评中有公众参与的要求，但是公众因专业性不足，难以科学认识项目影响。这需要借鉴我国香港地区的经验，由社会各界专业人士组成第三方咨询委员会，搭建起政府和公众之间有效沟通的桥梁，这样才便于将"邻避"变成"迎臂"，形成社会利益的共赢。广州市先行先试，于2018年发布了《广州市重大民生决策公众意见咨询委员会工作规定》（穗府办规〔2018〕10号），规定公众意见咨询委员会是政府重大民生决策征询民意制度的重要实现形式，政府主办部门在重大民生决策之前可根据需要成立公众意见咨询委员会。公众意见咨询委员会由专业人士、利益相关方代表、市民代表、人大代表和政协委员组成，委员会成员一般不少于15人，其中利益相关方代表不少于1/3。公众意见咨询委员会参与对拟议决策事项的讨论，遵循"一事一会"的原则，在决策事项拟议阶段成立，到决策完成时终止，其讨论意见作为政府决策的重要参考。政府主办部门充分尊重公咨委的意见和建议，对委员会提出的意见建议无论采纳与否均应及时反馈、说明理由。应依而未依本规定征询民意的重大民生决策事项，不得提交领导集体决策。

第三节　环境社会权力之责任承担：权力行为的规制

权力必须受到制约，社会权力也不例外。社会权力可以对国家权力产生积极作用，也有可能带来消极影响。社会权力同样有可能会变成一种压制性力量、蜕化为压迫者的工具，不正当地侵害个人权利、加剧社会秩序的无序化等，从而阻滞民主法治进程甚至动摇法治根基。"公民社会并不会自动变得民主。许多团体可能会利用公民社会的相对自由来追求反民主的目标。"[1]权力的可责性与可诉性是确立法律在权力面前的权威的要求与标志。对社会权力的规制不同于对行政权力的规制，除了有赖于国家的正式制度安排外，还可以通过一系列软法来实现社会权力的自我规制。

一、社会权力行为的可责性与可诉性

在文明社会中，权力与责任相伴相生，权力越大，责任越重。权力行为

---

〔1〕［美］戈兰·海登："公民社会、社会资本和发展——对一种复杂话语的剖析"，周红云译，载何增科主编：《公民社会与第三部门》，社会科学文献出版社2000年版，第102页。

的可责性是指不当的权力行为是可以归责的，是应当承担责任的。权力行为的可责性是人类正常的群体与以掠夺为目标的强盗团体的主要区别。[1]当然，这种责任应当是按照制度或非正式制度的规定应承担的有制约性的责任。"权力责任的普及与否是区别社会性质的重要标志"，[2]不同时代承担责任的权力主体以及权力对象的范围大小是不同的，承担责任的理由与追究责任的方式也是不同的。在人治社会中，权力主体只对上级官员负责而不用对平民百姓负责；权力主体承担责任的理由也是对"皇权"的忠诚，而不是对权力对象造成了侵害；对权力主体责任的追究是上级的权力，而不是权力对象的权利（力）。在法治社会中，一个不合法的权力行为首先要承担的是对权力对象的责任，其次才是对上级权力的责任；权力主体与权力对象的关系成为法律关系的一种，权力对象可以通过诉讼来追究权力主体的责任。

在现代社会中，权力在一定程度上都是可诉的，绝对的权力不可诉是不存在的，因为权力的绝对不可诉受到侵害的不仅仅是权力对象，还有最高权力主体。权力的可诉性不仅仅是保护权力对象的需要，也是保障权力贯彻的需要，保障最高权力主体的需要。与权力行为的责任相一致，不同社会中对权力的诉讼形式也是不同的。人治社会中权利主体对最高权力主体负责，不合法的权力行为和权力的滥用被认为是犯罪，相应的诉讼形式是刑事诉讼。在法治社会里不合法的权力行为或滥用权力的行为要承担双重责任，相应的诉讼形式就有行政诉讼和刑事诉讼。

二、社会权力行为的软法规制

社会权力作为一种多元性、自治性的权力，它的多元性主要表现为运作领域多元及权力主体多元。法律多元，意味着人类社会存在着"硬法""软法"[3]等不同级次的法律，法治不仅是硬法之治，同时还应当是软法之治。"要防止膨胀的社会权力的滥用进而蜕变为社会专制，就不可能完全指望硬法

---

[1] 周永坤：《规范权力——权力的法理研究》，法律出版社2006年版，第305页。
[2] 周永坤：《规范权力——权力的法理研究》，法律出版社2006年版，第305页。
[3] 软法是一个概括性的词语，被用于指称许多法现象，软法的特征概括有：软法规则的形成主体具有多样性；软法的表现形式既可能以文本形式存在，也可能是某些具有规范作用的惯例；软法在内容上一般不规定罚则，更多的是依靠自律和激励性的规定；软法通常不具有国家强制约束力。参见罗豪才："公域之治中的软法"，载《中国检察官》2006年第2期。

（国家法），而是更多地需要与其匹配的软法来水涨船高地规范社会权力，才不会留下法治真空。"〔1〕社会权力的规制不仅有赖于国家法等一系列正式制度安排，还须依托社会权力主体由其自治问题所导源出的自我规制——软法。软法对不同类型的社会权力之规制亦呈现出多元性的特征，软法创制主体的多元性以及规范内容的丰富性使软法对于社会权力的规制更为直接。总而言之，硬法与软法构成了社会权力的运行实现规范化、制度化和程序化的必要前提和基础。

在环境法领域，软法现象首先出自于国际环境法中，如一些国际性的环境保护文件，这是因为国际环境立法中纷繁复杂的矛盾和冲突所致。〔2〕在国内环境法中，大量环境硬法的出台也没有阻碍环境软法的发展，如环境协议、环境保护政策、民间环境自治规则、环境保护自律规范等仍然大量存在。因此，环境软法的渊源有国际环境软法渊源和国内环境软法渊源两种形态。本书主要在国内环境软法渊源的语境下分析民间自治规则对社会权力的软性规制。

民间环境自治规则的具体表现形式主要有：①环境自治组织规范，其一是法律、法规、规章授权的环境社会组织在其授权范围内创制的软法；其二是依法成立的环境自治组织依据法律、法规、规章在行为法上的明确授权，为完成特定目标而创制的软法；其三是环境自治组织根据组织法上的一般权限，为规范自我管理而创制的软法，其制度安排得到国家的明确认可或者默认。②企业、事业单位的涉及环境的规范。例如，公司章程中对环境保护的条款，企业生产守则中涉及环境的规定，事业单位对环境保护的措施。③基层自治组织的规范涉及环境部分。例如，城市居民委员会的居民公约对所辖区域环境的保护，村民委员会的村规民约以及建筑区划内业主共同制定的管理规约中涉及环境保护的规定等。

小结：环境社会权力之实证规范

首先，权力是为了权利的更好实现而存在的，环境社会权力的运行也需

---

〔1〕 罗豪才等：《软法与公共治理》，北京大学出版社 2006 年版，第 60 页。
〔2〕 参见王曦：《国际环境法》，法律出版社 2005 年版，第 28~30 页。

要纳入法律制度规范之下。环境社会权力是一种公共性的权力，尽管其权力主体是社会全体公众，但由于公众的分散性、自利性等特征，决定了环境社会权力的运作载体应当是环保社会组织。规范的环境社会组织可以逐渐承接部分环境管理职能，包括环境公共物品供给、环境利益纠纷协调、环境行政权力监督等。

其次，环境社会权力的运作平台是有序的社会参与机制。在环境立法方面，应当构建"参与式立法"模式，一方面注重环境立法参与的普遍性，即社会公众都有机会对环境立法提出意见和建议；另一方面要注重环境立法参与的针对性，即在环境立法过程中接纳环境专业人员的知识以及利害相关人的利益诉求。在环境执法方面，行政机关应当采取主动姿态对社会进行分权，以促进环境保护的社会参与。在环境司法方面，应完善环境公益诉讼制度和法庭之友制度，促进环境司法的社会化。

最后，权力必须受到制约，社会权力也不例外，环境社会权力也可能存在权力滥用和异化的情形，因此应对环境社会权力课以责任上的承担和运作上的规制。环境社会权力的责任适合在正式法律制度中加以规定，环境社会权力应该具有可责性和可诉性；环境社会权力运作的具体规制可以先在非正式制度中加以引导，给环境软法对环境社会权力的规制留出自治空间。

第七章 | **Chapter 7**
环境社会治理的实施效果：
实现环境正义

> "利益是社会生活唯一和普遍起作用的因素，一切错综复杂的社会现象都可以从利益的角度得到解释"

——法国启蒙思想家爱尔维修〔1〕

当目光投向当前层出不穷的重大环境事件上时，环境污染和破坏给人们带来切肤之痛的背后还隐藏着多种利益的纠缠博弈。社会主要矛盾的化解方式有多种，以定纷止争为主要功能的法治是不可或缺的一种途径。因此，化解人民美好环境需要和环境保护不平衡、环境治理不充分之间的矛盾，需要从环境法治的角度对环境利益进行内容上的解构和制度化的建构。对环境利益的正确认识无疑会有助于环境社会治理创新的良性发展。

第一节　环境治理的本质：环境利益的分配

一、环境利益的界定

"利益"一词贯穿于社会生活中的方方面面，人类的一切活动都与其利益有关。但利益的概念极其抽象，在不同场合有着不同的内涵与界定。从词源学来看，"利"与"益"在我国古代史书典籍中，原本是相互独立的两个词，《说文解字》中解释"利"字采用"禾"与"刀"会义，表示用工具收割庄

---

〔1〕 转引自谭培文：《马克思主义的利益理论》，人民出版社 2002 年版，第 12 页。

稼的意思；"益"字采用"水"和"皿"会义，表示水从器皿上溢出来，意为富饶有盈余。"利"与"益"后来随着社会的发展慢慢延伸为"好"的意思。"利益"的合成词语最早出现在《后汉书·循吏列传》中："勤令养蚕织履，民得利益焉"，它指的是物质利益。[1]

（一）利益的内涵与社会功能

从不同的理论研究角度出发，学者们对利益的理解也各有千秋。概括而言，利益的内涵有：第一，利益"物质说"，认为利益即物质条件。因为利益的含义最初是与农业经济相关，后来在商品经济中利益日益变得多样化。第二，利益"好处说"，《辞海》中将利益简明扼要地解释为"好处"，此解释通俗但不确切。第三，利益"需要说"，认为需要是利益的主观基础，利益是需要的社会表现形式。第四，利益"关系说"，认为社会关系是利益的表现形式。第五，利益"价值说"，从价值观的角度来理解利益，认为利益是能给人带来快乐和幸福的东西。[2]这些学说中较具说服力的是以需要为中心的展开，马克思主义的利益观认为利益是社会生活中建立在需要基础上的主体与客体之间的所属关系。人类首先应满足基本生存的需要，因而在一定程度上需要是人与生俱来的本性，利益不仅满足人们的生物性需求，同时还满足人们的社会性需求。[3]

从法学的角度来看，法律就是一定利益的表现，由统治阶级的各个人的共同利益所决定的意志表现就是法律。[4]马克斯·韦伯曾指出："直接统治人的行为的不是思想，而是利益（物质的和理想的）。"首先，利益在人们的行为中往往是作为动机的形式出现的，它对人们的行为起着规定其方向和驱使、推动的作用。其次，利益的社会作用又表现在它是将社会成员动员起来、组织起来和联结起来的力量。再次，利益的社会作用还表现在经济利益是上层建筑的基础，它规定、制约和影响着政治法律制度、国家政权和意识形态。[5]既然利益决定了人的行为，那么作为行为种类之一的法律行为和作为上层建筑的法律制度同样也脱离不开利益的支配。利益的出现和分化是法

〔1〕 参见闫桂芳、杨晚香：《财产征收研究》，中国法制出版社2006年版，第84页。

〔2〕 参见钟明春："基于利益视角下的环境治理研究"，福建师范大学2010年博士学位论文。

〔3〕《马克思恩格斯全集》（第19卷），人民出版社1995年版，第41页。

〔4〕《马克思恩格斯全集》（第3卷），人民出版社1995年版，第378页。

〔5〕 武步云：《人本法学的哲学探究》，法律出版社2008年版，第85~88页。

律产生的原动力，利益的范畴决定着法的内容，利益的变化会引起法律发展方向和法律内容的变化。这表现在作为法律行为内容的权利、义务，是以利益为前提和基础的，离开利益无所谓权利、义务，而利益又以权利、义务为其表现形式和手段。[1]因此，环境管理表面上是调整各类主体的行为，实质上是调整各主体间的利益关系。

（二）关于环境利益的概念之争

目前国内法学界对于环境利益的理解莫衷一是，代表性观点多达数十种，仅仅是从名称来看就存在"环境利益""环境的利益""生态利益""环境法益"等称谓。其中持"环境利益"学说的占多数，有不少学者将其作为约定俗成的概念直接使用而未做界定，在同样使用"环境利益"这一称谓且加以界定的学术研究中，也存在着诸多不同的内涵表述，如"环境品质""环境需要""环境人格"等。概括而言，目前环境法学研究中关于环境利益的争议焦点，主要集中在环境利益的主客体之争、环境利益的属性之争、环境利益能否分配之争。

"环境的利益"学说不同于"环境利益"，如蔡守秋教授认为人与自然的利益关系包括两层含义：一是人与环境的关系是人与其利益的关系，这里的利益是人的环境利益；二是人的利益与环境的利益的关系。汪劲教授在批判传统法律的理念和价值观时提到，传统法是以保护人类的利益为出发点的，"环境的利益只能作为人类利益的'反射利益'而间接的受到保护"，"人类以外的其他物质只作为人类利益的客体来看待"。所以，"环境的利益"学说的实质是秉承生态中心主义的环境伦理观，主张以环境为主体的环境利益。

在使用"生态利益"概念的学说中，有些学者认为生态利益是环境利益的下位概念，例如将环境利益分为生态利益和资源利益，或者将环境利益分为生活环境利益和生态环境利益（简称为生态利益）；有的学者对生态利益与环境利益不予区分，认为生态利益是全体社会成员在生态环境中获取的维持生存和发展的各种益处，环境利益是不特定的主体从环境中获得一定的利益，可以看出这二者在客体方面没有实质上的区别。由此，可以将"生态利益"的称法归入或者等同于"环境利益"。

另外，"环境法益"或"生态法益"的称法多存在于研究环境犯罪问题

---

〔1〕 武步云：《人本法学的哲学探究》，法律出版社 2008 年版，第 81 页。

的刑法话语体系中，刑法视野下的环境法益观也受到人类中心主义和生态中心主义伦理观的影响，对环境法益所指大致存在三类观点：当代人的人身、财产利益；独立的环境利益；人类的未来利益以及未来人类的利益。这与环境法视野下的环境利益争论基本如出一辙。

环境利益的简单理解就是人对环境的需要。人的生存需要环境赐予的物质利益，如清澈的水源、清洁的空气、清新的阳光等。而人的发展除了需要环境提供的物质利益外，还需要环境赋予的精神利益，如自然带给人的美感。在更高层次上，社会的发展则离不开以自然环境为基础所孕育出来的文化利益，如自然艺术作品。概括而言，环境利益的内涵是指基于一定生产基础获得了社会内容和特性的环境需要。环境利益的外延包括环境经济利益、环境生态利益和环境社会利益。

（三）环境利益探讨语境的界定

从马克思主义的利益观来看，利益是社会生活中建立在需要基础上的主体与客体之间的所属关系。人类首先应满足基本生存的需要，因而在一定程度上需要是人与生俱来的本性，利益不仅满足人们的生物性需求，同时还满足人们的社会性需求。谈论环境利益问题时，是存在利益主体和利益客体之分的。从法律的视角来看，法律就是由统治阶级的每个人的共同利益所决定的意志表现，即法律就是一定利益的表现。马克斯·韦伯曾指出："直接统治人的行为的不是思想，而是利益（物质的和理想的）。"既然利益决定了人的行为，那么各种法律行为同样也脱离不开利益的支配。利益的出现和分化是法律产生的原动力，利益的范畴决定着法的内容，利益的变化会引起法律发展方向和法律内容的变化。这表现在作为法律行为内容的权利、义务，是以利益为前提和基础的，离开利益无所谓权利、义务，而利益又以权利、义务为其表现形式和手段。由此看来，环保督察表面上是调整各类主体的行为，实质上也是调整各主体间的利益关系，具体而言，环保督察中的整改问题涉及的是整改企业私益与环境保护公益之间的利益配置关系。

学界关于环境利益的多种代表性观点都是从基础理论角度对环境利益应然层面进行的探讨，这对环境污染的反思和环境治理的推动不无裨益。但是在立法体系和司法适用层面，环境利益的清晰界定及其与传统利益的接洽，是当前环境法无法回避的重要问题。本书将结合马克思主义利益观和环境法律规范，从当今环保领域的主要矛盾问题出发，对实然层面的环境利益进行解构分析。从简理解，环境利益就是人对环境的需要。进一步阐释，环境利益是"主体的需要"和"客体的功能"之间满足与被满足的关系范畴。由此，需要厘清环境利益的两个核心问题：其一，哪些"人"对环境有需要？即环境利益的主体问题。其二，对环境存在哪些需要？即环境利益的客体问题。

二、环境利益的内容与性质

（一）环境利益主体的识别

关于环境利益的主体，目前学术界最大的争议在于环境的地位以及人类的范围。首先，环境只能作为利益的客体还是能够成为利益的主体，取决于讨论问题的视角。如果从环境伦理角度来看，将环境作为利益主体有助于人类反思人与环境的关系。从生态学角度来看，人类是自然的一部分，可以自然为主体，人类为客体。但从法律的角度而言，立法者无从代表自然进行立法，只能是人类意志和利益的代表。从法学理论逻辑来看，将环境作为利益主体则会颠覆现行法律制度，或者需要重构一套独立于传统法的环境法学体系。实际上地球和自然在人类诞生之前就已经存在，消亡之后依旧会存在，它们无须人类的保护，需要保护的其实还是人类自己。因为自然不是"环境要素的无意义组合"，而是富于"人的价值期望"的自然。可持续发展给人类指引的道路是一条人与自然和谐相处的道路，我们既不能陷入"人类中心主义"的沼泽中狂妄自大，也不能走入"生态中心主义"的迷雾中故步自封，人与自然和谐的关键在于坚持"以人为本"。因此，笔者认为从生态学角度，可以说人类与环境具有主客同体性，但从法律角度，二者不具有主客一体性，环境不具有法律意义上的利益主体地位。

其次，人类作为环境利益的主体毋庸置疑，但是不同学者对"人"的范围有不同认识。比如，有学者认为环境利益的主体包括私人、社会公众和国家，分别对应环境私益、环境公益和环境国益。从我国环境诉讼制度的实践发展来看，此观点是具有说服力的。但从环境义务主体的角度来看，地方各级人民政府、企业事业单位和其他生产经营者的环境利益没有得到直接体现。这有两种可能的解释，要么这两类主体的环境利益可以分别融入环境国益和环境私益中，要么就是这两类主体的环境利益被忽略了。同时，"环境国益"中反映出的是国家进行环境管理的环境主权，是一种权力而非权利。另外，有的学者主张"环境利益的主体只能是生物人或其群体，法律拟制的人不能成为环境利益的主体"。在"生物人"范畴内，则有学者认为环境利益只属于人类整体，而不能被人类个体各自享有。笔者认为，环境利益的主体应该包括公民、法人和其他组织。因为从既有法律规范来看，《环境保护法》总则部分第6条直接对各类主体的环保义务作出了原则性规定：第1款规定一切单位和个人都有保护环境的义务，第2至4款分别规定了地方各级人民政府、企业事业单位和其他生产经营者、公民这三类主体的环保义务。马克思有言："没有无义务的权利，也没有无权利的义务。"根据权利、义务是以利益为前提和基础，可以推导出一切单位和个人也应该享有环境利益，倘若没有环境利益，前述三类主体的环境义务则无从谈起。并且《环境保护法》第53条第1款明确规定了公民、法人和其他组织的程序性环境权利。

（二）环境利益客体的识别

关于环境利益的客体，学界的观点不胜枚举。有学者认为环境利益不限于物质利益，还包括精神生活；有学者则认为环境利益包括非物质性的生态利益和经济性的资源利益；还有学者认为生态利益是一种安全利益。笔者认为，既然利益的范畴决定着法的内容，那么从环境法的内容可以反推环境利益的范畴。根据《环境保护法》的相关规定，环境问题主要表现为环境污染和生态破坏。环境污染行为的客体是对环境容量的过度使用，生态破坏行为的客体是对环境质量和生态功能的不当利用。从人类对环境的利用和需要，以及环境法的体系建设来看，环境利益的客体表现为环境实物、环境容量和环境功能三个方面。

其一是对环境要素的使用，即对环境要素经济价值的利用，表现为人类的环境经济利益，比如水资源的开采、发电、航运等。在此情形下的环境利益表现为具有排他性和竞争性的私人利益。对此类行为主要是依靠传统自然资源法的调整，如水法、矿产资源法、森林法等。

其二是对环境容量的使用，即对环境要素承载纳污能力的利用，比如污水的排放、尾气的排放等。在此情形下的环境利益表现为不具有排他性但有一定竞争性的私人利益。对此类行为主要是依靠污染防治法的调整，如水污染防治法、大气污染防治法、固体废物污染防治法等。

其三是对环境功能的使用，即对环境要素所产生的生态功能的利用，比如森林的气候调节功能、湿地的水源涵养功能等。这些生态功能所产生的利益是不可分割地被每个公民享有的，在此情形下的环境利益表现为不具有排他性和竞争性，且不可分割的公共利益。对此类行为主要是依靠生态保护法的调整，如生物多样性保护立法、特定自然区域保护立法等。

（三）关于环境利益的性质

关于法律规范层面环境利益或者法学理论层面环境权的性质探讨，目前主要围绕私人利益还是公共利益等不同的学术主张展开，存在人权说、公益说、人格权说、财产权说等多种观点。比如有学者认为环境权作为现代社会一项基本人权，在实体法上应兼具公权和私权性质。反对者则认为不存在个体性的环境利益，个体性环境利益最终都可以纳入人身利益和财产利益之中，或者是认为环境利益应纳入人格权。

笔者认为，环境利益是一种独立的利益形态，可以表现为公共环境利益和私人环境利益，这是由环境利益内容的特殊性决定的。传统法学通常将法律关系的客体分为物、人身、智力成果和行为（也有学说认为法律关系的客体是利益），其中存在争议的涉及"环境物权说"和"环境人格权说"。一方面，私法中财产利益的客体一般需要满足有用性和可控性两个条件，且以经济性或物质性利益为特征，而环境利益的客体具有不可控性，并以生态性利益为主要特征，因此，环境利益难以完全融入私法上的财产利益之中。另一方面，私法中人身利益包括人格利益和身份利益，环境利益会影响到人格利益中的生命健康利益的实现，"环境人格利益"与环境利益在一定范围内有重叠，但是二者不能等同视之，因为根据上述对环境利益特征和内容的分析可知，环境利益无法完全符合人格权必备的绝对性、对世性特征。王泽鉴教授认为，"个人对其人格利益有自主决定的权利，得同意（允诺）他人侵害其人格法益而阻却违法"。王利明教授认为，"人格权是一种对世权，无须义务人实施一定的行为即可实现，并可以对抗不特定人"。但是个人无法因同意他人侵害其环境利益而阻却违法，并且现代社会中的环境利益也不是唾手可得的，当今环境保护理念更加侧重于国家积极的环保义务和环境治理。因此，环境利益难以完全融入私法上的人格利益之中。"环境物权"和"环境人格权"所无法包揽的环境利益，恰恰就是有独立存在价值的私人环境利益和公共环境利益。

马克思主义理论认为，社会利益和个人利益是辩证统一的，社会利益需要寓于个人利益之中，个人利益需要受到社会利益的制约。如果漠视私人环境利益的存在，则会导致私人环境利益只是基于公共环境利益保护而产生的反射性利益，也容易导致公共环境利益更加泛化和虚化。该问题在下文所述的环保督察中存在的"一刀切"和"宁静日"现象就可见一斑。

三、环境利益对环境法的重要性

1. 环境利益的存在是环境法的产生动因

德国利益法学派的创始人菲利普·赫克认为："利益是法律规范产生的根本动因"，"法律命令源于各种利益的冲突"。但并不是任何利益都能促生法律，通过法律调整的利益应当具备利益的正当性、调整的必要性和调整的有效性，这就涉及环境利益的证成问题。人类对环境的需要自古有之，但真正需要通过法律对环境利益进行调整是在第三次工业革命之后，环境问题集中爆发，环境污染严重威胁人体健康并影响社会发展，环境伦理和环境科学难以阻止环境污染继续恶化的局面，环境法便应运而生。

由此可见，环境利益的受损促使了环境法的产生，环境法律规范的存在是为了解决环境利益的冲突，对环境利益冲突的正确理解和识别影响着环境法制的建设与发展。从环境利益的角度反思我国当前的环境立法，可以发现，我国环境法存在立法数量激增但法律实效性偏低的矛盾，存在重污染排放监管而轻健康风险防范的短板。纠其根本原因都与环境利益不无关系，解决这些问题需要在环境立法过程中辨识不同性质的环境利益冲突，在遵循生态系统规律的基础上，合理配置环境利益，但利益本身并不是权利，权利是保障利益实现的手段，环境利益反映在环境立法上即是环境权利和环境义务的设定。

2. 环境利益的保护与增进是环境法的目的所在

《环境保护法》第 1 条规定："为保护和改善环境，防治污染和其他公害，保障公众健康，推进生态文明建设，促进经济社会可持续发展，制定本法。"这是对立法目的的明确规定，可以分为三个层次，第一层次是直接目的，即保护和改善环境，防治污染和其他公害；第二层次是根本目的，即保障公众健康；第三层次是终极目的，即推进生态文明建设，促进经济社会可持续发展。保护和改善环境是从正极为环境利益的保护与增进创造基础，防治污染和其他公害是从负极防范环境利益受到损害。环境法的这两项任务都旨在保障公众的健康，没有公众的健康，生态文明建设和可持续发展的目的是不能实现的。值得注意的是，1989 年《环境保护法》第 1 条对立法目的的表述中使用的是"保障人体健康"，从"人体健康"到"公众健康"的转变，表明环境立法更加侧重于对群体性环境利益的保障。

3. 环境利益的特性是环境法制的建设基础

环境利益不同于传统法中保护的人身利益和财产利益，并且基于环境利益的特殊性，需要突破传统法的樊篱对环境利益进行特殊保护。被法律所调整和保护的环境利益，除了具备稀缺性、竞争性等普遍特性外，其特殊之处主要表现在以下方面：

其一，环境利益具有公共性。环境最初被认为毫无疑问地属于公共物品范畴，但随着环境被过度消耗，开始出现使用限度，成为具有非排他性和可竞争性的"准公共物品"，使用上的非排他性是公共物品的必备属性，而是否具有非竞争性对公共物品属性不产生本质性影响。因此，环境的公共物品属性决定了环境利益的公共性。需要说明的是，环境利益的公共性并不排斥环境利益的个体性，不能打着整体环境利益的旗号吞噬掉个人环境利益；环境利益的公共性并不代表环境利益的一致性或是同质性，因为不同地区环境要素的分布不同，资源的禀赋各异，使得不同区域的环境利益也存在差异性。

其二，环境利益具有矛盾性。环境给人类创造的利益兼具经济性和生态性，而这两者常常表现为经济利益和环境利益之间的矛盾，即利用环境经济价值的同时往往容易减损环境的生态功能价值。这使得法律在对环境利益进行调整时面临内外双重矛盾，既有环境利益与财产、人身等其他外部利益之间的矛盾，又有环境利益内部功能和价值之间的矛盾。

其三，环境利益具有负利益性。由于先污染后治理的社会经济发展过程，使得在环境严重污染地区的民众不仅没有享受到良好的环境利益，甚至其本身的健康利益还受到了损害。尽管环境质量可以逐步恢复，这些民众的健康却难以或无法恢复。环境利益的负利益性还表现在个体环境利益的需要可能会导致他人环境利益甚至社会整体环境利益的减损。因此，需要通过法律规范对环境利益进行合理适度的限制，也就是通过环境权利和环境义务的设定，增进个人和社会环境利益的正向增长。

其四，环境利益具有不可逆性。环境一旦受损，恢复的经济成本及其高昂，技术条件难以满足，社会代价也非常巨大。因此，环境利益不同于财产利益和人身利益的事后补损，而应当更加着重于事先积极预防。

综上，在通过环境立法解决环境领域主要矛盾问题时，必须认识到环境需要有其特殊之处，与一般物质生活需要有不同之处，环境法律制度的设定应当遵照环境质量供求规律，遵从环境利益的特性。

四、环境法对环境利益配置的反思

尽管法律并不直接创造利益，但法律为利益的分配和调整创造制度基础。法的主要作用之一就是调整相互冲突的利益。[1]按照罗斯科·庞德关于法律进行社会控制的观点："法律制度实现其终极目的的方式有三种：其一，确认个人、公共和社会利益；其二，对这些应为法律确认和国家强制力保证实施的利益进行限制；其三，对法律已经确认和进行限制的利益进行充分的保护。"[2]也就是说，法律进行社会控制的基本使命是通过对合法利益进行证成、确认、限制、分配和维护，从而使法律主体的权利得到保障。环境法律制度实现其目的也需要对环境利益进行证成、确认、限制、分配和维护，从而使人们的环境权利得到保障。理论界对环境利益认识的不统一，导致环境权的证成都还是个存疑的理论问题，同时也映射出立法上对环境利益的确认、配置和保护存在不尽合理之处。

（一）环境法对利益配置的总体格局不尽合理[3]

经过 30 余年的发展，我国已形成了以宪法为核心，以环境保护法为基本，以污染防治法和自然资源法律法规为重点的环境法律体系。宪法为环境法调配环境利益提供了宪法依据。[4]环境保护法为环境利益的配置奠定了基础，通过权利（权力）与义务（责任）的规定使环境利益得到具体体现。污染防治法从污染源的角度出发对环境利益加以保护，重在控制不良行为对环境的负面影响，控制经济利益对环境利益的侵蚀，从负极维护和提高环境利益。自然资源法从环境要素的角度出发对环境利益进行分配，重在保护自然生态系统，维护环境要素的存续，从正极维护和提高环境利益。此外，还有环境标准为受损环境利益的救济提供强有力的法律支持。但仔细考证环境立

---

〔1〕［美］E. 博登海默：《法理学——法律哲学与法律方法》，邓正来译，中国政法大学出版社 2004 年版，第 413 页。

〔2〕［美］庞德：《普通法的精神》，唐前宏、廖湘文、高雪原译，法律出版社 2010 年版，第 53 页。

〔3〕参见王春磊："论环境利益的法律保护"，中国政法大学 2005 年硕士学位论文。

〔4〕参见《宪法》第 9、10、22、26 条。

法的体系可以发现，我国的环境立法是以解决污染问题为导向的立法思想，没有充分意识到保护环境利益的重要性，环境法体系中的环境利益保护格局不尽合理。

1. 宪法视野下的环境利益保护

在国家的根本大法层面，1978 年《宪法》第 11 条第 3 款规定："国家保护环境和自然资源，防治污染和其他公害。"第一次为我国的环境保护立法提供了宪法基础。2018 年《宪法》（修正案）写入生态文明，以生态文明建设的高度统领国家保护和改善环境的义务。但我们也应当看到，宪法中关于环境保护的规定看不到对环境利益的积极的、全面的肯定。《宪法》第 9 条和第 10 条是从自然资源所有权角度进行的规定，更多反映出的是一种资源利用观，而不是资源保护观。第 26 条规定的是国家的环境保护义务，而没有对公民享有的环境利益或是环境权利进行直接的规定，该条款无法像有的学者主张的可以视为对环境权的保障。作为根本大法的宪法对环境利益的消极保护影响到环境法体系的整体发展，造成下位法对环境利益的保护有心无力。

2. 基本法视野下的环境利益保护

利益法律化后主要以权利的形式呈现。尽管现行环境法有助于环境利益保护，但其权利化的程度并不足够，严格来看并没有真正的权利化。即使环境权的证成是存疑的，但环境利益的享有已是共识。纵观我国环境保护法律法规，在国家立法层面没有对环境利益或环境权实体内容的直接表述。2015 年实施的《环境保护法》很明显可以看出义务规范条款远多于权利规范条款，直接针对公民、法人和其他组织的权利规范条款只有第 53 条第 1 款和第 57 条。第 53 条第 1 款实质上是对公民、法人和其他组织程序性环境权利的规定，而不包含实体性环境权利。第 57 条的规定尽管体现了保护环境利益的精神，但其规定相对模糊。该条款相比 1989 年《环境保护法》第 6 条的规定有进步之处，指明了具体向谁检举和控告，但是没有具体的行使方式和救济方法，这项残缺和没有保障的检举、控告权与一般意义上的法律权利有着很大的差距，因此严格地说，也不是环境利益法律化而形成的权利。就保护能力来看，权利无疑是利益法律保障的有效途径，环境法仅规定单位和个人保护环境的义务，规定环境行政管理机关的职责，不从正面规定相应的权利或利益，使得原本就难以廓清的环境权益越发扑朔迷离，从而对环境利益的保护产生不利影响。

3. 单行法视野下的环境利益保护

宪法和基本法中对环境利益的规定有失偏颇也造成了我国环境单行法中重污染防治轻生态保护的立法局面。污染防治立法无论在数量上还是在质量上都远强于生态保护立法。污染的防治是防止环境利益的减损，而生态的保护是促进环境利益的增长，保护环境不仅在于防治污染，更在于对整体生态系统及特殊区域的保护。而我国目前的生态保护法律并不多见，野生植物、自然保护区、风景名胜区等重要环境要素的保护立法只有国务院制定的条例，大量需要保护的特殊区域和环境要素甚至连条例都没有。因此，现行生态保护法无论在效力上还是内容上都远不尽人意，不能发挥其应尽的作用。尽管在自然资源法中也存在一定数量的生态保护条款，但由于自然资源法重在资源的开发和利用，因此其中的生态保护条款的保护力度受到一定的限制。就衔接度和紧密程度而言，这些条款与单行生态保护法律、法规之间也没有形成相互配合、有机联系的制度和机制。这些不足使现行生态保护法远不能满足可持续发展和保护环境利益的要求。此外，污染防治法也存在一定的缺陷，主要是一些重要的领域仍存在立法空白或法律层次过低，导致司法实践中一些突出社会问题的解决缺乏法律依据，如电磁辐射污染、热污染等。这种立法空白显然无法覆盖全部的环境要素和污染、破坏环境的行为，对环境利益的保护也是不利的。

4. 部门法视野下的环境利益保护

现行环境法不合理的环境利益保护格局还表现在其利益格局方面。每一个法律部门都要涉及和调整多种利益关系，在一个部门法中受到保护的利益在其他部门法也应受到保护，但是这种保护应当有所侧重，而不是实行平均主义。也就是说，每一个法律部门都有自己的利益本位，部门法的利益调控功能应当以其本位利益为中心进行，是调整其他利益与其本位利益的关系，而不是相反。因此，现行环境法对人身利益、财产利益、管理秩序与环境利益实行一并保护自无异议，但不分主次地对它们实行同等对待则是没有认清自己的任务的表现，也非常不利于保护环境利益，因为环境法具有自己的分工，应当以环境利益为利益本位。

（二）环境利益的立法表达有待明确

现行环境法运用"义务本位"的方式保护环境利益的过程中，还存在着对环境私益的歧视。现有的环境法律、法规只确认了国家环境行政管理机关的职责，以及单位和个人保护环境的义务，这些规定基本上针对的都是环境公益，对污染和破坏环境行为的制裁也是对环境公益的救济。比如 2015 年《环境保护法》第 58 条规定："对污染环境、破坏生态，损害社会公共利益的行为，符合下列条件的社会组织可以向人民法院提起诉讼……" 2017 年《民事诉讼法》第 55 条第 1 款规定："对污染环境、侵害众多消费者合法权益等损害社会公共利益的行为，法律规定的机关和有关组织可以向人民法院提起诉讼。" 2016 年《水法》第 28 条规定："任何单位和个人引水、截（蓄）水、排水，不得损害公共利益和他人的合法权益。"这种立法思路导致现行环境法对环境私益的保护多是保护环境公益的反射性结果，环境私益成为一种反射性利益。由于法律没有把环境私益具体化为环境权利，相应的义务性规定也含糊不清，因此当环境私益受到侵害时，绝大多数情况下无法得到法律上的认定与救济，一般只有利益主体受到了经济损失或人身伤害之后，才可能依据有关法律得到一定的赔偿，但此时的赔偿已经改变了性质，实际上不属于对环境利益的救济。

反观地方立法层面，倒是对环境利益或是特定领域环境权有明文规定。如《贵州省环境噪声污染防治条例》中规定"任何单位和个人享有在安静环境中生活、工作和学习的权利，负有保护声环境的义务，并有权对造成环境噪声污染的行为进行投诉、举报和控告"，首次在立法上确认声环境权。另外有《深圳经济特区环境保护条例》和《河北省环境保护公众参与条例》两部法规直接提及了环境利益。但从正面规定环境权利并非是形式要求，更为关键的是对环境权利受到侵犯后的救济权的实现，这才是从立法上明确规定环境权益且能落到实处的关键所在。笔者在此对我国环境法中环境利益的保护框架做出初步的构想，环境利益在立法上必须区分公共环境利益和私人环境利益；对公共环境利益而言，需要进行正面利益的积极保护，构建以环境质量管理为核心的实体性环境权益；对私人环境利益而言，需要进行负面利益的积极防范，构建以环境风险预防为目的的程序性环境权利。

（三）环境利益的配置方式过度倚重行政手段

现行环境法多种利益并存且同等保护的格局，对环境法的立法技术产生了一定的影响，形成了民事、行政、刑事多种调整手段并存的局面。环境行政管理的内容在我国环境法律中占据绝大多数的席位，环境法对行政权的行使主体和行使方式作了比较宽泛的规定，行政机关可以运用行政、法律、经济、技术、教育等手段对单位和个人的各种影响或者可能影响环境的行为进行管理。行政机关实施环境管理以维护公共环境安全、保护环境公益为直接目的，因此环境行政管理规范都是以某一地区或某一类型的环境为适用区域，以不特定的单位和个人为适用对象。受环境利益外部性特点的影响，环境行政管理保护环境公益的效果会惠及公民个人，并使他们无成本地享有环境利益的提升。学者们认为，如果该公益未被法律私益化，那么这种得到提升的部分利益就是一种事实利益或反射利益，不是环境法保护的法益。[1]

环境民事规范的核心是保护环境私益，它在环境法条文中所占比例非常小，内容主要涉及环境私益的救济。如 1996 年修订的《水污染防治法》第 5 条第 2 款[2]、《环境噪声污染防治法》第 61 条[3]的规定，这些民事规范尽管没有明确指明受到损害的利益为环境利益，但也没有排除环境利益，因此可以看作是救济环境私益的法律规定。

环境法主要采取行政和民事两种方式调整环境利益，从总体上说能基本符合环境利益法律化的需要。环境公益的享有主体不是个人，它没有明确的边界，并且具有外部性的特点，因此通过配置公法性质的权力义务，依赖国家公权力保护环境公益的做法在环境法体系建设之初是值得肯定的。通过民事规范，以义务和救济的途径保护环境私益也使环境法得到了快速的发展。但随着整个法制环境的完善和人们对生活质量要求的提高，这种曾在环境法兴起之初对保护环境利益起到一定作用的思路也逐渐暴露出它的不足，行政规范和民事规范生长于行政法、民法的环境下，把它们套在新兴的环境利益身上显得很不合身。

对环境公益而言，公法规范尤其是行政规范无疑是较好的选择。但行政规范来源于行政法，为维护国家的行政管理秩序而设计，因此就其结构和实际作用而言，它适宜保护国家利益和社会秩序，以行政规范构成的制度保护环境公益显得过于僵硬。首先，环境公益关系到社会全体成员，在环境问题

---

〔1〕 吕忠梅：《环境法新视野》，中国政法大学出版社 2000 年版，第 113 页；常纪文：《环境法原论》，人民出版社 2003 年版，第 11 页。

〔2〕 因水污染危害直接受到损失的单位和个人，有权要求致害者排除危害和赔偿损失。

〔3〕 受到环境噪声污染危害的单位和个人，有权要求加害人排除危害；造成损失的，依法赔偿损失。赔偿责任和赔偿金额的纠纷，可以根据当事人的请求，由环境保护行政主管部门或者其他环境噪声污染防治工作的监督管理部门、机构协调处理；调解不成的，当事人可以向人民法院起诉。当事人也可以直接向人民法院起诉。

面前，人们不存在阶级或阶层之分，他们的环境利益本质上是相同的，因此群体的环境利益具有同质性。而国家是阶级的产物，行政法保护的利益是统治阶级的利益，这与环境利益的同质性是根本不同的。以维护阶级利益为出发点的行政规范和制度显然不能完全适用于同质性的环境利益的保护。其次，环境利益包括物质性和精神性的利益，而行政规范的设计是以秩序为价值方向的，重行政管理，行政规范和制度在保护具有多层次、丰富内容的环境利益方面过于僵化，难以将环境利益的两个方面完全包括。这两方面的差异导致了以行政规范和制度调整环境公益的弊端。这些弊端目前已经表现得十分突出，主要是：行政区域划分的环境行政管理结构分割了生态环境一体的自然属性，导致跨界污染得不到有效的控制；行政管理模式化严重，与具有丰富内容的环境利益不相适应；重事后制裁，轻事先预防，且制裁方式单一，重经济处罚轻措施补救，缺少对环境损害的补偿；权力色彩浓重，缺少对行政机关侵犯环境公益的违法和不当行政行为的制裁和补救措施；对环境行政管理行为缺乏有效的监督和制约。

环境利益包含物质性和精神性利益两个方面，而民法以保护个体的人身利益和财产利益为己任，因此在一定程度上，通过民事规范和制度调整个人的环境利益能起到保护环境私益的效果。但环境利益毕竟不是人身利益和财产利益的简单相加。民法的所有权理论、损害救济标准、主体利益界限分明的品性、判断损害的标准、赔偿的金钱化以及注重事后救济的特征都不利于环境利益的保护。这些局限性也使环境法在保护环境私益方面捉襟见肘。例如，环境侵权没有造成人身、财产损害而只造成环境利益损害时，几乎得不到法律救济，生存空间的质量减损甚至是永久性破坏不能得到赔偿和补救。

环境利益具有普遍性、外部性、层次性等特点，其内涵也十分丰富，因此，在环境利益的配置过程中采取多元主体参与和多种手段调整的方式才能更有利于它的保护。

第二节 环境治理的利益平衡：注重环境利益的扶弱

现代社会中利益主体多元化、利益内容多样性和利益种类多层次性的特征越来越明显，多种利益的重叠与冲突决定了所有的利益都得到彻底保护是一种奢望，历史上法学家们曾试图推导出一个绝对的公理以保证在本质上重要的利益将会占据主导，但是逐渐认识到这种尝试是徒劳的。法学家们认识到面临的任务是要尽可能地保护整体社会利益，不断平衡和调适各种利益冲突。

一、平衡原则：从利益最大化到损失最小化

谈及利益的平衡，就会涉及衡量的基准，即凭借何种正当理由，依据什么合理原则在各种利益之间进行取舍。利益价值的衡量标准是立法的根本问题。社会功利主义派提出了两条利益平衡原则，一是将个人利益归入社会利益之下并在社会利益之下保护，二是保护最大多数的利益而牺牲最少的其他利益。第一条原则容易磨灭个人利益的特性，造成社会利益对个人利益的吞并，第二条原则中的"最大多数"在现实操作中难以确定，或者容易导致绝对的量化。

庞德认为利益价值的衡量应该在同一水平上进行，即相比较的多种利益诉求应具有共同的直接上位概念。例如，若将一种要求列为个人利益，另一要求列为社会利益，那么这种归类本身就已经作出了评价。在比较不同的请求时，经常的做法是将其直接作为个人利益或同时归入社会利益中进行比较。当法律上已经认可、界定和保护了一项利益时，重要的是确定权利背后一般化的个人利益；当考虑要确认何种主张或要求，在何种程度上确认、何时去调整在新情况下出现冲突的主张时，将个人利益归入社会利益去权衡是非常重要的。庞德所认可的利益平衡原则是尽可能地保护所有利益而尽可能少地损害整体利益。

当代法律的价值目标包含了公平与效率，在相当程度上，法律公平是效率的基础和前提，而如何维系公平与效率的均衡，则不是一个简单的在效率优先的基础上考虑二者均衡的问题。德国法哲学家卡尔·拉伦茨在《法学方法论》一书中谈到，利益平衡有三个原则：一是价值位阶原则，并非各种价值都处于同等重要的水平，一般来说，人的生命、健康及自由比财产等其他价值具有更优先的地位，公共利益比私人利益具有相对优先的地位。二是比例原则，是指措施所造成的伤害不得与其所欲达成的结果不成比例，其核心在于通过目的与手段间的考量，兼顾国家、社会及公共利益，同时又不妨害第三人权利，确保基本人权的实现。三是最小损害原则，为保护某种较为优

越的价值，须侵及一种法益时，不得愈达此目的所必要的程度。[1]

实际上，经济发展和环境保护是人类社会发展的两个方面，经济利益和环境利益都是正当利益，环境法涉及的是两个正当利益的冲突。经济发展所带来的生态破坏和环境恶化，使得经济利益和环境利益的冲突不可避免。如何既保证经济持续发展，又维护环境的良性循环，正是政府环境公共权力的核心所在。法律不能对两者之中的任何一个予以扼杀，不可为了一个而否定、侵犯另外一个正当利益。法律对于正当利益关系调整的方法在于衡平。

所谓损失最小化，就是承认利益的损失实际不可避免，但要求被牺牲的利益应当是所有利益影响范围和程度最小的。"损失最小化"应包含有两个要素：确实受到损失且必须付出；损失为别人所得，因此利益的获得者必须支付对价。利益的取得必须支付对价，这个是经济学、政治学和法学的共同原理。对价是给予受损者的补偿。早期的环境法以环境利益的获取和经济利益的限制剥夺为主。它将本来可以协调的环境利益和经济利益对立了起来，形成了一种对抗性。[2]人类社会发展中，经济行为和环境污染之间存在因果关系，经济利益和环境利益的冲突不可避免，但这不意味着经济利益和环境利益的冲突就是永久对抗性的。只要将经济发展的环境损害限制在环境的承载能力之内，环境利益和经济的冲突就可以协调。人类要发展，物质生产活动不能停止，如果为保护环境而停滞经济发展，就可能侵害人的生存利益，这无疑与环境保护的根本目的背道而驰，使人的根本利益受到损害，从根本上危害人类的共同福祉。由此可见，在平衡、处理经济利益和环境利益时，哪种利益居于优先地位，要看哪种利益优先时造成的利益损害性最小。这就要求政府在协调环境利益和经济利益的时候，要区分不同发展程度的地区的实际情况，合理利用公共权力，将利益损失减少到最小程度。例如，自然环境原本就具有十分明显的区域特征，而各地区经济发展的差异性又显而易见，所以，不同地区采取的环境发展政策都应该有所差异，做到因地制宜，决策做出、权力行使的根本出发点就是要做到利益损失的最小化原则。

---

[1]　参见［德］卡尔·拉伦茨：《法学方法论》，陈爱娥译，商务印书馆 2003 年版。
[2]　参见"中国环境法的代际发展——兼议环境法功能的拓展"，载《上海法治报》2009 年 3 月 11 日。

二、平衡要点：抑止环境公共利益的异化

自《环境保护法（试行）》（1979年）颁布之日起算，我国环境法制建设已有40余年的历程，在这期间，环境立法不断发展和环境资源状况不断恶化的矛盾一直存在。现行环境法制发展的功劳是不容置疑的，但是环境恶化的问题根源又在何处？理论界对此状况的普遍共识是，政府的环境行政管理职权过大，并且是自上而下地单向度运行，使社会公众不能有效地参与环境管理，环境执法过程缺乏有效的社会监督。对于这种现象，有学者认为其原因在于环境公益论危害深重，它掩盖了环境法对环境利益的公平分配以及对环境义务的合理承担。但本书认为这并不是环境公益的过错，而是环境行政权力滥用后导致环境公益被异化所出现的结果，恰好表明了环境公益需要严格保护。

首先，我国现有的环境立法状况并没有恰如其分地体现出环境公益的正确认识。应当予以明确的是不能将公众利益等同于行政利益。公众利益是社会公众的利益，政府是公众选举出来作为公众利益的代表，因此政府应当依法行政、为民执政，政府行为应当从公众利益出发，在权力行使过程中公众的知情权应当得到保障，公众的意见应当被听取，公众的监督权应当得到落实。但这些方面在我国目前的环境立法和实践中的体现尚且不够完善，环境立法和执法所反映出来的更多的是一种行政利益本位，而不是公共利益本位，不能将二者混为一谈。

其次，诸多运动式的环境执法活动不见良好成效并不能说明为了公益进行的执法存在重大问题，在保护环境公共利益的过程中，因为制度缺失或缺陷而带来的失败后果并不是环境公共利益自身的过错。实际上，环境执法中的上下其手行为正是部分地方政府为了追求行政上的利益而牺牲了环境公共利益，或者将少数人的经济利益披上公共利益的外衣，将公共利益置于一己私利之下。正因如此，才更加需要对环境公共利益作出界定，抑止环境公共利益被异化为少数人的私益。

最后，环境公共利益恰恰是对个体环境利益进行深入保护的结果，而不是对个体环境利益的侵犯，环境正义的缺失不是环境公共利益对个体环境利益的抹杀，相反正是少数私益对公共利益的侵害。

在环保督察过程中，有些地方在督察组进驻期间不加区分地要求当地企

业集中停工停业停产，这种"一律关停""先停再说"的"一刀切"执法造成环境治理领域的利益冲突一波未平一波又起。例如，在已经走完司法程序的"苏某华诉广东省博罗县人民政府划定禁养区范围通告案"中，苏某华与广东省博罗县农业科技示范场签订了《承包土地合同书》，并先后领取了《税务登记证》《排放污染物许可证》和《个体工商户营业执照》。后来博罗县人民政府发布《关于将罗浮山国家级现代农业科技示范园划入禁养区范围的通告》（以下简称《通告》），要求此前禁养区内已有的畜禽养殖场（点）于当年6月30日前自行搬迁或清理，违者将依据有关法律、法规进行处理，直至关闭。此后，博罗县环境保护局、畜牧局均以《通告》为由不予通过养殖场的排污许可证、动物防疫合格证的年审；县国土资源局以养殖场未按规定申请办理用地手续，未取得县人民政府批准同意擅自兴建畜禽养殖房为由，要求养殖场自行关闭并拆除畜禽养殖房，恢复土地原状；县住房和城乡建设局对养殖场发出了《行政处罚告知书》，以养殖场的建筑未取得建设工程规划许可证为由，拟给予限期拆除的处罚。最终二审法院判决《通告》合法，但应当由博罗县政府对合法经营者苏某华因环境公共利益需要被变更行政许可后遭受的损失依法予以补偿。该案例的判决对环保"一刀切"现象具有启示意义，行政机关依法履职的环保监管行为得到了司法的维护，但是环保执法中应当重视环境公共利益与私人合法利益之间的平衡。

马克思曾指出，利益的本性是盲目、片面的，具有"不法的本能"，加之现代社会中的利益日趋多元化，纷繁复杂的利益之间更容易造成利益冲突。环境利益的冲突，是竞争性环境功能在环境资源稀缺性条件下发生冲突的外在表现形式。环境利益冲突的表现形式既有可能是利益内容本身的差异，也有可能是主体之间的差异。在环保督察整改过程中，交织着人民群众的环境利益、生产企业的经济利益和执法主体的行政利益，在各种环境利益的冲突中，经济利益与环境利益的冲突十分明显，此外还有公众环境利益与政府经济利益的冲突、环境公共利益与环境个体利益的冲突等，应当对环保"一刀切"中存在的利益冲突进行正确识别和处理。其一，对于没有合法手续，且达不到环境保护要求的生产企业，应当依法严肃整治，这是一种假性的利益冲突，在环境公共利益面前，个人的非法经济利益不具有正当性，毫无疑问应该让位于环境公共利益。其二，对具有合法手续且符合环境保护要求的生产企业也下达集中停工停产停业的整治通知，这是一种执法不当的利益冲突，通过精准执法即可避免该类冲突。其三，对于生产企业原来具有合法经营手续，但现在达不到环境保护要求的，倘若行政部门只是一味关停禁止，而不采取针对性整改措施，就会产生利益冲突。以上三种利益冲突中，只有第三种才是真正需要协调的环境利益与经济利益的冲突，具体而言是公众的环境质量利益与企业的环境容量利益之间的冲突。

法律对某种利益加以保护的同时也需要对该利益进行协调和限制，环境利益也不例外。环境利益已经成为现代社会人们追求的较高层次的利益，人们不再一味地谋求经济上的利益获取，亦希望得到环境上的美好享受，环境法应在这两种利益的冲突中发挥平衡作用。《环境保护法》第4条第2款规定："国家采取有利于节约和循环利用资源、保护和改善环境、促进人与自然和谐的经济、技术政策和措施，使经济社会发展与环境保护相协调。"该规定被视为我国环境保护法的协调发展原则，相比1989年《环境保护法》中"使环境保护工作同经济建设和社会发展相协调"的表述，"使经济社会发展与环境保护相协调"将环境保护置于优位，体现出环境保护重要性的提升。但是法律原则往往是抽象的指引，还需要具体制度的配合才能落地实施，我国环境立法中确立的环境与资源保护规划、环境影响评价等制度设计都是对协调发展原则的贯彻，这些制度都事前从正向促进经济社会发展与环境保护相协调，然而当事后存在经济社会发展与环境保护相冲突时，却发现欠缺周全的利益衡量和协调规则。

因此，为了克制利益的不法本能，环境法需要通过义务的设定来确认利益行为的范围和边界。《民法总则》第9条规定："民事主体从事民事活动，应当有利于节约资源、保护生态环境。"这条绿色原则是环境保护学者们努力呼吁的结果，得之不易，该原则自公布以来也受到了不少学者的质疑。笔者认为，尽管绿色原则与协调发展原则一样的抽象，更多是宣示指引作用，但该条款就像诚信原则和公序良俗一样，对民事行为和司法判决给出了一项价值判断标准，人们的经济活动不能在"所有权"的保护下，无所顾忌地用尽权利对自然资源进行无节制地索取，肆无忌惮地用尽权利对生态环境进行污染破坏，而应当践行资源节约和环境保护的理念。

此外，为了协调环境利益与其他利益的冲突，环境法还需要进一步明确利益的衡量原则和制约规则。因为并非公共利益就天然地优先于个人利益，应避免公共利益对个人利益的吞噬，无视道德标准和个人权利的原则终会导致暴力。并非所有的环境利益都具有天然的优势地位，当两种正当利益发生冲突时，如若无法断定价值位阶高低，为保护某种较为优越的价值，须侵及一种法益时，不得欲达此目的所必要的程度。此即所谓的损失最小化，就是承认利益的损失实际不可避免，但要求被牺牲的利益应当是所有利益影响范围和程度最小的，它应包含两个要素：确实受到损失且必须付出；损失为别人所得，利益的获得者必须支付对价。因此，环境法的制度构架中须对个人的合法经济利益与环境利益进行利益衡量，在这一过程中尤其需要注意两个问题：一是环境利益衡量的原则不是利益最大化，而应该秉承损失最小化原则。何种正当利益能居于优先地位，取决于该种利益更具紧迫性和最小损害性。如果为保护环境而停滞经济发展，可能侵害到当事人的生存利益，这无疑与环境保护的根本目的背道而驰。如何既增进生态环境利益的持续增长，又充分保障经济社会利益的良性发展，考量着环境利益配置的智慧，这也正是政府环境公共行政的价值所在。二是环境利益配置既要实现分配正义，也须注重校正正义。分配正义是基于不平等的正义，在环境利益的分配中所有主体应共享环境利益，同时不同主体之间承担环境责任应区别对待，起源于国际环境保护的"共同但有区别责任原则"在国内环境法治进程中还有用武之地和发展空间。校正正义是基于平等的正义，是对被牺牲利益的补偿，协调环境利益的冲突应当对牺牲的正当利益进行合理补偿，尤其要防范利益获得者为了逃避补偿责任，故意找理由将合法的民事活动认定为违法的情形。

三、平衡途径：健全环境利益协调机制

党的十八届三中全会通过的《中共中央关于全面深化改革若干重大问题的决定》中指出，创新社会治理体制，建立畅通有序的诉求表达、心理干预、矛盾调处、权益保障机制，使群众问题能反映、矛盾能化解、权益有保障。法律的指引的确可以减少利益冲突发生，但利益的差别带来的利益冲突常常难以避免，从而产生社会矛盾。其实，一个良好的秩序不是没有矛盾的秩序，而是一个有着良好的矛盾解决机制的秩序。法律的重要使命就是发挥各种机制的作用来化解社会矛盾，社会的稳定与和谐必须要有与之相适应的社会管理体制，要通过立法来整合资源，更新管理理念，创新管理方式，形成新的社会管理格局。要想使社会各阶层社会成员的诉求得以反映，权益得以保障，行为得以规范，形成良好的社会管理状态，必须有完备的善法体制，善法之

治的完备需有良好的利益协调机制，系统的利益协调机制需要畅通利益表达机制、理顺利益分配机制、完善利益救济机制。

（一）畅通环境利益表达机制

环境政策和立法应当是民意的体现，只有合理地、民主地吸取了公众利益诉求，才能得到有效的实施。如果环境政策和立法从根本上与民意相背离，那么它就丧失了正当性。一个社会能否给予不同利益主体公平表达自身环境诉求的机会，行政主管部门能否迅速、准确、公正地回应社会各群体平等表达的利益要求，需要构建有效的利益表达机制，畅通的利益表达机制是协调利益关系的前提。利益表达是指各利益主体及其代表通过一定的渠道和方式向国家公共权力主体表达自身的利益诉求，以此来维护和实现自身利益要求的一种行为。[1]环境利益表达机制的关键在于利益表达权利的平等。平等的利益表达权利至少应包括利益表达机会的平等、利益表达能力的平等和利益表达效果的平等。利益表达机会和利益表达能力直接影响到利益表达的效果，关系到环境政策输入过程中环境利益主体话语权的强弱，关系到环境政策输出能否对公众环境利益诉求作出合理回应。

2014 年《环境保护法》修订时新增加了公众参与的内容，第 53 条和第 57 条总括性地规定了公众享有获取环境信息、参与和监督环境保护的权利。[2]紧随其后，环保部发布了规范性文件《关于推进环境保护公众参与的指导意见》以进一步落实法律要求，推进公众参与环境保护。但仅仅用规范性文件还难以细化公众参与程序，于是在 2015 年和 2018 年出台了两个专门规定环境保护公众参与的部门规章，分别是《环境保护公众参与办法》和《环境影响评价公众参与办法》。由此可见，政府十分重视公众环境保护知情

---

〔1〕 参见梁胜初：“和谐社会视域下构建利益表达机制的路径分析”，载《湖北省社会主义学院学报》2010 年第 6 期。

〔2〕《环境保护法》第 53 条规定：“公民、法人和其他组织依法享有获取环境信息、参与和监督环境保护的权利。各级人民政府环境保护主管部门和其他负有环境保护监督管理职责的部门，应当依法公开环境信息、完善公众参与程序，为公民、法人和其他组织参与和监督环境保护提供便利。”第 57 条规定：“公民、法人和其他组织发现任何单位和个人有污染环境和破坏生态行为的，有权向环境保护主管部门或者其他负有环境保护监督管理职责的部门举报。公民、法人和其他组织发现地方各级人民政府、县级以上人民政府环境保护主管部门和其他负有环境保护监督管理职责的部门不依法履行职责的，有权向其上级机关或者监察机关举报。接受举报的机关应当对举报人的相关信息予以保密，保护举报人的合法权益。”

权、参与权、表达权和监督权的实现。

目前，我国公众参与环境保护过程中利益表达程序方面存在的不足主要有：其一，从参与主动性方面来看，被动参与较多，主动参与较少。现有环境立法中规定民意表达的制度化途径，主要包括听证会、论证会、座谈会、问卷调查、电话、信函、传真、网络等参与方式。其中前四种参与方式是由环境保护主管部门启动的参与渠道，后四种参与方式可以由公众自由实施。社会影响力较大的参与方式，主要是以环境保护主管部门为主导。其二，从参与阶段方面来看，末端参与较多，源头参与和全过程参与较少。在影响环境的政策或行为产生之初，公众较少参与到环境保护中，往往是在环境污染或生态破坏既成事实，公众环境权益受到侵犯以后才参与进来。此时因权益已经受损，利益协调的难度会相应增大。其三，从参与效果来看，形式上参与较多，实质性参与较少。因环境问题的类型不同，环境决策的阶段不同，公众参与的程度与作用也有所不同，如果是千篇一律的"标准化""符号化"参与，那么公众参与就会流于形式，缺乏有效性。其四，因利益表达主体成熟的程度不同，占有社会资源的差异，造成了各个利益群体利益表达机会的不均等。政府的政策输入渠道承载了社会整体的利益表达，无疑会产生利益表达渠道的拥挤和阻塞，有时只能满足一部分有限的利益要求，公众的许多利益诉求无法得到有效疏通。特别是社会弱势群体的环境利益表达往往处于"失声"状态。

对此，还需要从以下几个方面完善公众参与环境保护的利益表达机制。首先，应当拓宽环境利益表达渠道。从不同的渠道形式来看，公众表达环境利益的渠道，可以分为组织渠道和媒体渠道，组织渠道中包括两会提案、政府信访、司法诉讼、社会组织等，媒体渠道中包括广电媒体、报刊媒体和网络媒体等。影响公众选择某种渠道的因素主要有：效用、成本、价值、结构等。[1]也就是公众在选择一种利益表达渠道时，会考量该渠道的有效性、便利性、公正性和程序性。从目前公众参与的情形来看，通过社会组织和网络

---

〔1〕参见张静："义乌外来工为什么愿意使用法律"，载《江苏行政学院学报》2010年第3期。该文作者在分析外来工为什么愿意使用法律时，提出了四个定律：一是效用定律，即法律的效能，法律能否为人们提供行之有效的解决方案；二是成本定律，即法律的便利，人们运用法律是否便宜和方便；三是价值定律，即法律的价值，法律公正处理案例的价值是否能获得人们认同；四是结构定律，即法律与连接渠道，应将公共服务与民众需求制度化地联系起来。

媒体的参与渠道还有待进一步发展。环保社会组织是公众参与的重要力量，社会组织渠道可以将公共环境服务与公众利益需求联系起来，尤其是帮助利益表达能力有所欠缺的公众，将其利益诉求纳入政府解决程序，进而得到有效回应。还需要特别注重对社会弱势群体利益表述进行援助和扶持，由环境社会组织代表环境弱势群体利益更加具有针对性，让环境利益相关方都有平等的机会可以自由表达利益诉求。网络媒体渠道则可以为公众提供低成本和更方便的表达渠道，尤其是当今网络自媒体得到广泛运用，利益表达渠道的便利性有利于让更多的公众参与到环保事务中。

其次，应当确保利益表达渠道的畅通，将公众参与决策的阶段前移。环境利益存在私人性和公共性之间的利益冲突，这就决定了在化解利益纠纷时必然要有公众参与，并且要避免流于形式的"为参与而参与"。一定程度上，公众参与环境决策的时间与达成共识的可能性成正比，当信息沟通不顺畅、诉求回应不及时时，就容易产生"邻避"现象。《环境影响评价公众参与办法》第4条对公众参与环境影响评价的时间阶段进行了规定，即在规划草案报送审批前，专项规划编制机关应当征求公众对环境影响报告书草案的意见。而《环境保护公众参与办法》中没有对公众参与的时间节点作出规定。除了环境影响评价以外，公众参与的重点领域还包括环境法规和政策制定、环境决策、环境监督、环境宣传教育等。不同领域的公众参与要求各不相同，对公众介入时段和参与程度的规定也不能一刀切，但应当在民主和效率的平衡下，尽可能将公众参与决策的阶段前移，使利益表达渠道畅通运行。

最后，应当增强公众利益表达的有效性，增强公众参与环境治理的约束力。美国学者 Amstein Sherry R. 认为，从表达公众权力的范畴来看，公众参与意味着权力的再分配。[1]换言之，公众参与应具有对公共权力的约束力，而这种约束力的实现与公众利益表达的有效性密切相关。倘若环境决策制定者仅仅以"告知"的形式，将环境决策对公众进行"单向度传输"，公众参与就会沦为"只听不证"的走过场形式，难以具备约束力。《环境保护公众参与办法》第9条对公众参与的效力作出了规定，即环保主管部门应当对公众

---

〔1〕 See Amstein Sherry R., "A Ladder of Citizen Participation", *Journal of the American Institute of Planners*, Vol. 35, No. 4, July 1969, pp. 216~217.

意见和建议予以充分考虑。[1]《环境影响评价公众参与办法》第 18 条规定，建设单位对未采纳的公众意见应当说明理由。[2]这表明环境影响评价过程中的公众参与约束力稍强，包含了对不采纳意见的论证说理要求。但这只是程序意义上的保证，现阶段公众表达权能产生何种效果完全取决于环保主管部门或建设单位。倘若公众利益表达取得实质性效果，需要寄希望于"以民为本"的决策者，这实质上是依赖于人治而非法治。但同时也应当承认，基于知识限制、私人立场等因素的限制，公众参与具有天然的弊端。因此，并不能一味要求决策者采纳公众意见和建议，而是要从制度构建上保证决策者充分听取并切实论证公众利益需求。

综上，从公众参与环境保护的阶段流程来看，完善利益表达机制还需要从表达机会、表达合理性判断以及表达权救济三方面进行制度构建：赋予更广泛的利益相关公众以便利、畅通的表达渠道；对公众表达内容合理与否的判断应当公开化、痕迹化；公众表达权被侵犯应当有行政复议渠道以及相应的主体追责机制。

(二) 理顺环境利益分配机制

环境公平与正义的核心落脚点就是环境利益分配上的公平与正义。环境公正不仅意味着权利的公平分配，也包含义务的合理公正承担，以及利益与负担的公平划分。公平分配应得的权利和义务就是正义，不公平地分配应得的权利就是非正义。

首先，应当树立正确的环境资源所有权观。环境资源不再是企业可以任意污染、挥霍的免费资源，而是属于全体人民的珍贵财富。国家和集体作为自然资源所有权的主体，其本身具有抽象性，它们不能亲自具体行使自然资源所有权的占有、使用、收益和处分的权能，这就需要明确规定由谁代表国

---

〔1〕《环境保护公众参与办法》第 9 条规定："环境保护主管部门应当对公民、法人和其他组织提出的意见和建议进行归类整理、分析研究，在作出环境决策时予以充分考虑，并以适当的方式反馈公民、法人和其他组织。"

〔2〕《环境影响评价公众参与办法》第 18 条规定："建设单位应当对收到的公众意见进行整理，组织环境影响报告书编制单位或者其他有能力的单位进行专业分析后提出采纳或者不采纳的建议。建设单位应当综合考虑建设项目情况、环境影响报告书编制单位或者其他有能力的单位的建议、技术经济可行性等因素，采纳与建设项目环境影响有关的合理意见，并组织环境影响报告书编制单位根据采纳的意见修改完善环境影响报告书。对未采纳的意见，建设单位应当说明理由。未采纳的意见由提供有效联系方式的公众提出的，建设单位应当通过该联系方式，向其说明未采纳的理由。"

家和集体行使资源所有权。根据我国现行立法的规定，国家所有权由国务院行使，集体所有权由集体组织统一行使。可是在实际操作中，国务院对自然资源国家所有权的行使是由国家和地方各级政府共同实现的，但由于所有权内容的笼统和概括，难以对不同级别政府行使权利的边界作出明确的界定，其结果往往是架空了资源的国家所有权。此外，国家作为自然资源国家所有权的主体，却兼具民事主体和公权力主体的双重属性。长期以来，由于认识的原因和体制的问题，国家并没有对自然资源所有权的行使进行合理的定位，把国家作为自然资源管理者的行政权力与国家作为自然资源所有人的财产权利混为一谈，把行政权的行使作为自然资源国家所有权的实现方式，使自然资源所有权成为行政权的附庸，从而忽视了自然资源所有者最大权益的实现。

其次，应当树立正确的环境利益主体观。环境的外部性特征使得环境利益的损益不仅关系到环境资源的所有权人，还会影响到周边的利益相关者。社会公众不是环境利益分配中被动的受害者或受益者，而是应当作为环境利益分配的监督者和参与者。环境法中污染者负担原则的演变表明了环境法的发展是不断理顺环境利益合理化分配的过程。实践表明，国家使用公共财政进行环境治理不仅阻止不了环境污染行为，反而会纵容污染行为及污染成本的社会转嫁，并且使用纳税人的税收用于污染者造成的污染治理有悖于社会公平。因此，"谁污染，谁付费"原则得以产生。国际经济合作与发展组织最初提出的污染者负担原则，实质上是一项关注社会环境成本分配效率和国际贸易公平竞争的经济原则。[1]但是，"污染者"的概念并不能涵盖所有的环境影响者，污染也不是环境污染与生态破坏的唯一原因，对自然资源毫无节制地开发、利用和消费，同样会引发环境问题。由此，污染者负担原则得到拓展，不仅要实行"谁污染，谁付费"，还要实行"谁受益，谁补偿"。

最后，应当进一步均衡环境利益的保护机制。在环保督察过程中，还存在地方立法为生态破坏放水的违法情形。例如，《甘肃省矿产资源勘查开采审批管理办法》（甘政发［2011］118号）第23条允许在国家级自然保护区实验区新立探矿权和开采。而根据其上位法《矿产资源法》（2009年修正）第20条的规定非经国务院授权的有关主管部门同意，不得在国家划定的自然保护区开采矿产资源。《自然保护区条例》（2011年修正）第26条明文规定，

---

〔1〕 柯坚："论污染者负担原则的嬗变"，载《法学评论》2010年第6期。

禁止在自然保护区内进行开矿、采石等活动，但是法律、行政法规另有规定的除外。由此可知，自然保护区内原则禁止开矿采石，若有例外，必须通过法律和法规规定或是经国务院授权的有关主管部门同意，该项甘肃省政府规章是违反上位法的规定，擅自放宽了自然保护区内探矿权限。还有《甘肃祁连山国家级自然保护区管理条例》（2016 年修正）第 10 条第 2 款将《自然保护区条例》（2011 年修正）第 26 条中禁止的十种行为缩减为三种，从立法角度而言这在立法技术上没有问题，但是恰恰这三种行为都是近年来较少发生的，而频繁发生且严重破坏生态环境的七种行为却在地方立法中没有直接规定。另外，还有地方政府在工业园区设立每月 25 天的"企业宁静日"，规定执法部门不得到企业进行常规性检查。还有地方政府专门出台《关于进一步规范园区行政涉企检查的通知》的规范性文件，实行准入式检查、涉企检查备案等与法律明文规定相悖的政策，用以限制环境执法检查。《环境保护法》第 24 条规定的现场检查制度如此被地方政府的规范性文件架空，原本应该为环境公共利益保驾护航的地方政府，却堂而皇之地为工业园区企业推波助澜。对此类"土政策"进行整改废止固然应当，但其产生的原因和防范措施更加值得思索。

上述地方立法和政策公然为生态破坏开后门，其根本目的是实现行政利益，直接目的是创造经济利益，生态破坏并非其目的而是获得前两种利益的附属牺牲品，这其中就存在地方行政利益和公共环境利益的冲突。有观点认为，此类问题的原因在于环境公益论危害深重，它掩盖了环境法对环境利益的公平分配以及对环境义务的合理承担。但笔者认为，诸多运动式的环境执法活动不见良好成效并不能说明为了公共环境利益进行的执法存在重大问题，在保护公共环境利益的过程中，因为制度缺失或缺陷而带来的失败后果并不是公共环境利益自身的过错，而是环境行政权力滥用后导致公共环境利益被异化所出现的结果，恰恰表明了公共环境利益需要严格保护。实际上，环境立法或执法中上下其手的行为正是部分地方政府为了追求行政上的利益而牺牲了公共环境利益，或者将少数人的经济利益披上公共利益的外衣，将公共利益置于一己私利之下。正因如此，才更加需要均衡环境利益的保护机制，抑止环境公共利益被异化为少数人的私益。

基于环境利益的公共性特征，环境利益的保护离不开行政权力的积极作为，但环境利益的保护不是行政权力的专属任务，我国目前环境立法的制度设计中较为倚重政府环境保护职权和义务，这在环境污染和生态破坏形势严峻的当下无可厚非，但是从长远发展来看，难以持续运用中央环保督察给地方政府施加环境保护高压，还是需要运用权限机制和监督机制来防止侵害环境利益的"公共危险"的存在。

对此，笔者建议有必要正式建立并完善政策环境影响评价制度，杜绝与生态文明建设和环境保护相违背的文件出台。理由如下：

第一，尽管我国已经建立了立法性文件的备案审查制度和提请合法性审查制度，但存在"只备不审"以及提请合法性审查严重不足甚至缺失的情形，导致这种情形的主要原因直接看来是享有立法监督权的这些审查机关不作为，但这些不作为的深层原因却在于审查介入时间滞后、审查主体公权化、审查责任难追究三方面。审查介入时间滞后是因为《立法法》第 89 条规定了行政法规、地方性法规、自治条例和单行条例、规章应当在公布后的 30 日内进行备案，等立法文件已经批准并公布后立法监督才介入，这实际上是属于事后审查。审查主体公权化是指现有审查主要是倚重立法、行政、司法等公权力机关来实施，虽然社会团体、企事业单位和公民等私主体的提请审查权利在《立法法》第 90 条第 2 款中已被赋予，但是能够充分行使并发挥作用还需配套制度支持。审查责任难追究是受到前两个弊端的影响，对已经正式公布的立法文件提出审查意见，会有损立法机关的权威性，且不论公权力机关之间的"官官相护"，可能也有"官官相惜"之嫌，立法问责制度尚属欠缺。

第二，对于非立法性质的规范性文件或政策的出台，近年来在实践中是由各级法制部门或政策法规部门进行合法性审核。规范性文件审查的启动时间可以发生在规范性文件出台之前，这种前置审查虽弥补了事后审查的不足，但是也未克服行政内部审查的弊端，囿于行政干扰因素或专业性障碍，仍会存在把关不严的情形。

第三，在专业化评估不良环境影响方面，目前我国系统建立了环境影响评价制度。2014 年在修订《环境保护法》时新增加了第 14 条："国务院有关部门和省、自治区、直辖市人民政府组织制定经济、技术政策，应当充分考虑对环境的影响，听取有关方面和专家的意见。"但《环境影响评价法》（2016 年修正）第 2 条仍然规定环境影响评价制度的适用范围限于规划和建设项目两类，没有提及政策。《环境保护法》第 14 条已经为政策环境影响评价制度进行了铺垫，制定经济、技术政策应当充分考虑环境影响的规定已属进步，但是立法中用的是"考虑"二字，而非"评价"，这表明正式确立以政策制定机关为主体、有关方面和专家充分参与的政策环境影响评价机制及技术框架体系尚存阻力。

（三）完善环境利益救济机制

环境利益的公平配置必须得到法律的实现，将"权利从价值判断的应然领域转化为实然领域"，这种转化的重要一环即是环境司法的专门化。通过环境司法的专门化实现环境利益的公正分配。环境司法专门化机构设置应当打破地区与区域限隔，除了基层环境法院或环境法庭设立之外，还应设立类似巡回法院的司法体系，因为要保护弱势地区与弱势群体的环境利益不受侵犯，就不能只限于地区的环境审判，一方面，环境污染的发生往往是跨地区的区域性的；另一方面，受害群体也具有不稳定性。在澳大利亚和新西兰设立有环境法院，专门审理与环境和土地有关的诉讼，在瑞典和瑞士设立有专门的环境法庭，在美国，国会授予环保署全面的法律调查执行权〔1〕。我国的贵阳、无锡、昆明、玉溪等地成立了专门的环保法庭。环境司法专门化不仅是惩治环境污染的基本组织保证，也是环境利益有效分配的法律救济保障。

小结：环境社会权力的正义张力

基于环境的公共物品属性，公共环境利益的维护离不开政府的主导，但也存在侵犯环境利益的"公共危险"，因此应当注重环境利益的分配正义；基于环境的外部性特征，私人环境利益的损益不仅关系到环境资源的所有权人，还会影响到周边的利益相关者，因此应当注重环境利益的校正正义。人民群众不是环境利益的被动受益者或受害者，而应当是促进环境正义的参与者和维护环境正义的监督者。只有在生态文明法治建设的过程中正确地确认、配置和保护好公共环境利益和私人环境利益，才能更好地化解人民日益增长的美好环境需要和不平衡不充分的环境保护之间的矛盾。

环境管理创新的目的在于提升环境管理的效率、构建环境管理的良好秩序，但最终目的应当是促进环境利益的公平配置。现行法律对环境利益配置

---

〔1〕　参见杜建勋、陈德敏："环境利益分配：环境法学的规范性关怀"，载《时代法学》2010年第5期。

的总体格局不尽合理，环境利益在宪法中没有得到应有的肯定，环境利益在环境法中也没有得到重点的保护。环境法对人身利益、财产利益、管理秩序与环境利益一并保护自无异议，但不分主次地对它们实行同等对待则不利于保护环境利益，因为环境法具有自己的分工，应当以环境利益为利益本位。

强调环境法对环境利益的保护并不否认对其他利益的正当保护。经济利益和环境利益都是正当利益，法律不能为了一个利益而肆意侵犯另外一个正当利益，法律对于正当利益关系调整的方法在于不断平衡和调适利益冲突。环境利益平衡的原则应当从追求利益最大化转向损失最小化，使被牺牲的利益应当是所有利益影响范围和程度最小的，抑止行政权力打着环境公共利益的旗号侵犯公民环境权利。利益平衡不当常常又会引起利益冲突，产生社会矛盾。一个良好的秩序是一个有着良好的矛盾解决机制的秩序。环境利益的公平配置需要建立系统的利益协调机制，利益表达机制的畅通是环境利益协调的前提，利益分配机制的理顺是环境利益协调的核心，利益救济机制的完善是环境利益协调的保障。

第八章 | Chapter 8
结 语

纵观人类文明发展史，其常态是法律多元、权力多元，法律与权力是建立并维持社会秩序所必须的条件。法律多元，意味着人类社会存在着硬法、软法等不同级次的法律；权力多元则表明，除了国家权力之外还应当有社会权力。当代社会中行政权力扩大化之表现甚为明显，但环境管理领域中的怪相是环保主管部门的行政权力受到其他行政权力的压制。环境法的发展应当是一部环境主管部门的"赋权（力）法"、政府机关的"控权（力）法"以及社会公众的"维权（利）法"。

环境治理创新的任务之一是完善环境行政管理，厘清环境行政权力内部的职能与分工，赋予环境主管部门应有的地位与职权，发挥环境行政管理在环境善治进程中的引导作用和基础作用。

环境治理创新的任务之二是发展环境社会治理，确立环境社会权力对侵害环境利益的国家权力的制约。权力是为了权利的更好实现而存在的，环境社会权力是为了保证政府在进行各种利益衡量时不偏离公众环境权益的保护宗旨，保证政府在进行环境利益配置时不脱离公平公正的运行轨道，不至于让公民环境权利成为行政环境权力的牺牲品，不至于让公民环境权利陷入空有口号难以自保的尴尬境地。

环境治理创新的任务之三是实现环境行政管理与环境社会治理的对接与互动。在环境治理创新中构建环境社会治理体制并不是否认政府是环境管理的主体和环境行政管理的主导地位。环境问题的公共性、广泛性和长远性特征，决定了环境保护既是政府的主要职责，同时也需要社会公众的广泛参与。政府进行宏观管理的效率要高于其微观管理，政府可以将部分环境公共物品的供给和维护职责托付给社会组织，同时也保留一定的监管职权，这样既可以减轻政府行政成本的压力，又可以利用社会组织的专业化力量实现环境类公共物品的高效率管理。明确环境社会治理与环境行政管理之间的主要管理范围，可以让两者在不同的管理领域中发挥各自的优势功效。

此外，在本书的写作过程中，还存在着笔者现阶段无法克服的问题。关于环境社会权力的理论性探讨具有相对的包容性，即使被证伪也依然能够引起环境管理中有关权力配置的考虑。关于环境社会权力的制度性安排和设计应该体现出可行性、全面性、效率性和经济性，任何好的制度都需要在实践中不断进行检验和修正，在此基础上再促进理论上的提升和完善。然而，由于社会学、政治学等相关知识的欠缺和实践经验的缺乏，笔者对环境社会权力制度进路的思考不够成熟，对环境社会权力的制度化论述可能存在较大的不足。但本论文书不是笔者对环境社会权力研究的终结之作，而是在对环境治理创新思考中衍生出的一项研究开端，环境社会权力的研究任务还很繁重，兴趣将会牵引笔者继续求索。

REFERENCES
参考文献

一、中文著作类

1. 蔡定剑主编：《公众参与：欧洲的制度和经验》，法律出版社 2009 年版。

2. 蔡守秋：《调整论——对主流法理学的反思与补充》，高等教育出版社 2003 年版。

3. 蔡守秋主编：《环境资源法教程》，高等教育出版社 2010 年版。

4. 陈亮：《美国环境公益诉讼原告适格规则研究》，中国检察出版社 2010 年版。

5. 陈泉生等：《环境法学基本理论》，中国环境科学出版社 2004 年版。

6. 邓正来、［英］J. C. 亚历山大编：《国家与市民社会——一种社会理论的研究路径》，中央编译出版社 1999 年版。

7. 丁一凡编：《大家西学：权力二十讲》，天津人民出版社 2008 年版。

8. 杜力夫：《权力监督与制约研究》，吉林人民出版社 2004 年版。

9. 杜群：《环境法融合论：环境·资源·生态法律保护一体化》，科学出版社 2003 年版。

10. 杜群：《生态保护法论——综合生态管理和生态补偿法律研究》，高等教育出版社 2012 年版。

11. 高鸿钧：《现代法治的出路》，清华大学出版社 2003 年版。

12. 郭道晖：《社会权力与公民社会》，凤凰出版传媒集团、译林出版社 2009 年版。

13. 洪大用等：《中国民间环保力量的成长》，中国人民大学出版社 2007 年版。

14. 洪大用主编：《中国环境社会学：一门建构中的学科》，社会科学文献出版社 2007 年版。

15. 胡建淼主编：《公权力研究——立法权·行政权·司法权》，浙江大学出版社 2005 年版。

16. 胡静：《环境法的正当性与制度选择》，知识产权出版社 2009 年版。

17. 胡水君：《法律与社会权力》，中国政法大学出版社 2011 年版。

18. 黄德发：《政府治理范式的制度选择》，广东人民出版社 2005 年版。

19. 孔繁斌：《公共性的再生产：多中心治理的合作机制建构》，江苏人民出版社 2008 年版。

20. 李振宇：《边缘法学通论》，中国检察出版社 2007 年版。

21. 李挚萍：《环境法的新发展——管制与民主之互动》，人民法院出版社 2006 年版。

22. 梁慧星：《为权利而斗争——梁慧星先生主编之现代世界法学名著集》，中国法制出版社、金桥文化出版社 2000 年版。

23. 林乾：《传统中国的权与法》，法律出版社 2013 年版。

24. 卢洪友等：《外国环境公共治理：理论、制度与模式》，中国社会科学出版社 2014 年版。

25. 罗豪才等：《软法与公共治理》，北京大学出版社 2006 年版。

26. 吕廷君：《民间法与法治社会》，人民出版社 2017 版。

27. 吕忠梅：《沟通与协调之途：论公民环境权的民法保护》，中国人民大学出版社 2005 年版。

28. 吕忠梅：《超越与保守：可持续发视野下的环境法创新》，法律出版社 2003 年版。

29. 马长山：《国家、市民社会与法治》，商务印书馆 2002 版。

30. 马伊里：《合作困境的组织社会学分析》，上海人民出版社 2008 年版。

31. 穆治霖：《环境立法利益论》，武汉大学出版社 2017 年版。

32. 钱箭星：《生态环境治理之道》，中国环境科学出版社 2008 年版。

33. 陶传进：《环境治理：以社区为基础》，社会科学文献出版社 2005 年版。

34. 谭培文：《马克思主义的利益理论——当代历史唯物主义的重构》，人民出版社 2002 年版。

35. 钭晓东等：《民本视阈下环境法调整机制变革：温州模式内在动力的新解读》，中国社会科学出版社 2010 年版。

36. 钭晓东：《论环境法功能之进化》，科学出版社 2008 年版。

37. 涂晓芳：《政府利益论——从转轨时期地方政府的视角》，北京大学出版社、北京航空航天大学出版社 2008 年版。

38. 汪劲：《环境法律的理念与价值追求》，法律出版社 2000 年版。

39. 汪劲：《环境法律的解释：问题与方法》，人民法院出版社 2006 年版。

40. 王宝治：《当代中国社会权力问题研究》，中国社会科学出版社 2014 年版。

41. 王彬辉：《基本和法律价值——以环境法经济刺激制度为视角》，中国法制出版社 2008 年版。

42. 王彩波主编：《个人权利与社会正义：当代西方政治学名著导论》，中国科学出版社 2007 年版。

43. 王存河：《治道变革与法精神转型》，法律出版社 2005 年版。

44. 王芳：《环境社会学新视野——行动者、公共空间与城市环境问题》，上海人民出版社 2007 年版。

45. 王健等：《中国政府规制理论与政策》，经济科学出版社 2008 年版。

46. 王婧：《庞德：通过法律的社会控制》，黑龙江大学出版社 2010 年版。

47. 王敬尧：《参与式治理：中国社区建设实证研究》，中国社会科学出版社 2006 年版。

48. 王立新主编：《环境管理创新与可持续发展》，中国环境科学出版社 2005 年版。

49. 王蓉：《环境法总论——社会法与公法共治》，法律出版社 2010 年版。

50. 王诗宗：《治理理论及其中国适用性》，浙江大学出版社 2009 年版。

51. 王树义主编：《可持续发展与中国环境法治——生态安全及其立法问题专题研究》，科学出版社 2005 年版。

52. 吴玉章：《法治的层次》，清华大学出版社 2002 年版。

53. 武步云：《人本法学的哲学探究》，法律出版社 2008 年版。

54. 夏光：《环境政策创新：环境政策的经济分析》，中国环境科学出版社 2001 年版。

55. 肖建华、赵云林、傅晓华：《走向多中心合作的生态环境治理研究》，湖南人民出版社 2010 年版。

56. 肖建华：《生态环境政策工具的治道变革》，知识产权出版社 2010 年版。

57. 郇庆治：《文明转型视野下的环境政治》，北京大学出版社 2018 年版。

58. 谢鹏程：《基本法律价值》，山东人民出版社 2000 年版。

59. 徐海静：《法学视域下环境治理模式的创新——以公私合作为目标》，法律出版社 2017 年版。

60. 严法善、刘会齐：《环境利益论》，复旦大学出版社 2010 年版。

61. 杨仕兵：《公共物品供给法律制度研究》，中国检察出版社 2009 年版。

62. 姚洋：《制度与效率：与诺斯对话》，四川人民出版社 2002 年版。

63. 叶俊荣：《环境政策与法律》，中国政法大学出版社 2003 年版。

64. 易承志：《社会转型与治理成长：新时期上海大都市政府治理研究》，法律出版社 2009 年版。

65. 俞海、龙迪主编：《环境公共治理：欧盟经验与中国实践》，中国环境出版社 2017 年版。

66. 俞可平主编：《治理与善治》，社会科学文献出版社 2000 年版。

67. 俞可平主编：《全球化：全球治理》，社会科学文献出版社 2003 年版。

68. 俞可平：《增量民主与善治》，社会科学文献出版社 2005 年版。

69. 张文显主编：《法理学》，高等教育出版社、北京大学出版社 1999 年版。

70. 张明顺等：《自愿协议式环境管理》，中国环境出版社 2013 年版。

71. 张乾友：《社会治理的话语重构》，中国社会科学出版社 2017 年版。

72. 张翔：《基本权利的规范建构》（增订版），法律出版社 2017 年版。

73. 张雅勤：《公共性视野下的国家治理现代化》，人民出版社 2017 年版。

74. 赵俊：《环境公共权力论》，法律出版社 2009 年版。

75. 钟其、虞伟编译：《中外环境公共治理比较研究》，中国环境出版社 2015 年版。

76. 周厚丰：《环境保护的博弈》，中国环境科学出版社 2007 年版。

77. 周鑫：《西方生态现代化理论与当代中国生态文明建设》，光明日报出版社 2012 年版。

78. 周县华等：《环境公共治理多主体协同模式研究》，经济科学出版社 2018 年版。

79. 周永坤：《规范权力——权力的法理研究》，法律出版社 2006 年版。

80. 朱谦：《公众环境保护的权利构造》，知识产权出版社 2008 年版。

二、中文译著类

1. 《马克思恩格斯全集》，人民出版社 1995 年版。

2. ［德］卡尔·拉伦茨：《法学方法论》，陈爱娥译，商务印书馆 2003 年版。

3. ［德］马丁·耶内克、克劳斯·雅各布主编：《全球视野下的环境管治：生态与政治现代化的新方法》，李慧明、李昕蕾译，山东大学出版社 2012 年版。

4. ［德］乌尔里希·贝克：《全球化时代的权力与反权力》，蒋仁祥、胡颐译，广西师范大学出版社 2004 年版。

5. ［德］约阿希姆·拉得卡：《自然与权力——世界环境史》，王国豫、付天海译，河北大学出版社 2004 年版。

6. ［德］托马斯·海贝勒、迪特·格鲁诺、李惠斌主编：《中国与德国的环境治理：比较的视角》，中央编译出版社 2012 年版。

7. ［法］古斯塔夫·勒庞：《乌合之众：大众心理研究》，戴光年译，新世界出版社 2010 年版。

8. ［法］让-皮埃尔·戈丹：《何谓治理》，钟震宇译，社会科学文献出版社 2010 年版。

9. ［荷］俞海、龙迪主编：《环境公共治理：欧盟经验与中国实践》，中国环境出版社 2017 年版。

10. ［美］庞德：《普通法的精神》，唐前宏、廖湘文、高雪原译，法律出版社 2010 年版。

11. ［美］埃莉诺·奥斯特罗姆、拉里·施罗德、苏珊·温：《制度激励与可持续发展：基础设施政策透视》，陈幽泓等译，上海三联书店 2000 年版。

12. ［美］埃莉诺·奥斯特罗姆、罗伊·加德纳、詹姆斯·沃克：《规则、博弈与公共池塘资源》，王巧玲、任睿译，毛寿龙审校，陕西人民出版社 2011 年版。

13. ［美］埃莉诺·奥斯特罗姆：《公共事物的治理之道——集体行动制度的演进》，余逊达、陈旭东译，上海三联书店 2000 年版。

14. ［美］丹尼尔·A. 科尔曼：《生态政治——建设一个绿色社会》，梅俊杰译，上海世纪出版集团 2006 年版。

15. ［美］丹尼斯·朗：《权力论》，陆震纶、郑明哲译，中国社会科学出版社 2001 年版。

16. ［美］理查德·A. 波斯纳：《法律、实用主义与民主》，凌斌、李国庆译，中国政法大学出版社 2005 年版。

17. ［美］罗斯科·庞德：《通过法律的社会控制法律的任务》，沈宗灵、董世忠译，商务印书馆 1984 年版。

18. ［美］迈克尔·麦金尼斯主编：《多中心治道与发展》，余逊达、陈旭东译，上海三联书店 2000 年版。

19. ［美］曼瑟尔·奥尔森：《集体行动的逻辑》，陈郁、郭宇峰、李崇新译，上海人民出版社 1995 年版。

20. ［美］乔治·弗雷德里克森：《公共行政的精神》，张成福等译，中国人民大学出版社 2003 年版。

21. ［美］罗纳德·德沃金：《认真对待权利》，信春鹰、吴玉章译，中国大百科全书出版社 2002 年版。

22. ［美］詹姆斯·N. 罗西瑙主编：《没有政府的治理》，张胜军等译，江西人民出版社 2001 年版。

23. ［美］朱迪·弗里曼：《合作治理与新行政法》，毕洪海、陈标冲译，商务印书馆 2010 年版。

24. ［日］黑川哲志：《环境行政的法理与方法》，肖军译，中国法制出版社 2008 年版。

25. ［日］佐佐木毅、［韩］金泰昌主编：《地球环境与公共性》，韩立新、李欣荣译，人民出版社 2009 年版。

26. ［印］哈斯·曼德、穆罕默德·阿斯夫编著、国际行动援助中国办公室编译：《善治：以民众为中心的治理》，知识产权出版社 2007 年版。

27. ［英］简·汉考克：《环境人权：权力、伦理与法律》，李隼译，重庆出版社 2007 年版。

28. ［英］马克·尼奥克里尔斯：《管理市民社会》，陈小文译，商务印书馆 2008 年版。

三、中文论文类

1. 蔡守秋："第三种调整机制——从环境资源保护和环境资源法角度进行研究（上）"，载《中国发展》2004 年第 1 期。

2. 蔡守秋："善用环境法学实现善治——治理理论的主要概念及其含义"，载《人民论坛》2011 年第 5 期。

3. 常纪文："论环境教育法制建设与环境保护社会治理"，载《中国环境管理》2015 年第 7 期。

4. 陈若航、褚添有："政府治道变革与行政法的发展"载《广西社会科学》2005 年第 10 期。

5. 陈健鹏、李佐军："新世纪以来中国环境污染治理回顾与未来形势展望"，载《环境与可持续发展》2013 年第 2 期。

6. 陈少红："解读环境法的'立法悖论'——以经济利益与环境利益的冲突为视角"，载《云南大学学报（法学版）》2006 年第 6 期。

7. 成靖、李金："法治文明的二元权力观解读"，载《西南政法大学学报》2008 年第 4 期。

8. 程宗璋："法治新解：以价值判断为视角"，载《中共天津市委党校学报》2003 年第 1 期。

9. 池忠军："善治的悖论与和谐社会善治的可能性"，载《马克思主义研究》2006 年第 9 期。

10. 楚德江："控权理论的价值与缺憾"，载《甘肃社会科学》2008 年第 3 期。

11. 丁蔓："论权力的合法性与组织结构变革"，载《南京社会科学》2006 年第 5 期。

12. 丁宇："论善治视角下中国政府管理体制创新的意义"，载《武汉冶金管理干部学院学报》2009 年第 3 期。

13. 杜群、杜殿虎："生态环境保护党政同责制度的适用与完善——祁连山自然保护区生态破坏案引发的思考"，载《环境保护》2018 年第 6 期。

14. 张宇庆、杜群："合同式环境服务的法律保障——以企业环境责任的内部化为视角"，载《法治研究》2013 年第 8 期。

15. 杜万平："对我国环境行政管理正当性问题的探讨"，载《学术交流》2007 年第 10 期。

16. 甘永宗："和谐社会视域中的国家权力与社会权力"，载《河北理工大学学报（社会科学版）》2008 年第 4 期。

17. 郭道晖："论社会权力与法治社会"，载《中外法学》2002 年第 2 期。

18. 何哲："'善治'概念的核心要素分析——一种经济方法的比较观点"，载《理论与改革》2011 年第 5 期。

19. 胡穗、康铁庚、吕普生："试论和谐政府构建路径的两种社会制衡模式"，载《湖南师范大学社会科学学报》2008 年第 4 期。

20. 胡祖文："论合法社会权力与国家权力的动态平衡"，载《人民论坛》2011 年第 26 期。

21. 韩卫平、黄锡生："论'环境'的法律内涵为环境利益"，载《重庆理工大学学报（社会科学）》2012 年第 12 期。

22. 黄锡生、任洪涛："生态利益公平分享的法律制度探析"，载《内蒙古社会科学（汉文版）》2013 年第 4 期。

23. 姬兆芬："环境保护问题的法律调整模式分析"，载《上海交通大学学报（哲学社会科学版）》2006 年第 2 期。

24. 贾宇："社会管理创新与法治保障"，载《公民与法（法学版）》2011年第8期。

25. 蒋莉："环境整治的根本之道——兼对我国现行环保治理模式的反思"，载《河南社会科学》2011年第2期。

26. 金福海："论环境利益'双轨'保护制度"，载《法制与社会发展》2002年第4期。

27. 晋海："走出环境治理的困境：我国公众参与机制的建构与运行保障"，载《生态经济（学术版）》2008年第1期。

28. 景玉琴、蔡甦琳："政府治理理论的新进展及启示》"，载《山西师大学报（社会科学版）》2007年第3期。

29. 孔繁斌："治理与善治制度移植：中国选择的逻辑"，载《马克思主义与现实》2003年第3期。

30. 李桂林："法律与发展运动的新发展"，载《上海政法学院学报》2006年第5期。

31. 李启家、唐忠辉："从'环境监管失职第一案'看我国环境法治的缺陷"，载《河北法学》2004年第12期。

32. 李劲："公民社会概念界分与中国现代性社会结构重塑"，载《中共云南省委党校学报》2008年第1期。

33. 李启家："环境法领域利益冲突的识别与衡平"，载《法学评论》2015年第6期。

34. 李清伟："论公共治理理念及其法律范式的构建"，载《法商研究》2009年第1期。

35. 李挚萍："20世纪政府环境管制的三个演进时代"，载《学术研究》2005年第6期。

36. 李挚萍："公民环境权的实质及地位再思考"，载《中山大学学报（社会科学版）》2004年第1期。

37. 李挚萍："如何应对环境权利意识觉醒后的公众参与"，载《环境》2012年第9期。

38. 栗峥："现代社会中的权力规训：福柯法律思想的关键词展开"，载《社会科学战线》2011年第3期。

39. 梁莹、肖其明："论法治化的善治：渊源、内涵与过程"，载《社会主义研究》2005年第5期。

40. 林美萍："环境善治：我国环境治理的目标"，载《重庆工商大学学报（社会科学版）》2010年第2期。

41. 刘波："论环境资源法律的实现机制及其功能效应"，载《江汉论坛》2004年第8期。

42. 刘巧红："西方的以公民权利制约国家权力论及其启示"，载《理论探索》2004年第6期。

43. 刘银喜："政府治理理论的兴起及其中国化"，载《内蒙古大学学报（人文社会科学版）》2004年第4期。

44. 刘太刚："对传统公共物品理论的破与立——兼论后公共物品时代的政府职能定位理论"，载《北京行政学院学报》2011年第3期。

45. 楼淑瑜："环境保护中的软法治理"，载《河北理工大学学报（社会科学版）》2008年第 3 期。

46. 卢坤建："政府理论研究的一个走向：从政府回应到回应型政府"，载《中国行政管理》2009 年第 9 期。

47. 卢毅林："善治与节制——国家治理视野中的公法"，载《福建法学》2006 年第 4 期。

48. 鲁楠："法律全球化视野下的法治运动"，载《文化纵横》2011 年第 3 期。

49. 罗豪才、宋功德："公域之治的转型——对公共治理与公法互动关系的一种透视"，载《中国法学》2005 年第 5 期。

50. 罗鹏兴："管窥服务型政府的三个维度：有限政府、善治、法治"，载《中国石油大学胜利学院学报》2009 年第 1 期。

51. 罗文君："论政府在环境公共物品供给中的角色"，载《湖北行政学院学报》2009 年第 3 期。

52. 吕忠梅："环境权力与权利的重构——论民法与环境法的沟通和协调"，载《法律科学（西北政法大学学报）》2000 年第 5 期。

53. 麻宝斌："治道变革：公共利益实现机制的根本转变"，载《吉林大学社会科学学报》2002 年第 3 期。

54. 马明春："善治：和谐法治的价值追求"，载《凯里学院学报》2010 年第 1 期。

55. 毛寿龙："治道变革：90 年代西方政府发展的新趋向"，载《北京行政学院学报》1999 年第 1 期。

56. 那力："论环境事务中的公众权利"，载《法制与社会发展》2002 年第 2 期。

57. 潘伟杰："公平正义的实现与当代中国公法变迁的方向"，载《华东政法大学学报》2010 年第 5 期。

58. 彭远春、张甜甜："环境约束下的我国社会管理新趋向"，载《天府新论》2012 年第 1 期。

59. 沈承诚："论环境话语权力的运行机理及场域"，载《学术界》2014 年第 8 期。

60. 史玉成："环境利益、环境权利与环境权力的分层建构——基于法益分析方法的思考"，载《法商研究》2013 年第 5 期。

61. 史玉成："生态利益衡平：原理、进路与展开"，载《政法论坛》2014 年第 2 期。

62. 史玉成："环境法学核心范畴之重构：环境法的法权结构论"，载《中国法学》2016 年第 5 期。

63. 陶国根："论社会管理的社会协同机制模型构建"，载《四川行政学院学报》2008 年第 3 期。

64. 童之伟："'社会权利'的法哲学阐释"，载《法学评论》1995 年第 5 期。

65. 万高隆、罗志坚："法治视角下的权力"，载《求实》2010 年第 12 期。

66. 汪劲："伦理观念的嬗变对现代法律及其实践的影响——以从人类中心到生态中心的环境法律观为中心"，载《现代法学》2002 年第 2 期。

67. 王宝治："从价值层面论证社会权力存在的必要性"，载《河北学刊》2011 年第 1 期。

68. 王宝治："论社会权力运行的规则"，载《甘肃社会科学》2011 年第 2 期。

69. 王春磊："法律视野下环境利益的澄清及界定"，载《中州学刊》2013 年第 4 期。

70. 王方玉："论善治对人权的促进与阻碍"，载《北方法学》2009 年第 3 期。

71. 王建新："论权力文明的内涵与合理形态"，载《探索》2011 年第 6 期。

72. 王立民："法治与社会管理创新"，载《企业经济》2010 年第 7 期。

73. 王树义、蔡文灿："论我国环境治理的权力结构"，载《法制与社会发展》2016 年第 3 期。

74. 王树义："立法进展映射理念变迁"，载《中国教育报》2008 年 12 月 11 日。

75. 王臻荣："治道变革与制度创新——中国行政改革的路径分析"，载《山西大学学报（哲学社会科学版）》2005 年第 1 期。

76. 乌兰："环境行政管理中政府职能的变革"，载《山东社会科学》2006 年第 8 期。

77. 吴家庆、王毅："中国与西方治理理论之比较"，载《湖南师范大学社会科学学报》2007 年第 2 期。

78. 武靖州："公共物品供给中内在性问题的探讨"，载《审计与经济研究》2010 年第 2 期。

79. 夏光："论环境治道变革"，载《中国人口·资源与环境》2002 年第 1 期。

80. 夏光："环境保护社会治理的思路和政策建议"，载《环境保护》2014 年第 23 期。

81. 肖巍、钱箭星："环境治理的两个维度"，载《上海社会科学院学术季刊》2001 年第 4 期。

82. 肖巍、钱箭星："环境治理中的政府行为"，载《复旦学报（社会科学版）》2003 年第 3 期。

83. 徐和平、吕成："社会权力的培育及其司法规制"，载《学术界》2011 年第 9 期。

84. 徐祥民："从利益主体看环境法与财产法的区别"，载《公民与法（法学版）》2012 年第 1 期。

85. 颜如春："从'共治'到'善治'——中国社会治理模式探析"，载《西南民族大学学报（人文社科版）》2006 年第 1 期。

86. 杨汉国："论法治国家对行政权力的制约"，载《西南民族学院学报（哲学社会科学版）》2002 年第 3 期。

87. 杨庆东："论公共权力的二重性"，载《四川行政学院学报》2000 年第 2 期。

88. 杨占营、黄健荣："论权力的内涵、形式与度量"，载《广东行政学院学报》2011 年第 4 期。

89. 姚建宗："权利思维的另一面"，载《法制与社会发展》2005 年第 6 期。

90. 袁绍义："洛克控权法律思想研究"，载《信阳师范学院学报（哲学社会科学版）》2004 年第 1 期。

91. 张宝锋："治理理论与社会基层的治道变革"，载《理论探索》2006 年第 5 期。

92. 张晓明："环境公共治理走向善治之法律支撑——以软法为视角"，载《广东广播电视大学学报》2009 年第 5 期。

93. 赵小彬："多元监督与法律规制：规范权力辩"，载《韶关学院学报》2008 年第 1 期。

94. 郑少华："社会运动与法律的发展"，载《南京大学法律评论》1999 年第 2 期。

95. 郑小明："法治视野下的社会管理探析"，载《求实》2011 年第 12 期。

96. 中华环保联合会："中国环保民间组织发展状况报告"，载《环境保护》2006 年第 10 期。

97. 周海燕、刘须群："治道变革对和谐社会的启示"，载《江西社会科学》2006 年第 11 期。

98. 朱留财："从西方环境治理范式透视科学发展观"，载《中国地质大学学报（社会科学版）》2006 年第 5 期。

99. 朱留财："应对气候变化：环境普治与和谐治理"，载《环境保护》2007 年第 6A 期。

100. 朱谦："论环境保护中权力与权利的配置——从环境行政权与公众环境权关系的角度审视"，载《江海学刊》2002 年第 3 期。

101. 朱武雄："善治的正义价值——罗尔斯眼中的国家治理"，载《重庆社会科学》2006 年第 12 期。

102. 朱旭峰、王笑歌："论环境治理公平"，载《中国行政管理》2007 年第 9 期。

103. 祝灵君、聂进："公共性与自利性：一种政府分析视角的再思考"，载《社会科学研究》2002 年第 2 期。

104. 张震："公民环境义务的宪法表达"，载《求是学刊》2018 年第 6 期。

105. 张震："中国宪法的环境观及其规范表达"，载《中国法学》2018 年第 4 期。

四、中文学位论文类

1. 王宝治："当代中国社会权力问题研究"，河北师范大学 2010 年博士学位论文。

2. 王奇才："全球治理、善治与法治"，吉林大学 2009 年博士学位论文。

3. 徐越倩："治理的兴起与国家角色的转型"，浙江大学 2009 年博士学位论文。

4. 张扬金："权利观与权力观重塑"，苏州大学 2010 年博士学位论文。

5. 钟明春："基于利益视角下的环境治理研究"，福建师范大学 2010 年博士学位论文。

6. 朱留财："环境治理结构：机制与善治——以锡林郭勒草原为案例分析"，中国人民大学 2005 年博士学位论文。

五、英文著作类

1. Lee Paddock, Du Qun, Louis Kotzé,, *Compliance and Enforcement in Environmental Law*: *Toward More Effective Implementation*, Edward Elgar, 2011.

2. Richard Macrory, *Regulation*, *Enforcement and Governance in Environmental Law*, Hart Pub, 2009.

六、英文论文类

1. Roderick Arthur William Rhodes, "The New Governance: Governing without Government", *Political Studies*, 1996.

2. Gerry Stoker, "Governance as Theory : Five Propositions", *Blackwell*, 2008.

3. Andrew Allan, "Alistair Rieu-Clarke, Good Governance and IWRM—a Legal Perspectiv" e, *Irrig Drainage*, Syst 24, 2010.

4. Benjamin Cashore, "Legitimacy and the Privatization of Environmental Governance: How Non - State Market - Driven (NSMD) Governance Systems Gain Rule - Making Authority", *Governance*, Vol 15, Issue 4, 2002.

5. Imme Scholz, "Global Environmental Governance and Its Influence on National Water Policies", *Water Politics and Development Cooperation*, 2008.

6. J. S. C. Wiskerke, et. al, "Environmental Co-operatives as a New Mode of Rural Governance", *NJAS - Wageningen Journal of Life Sciences*, Volume 51, Issues 1-2, 2003.

7. Janis Birkeland, "Towards a New System of Environmental Governance", Volume 13, Number 1, 1993.

8. Jörg Balsiger, Bernard Debarbieux, "Major Challenges in Regional Environmental Governance Research and Practice", *Procedia Social and Behavioral Sciences*, 14 , 2011.

9. Jouni Paavola, "Institutions and Environmental Governance: A Reconceptualization Original Research Article", *Ecological Economics*, Vol. 63, Issue 1, 2007.

10. Gunnar Folke Schuppert, Hans-Heinrich Trute and Dorothea Jansen, "Governance: A Legal Perspective, New Forms of Governance in Research Organizations", Part 1, 2007.

11. Juha I Uitto, "Environmental Governance and the Impending Water Crisis", *Global Environmental Change*, Vol. 7, No. 2, 1997.

12. K. C. Roy , C. A. Tisdell, "Good Governance in Sustainable Development: the Impact of Institutions", *International Journal of Social Economics*, Vol. 25, 1998.

13. Matthew Potoski, Aseem Prakash, "The Regulation Dilemma: Cooperation and Conflict in Environmental Governance", *Public Administration Review*, Vol 64, No 2, 2004.

14. Michael Faure, Morag Goodwin, Franziska Weber, "Bucking the Kuznets Curve: Designing Effective Environmental Regulation in Developing Countries", *Virginia Journal of International Law*, Vol. 51: 95, 2010.

15. Neil Gunningham, "The New Collaborative Environmental Governance: The Localization of Regulation", *Journal of law and society*, Vol. 36, 2009.

16. Robert Bierstedt, "An Analysis of Social Power", *American Sociological Review*, Vol. 15, No. 6, 1950.

17. S. J. van de Meene, R. R. Brown, M. A. Farrelly, "Towards Understanding Governance for Sustainable Urban Water Management, Global Environmental Change", in Press, *Corrected Proof*, Available online 6 May 2011.

18. Stephan Rist, "Moving from Sustainable Management to Sustainable Governance of Natural Resource" s, *Journal of Rural Studies*, 23, 2007.

19. Suzanne Benn, Dexter Dunphy, Andrew Martin, "Governance of Environmental Risk: New Approaches to Managing Stakeholder Involvement", J*ournal of Environmental Management*, Vol. 90, Issue 4, April 2009.

20. Thomas G Weiss, "Governance, Good Governance and Global Governance: Conceptual and Actual Challenges", *Third World Quarterly*, Vol 21, No 5, 2000.

21. United Nations, *Governance for the Millennium Development Goals: Core Issues and Good Practices*, ST/ESA/PAD/SER. E/99, 2006.

《中华人民共和国环境保护法》修订对照表

《环境保护法》(1989 年)	《环境保护法》(2014 年)	环境治理理念的体现
第一章　总　则	第一章　总　则	
第一条　为保护和改善生活环境与生态环境，防治污染和其他公害，保障人体健康，促进社会主义现代化建设的发展，制定本法。	第一条　为保护和改善环境，防治污染和其他公害，保障公众健康，推进生态文明建设，促进经济社会可持续发展，制定本法。	将保障人体健康修改为保障公众健康，体现了从个体环境权益到公共环境权益的保护。 将生态文明建设作为环境保护法的立法目的，环境治理应当以促进生态文明建设为导向。
第二条　本法所称环境，是指影响人类生存和发展的各种天然的和经过人工改造的自然因素的总体，包括大气、水、海洋、土地、矿藏、森林、草原、野生生物、自然遗迹、人文遗迹、自然保护区、风景名胜区、城市和乡村等。	第二条　本法所称环境，是指影响人类生存和发展的各种天然的和经过人工改造的自然因素的总体，包括大气、水、海洋、土地、矿藏、森林、草原、湿地、野生生物、自然遗迹、人文遗迹、自然保护区、风景名胜区、城市和乡村等。	环境要素中增加了湿地，突出湿地特有的环境功能类型。
第三条　本法适用于中华人民共和国领域和中华人民共和国管辖的其他海域。	第三条　本法适用于中华人民共和国领域和中华人民共和国管辖的其他海域。	略

《环境保护法》(1989 年)	《环境保护法》(2014 年)	环境治理理念的体现
第四条 国家制定的环境保护规划必须纳入国民经济和社会发展计划，国家采取有利于环境保护的经济、技术政策和措施，使环境保护工作同经济建设和社会发展相协调。	第四条 保护环境是国家的基本国策。 国家采取有利于节约和循环利用资源、保护和改善环境、促进人与自然和谐的经济、技术政策和措施，使经济社会发展与环境保护相协调。	从环境保护工作同经济建设和社会发展相协调，到经济社会发展与环境保护相协调的修订，体现了在环境保护与经济社会发展的关系之中，环境保护从次要地位上升到主要地位。
(新增)	第五条 环境保护坚持保护优先、预防为主、综合治理、公众参与、损害担责的原则。	将环境保护综合治理作为环境保护的基本原则，综合治理原则包括了环境要素的综合治理，治理手段的综合运用，多主体的环境治理格局，跨区域联防联治。 公众参与原则的目的在于制约和保障政府依法、公正、合理地行使环境行政权力。
第六条 一切单位和个人都有保护环境的义务，并有权对污染和破坏环境的单位和个人进行检举和控告。	第六条 一切单位和个人都有保护环境的义务。 地方各级人民政府应当对本行政区域的环境质量负责。 企业事业单位和其他生产经营者应当防止减少环境污染和生态破坏，对所造成的损害依法承担责任。 公民应当增强环境保护意识，采取低碳、节俭的生活方式，自觉履行保护环境的义务。	将环境保护义务的主体和内容进行细化，地方政府、企业事业单位和其他生产经营者、公民体现了环境保护义务主体的多元化。
第五条 国家鼓励环境保护科学教育事业的发展，加强环境保护科学技术的研究和	第七条 环境保护依靠科学技术进步。国家支持环境保护科学技术的研究、开发和应用，鼓励	环境治理信息化是实现环境治理现代化的

《环境保护法》（1989 年）	《环境保护法》（2014 年）	环境治理理念的体现
开发，提高环境保护科学技术水平，普及环境保护的科学知识。	环境保护产业的发展，促进环境保护信息化建设，提高环境保护科学技术水平。	条件之一。
（新增）	第八条 各级人民政府应当加大保护和改善环境、防治污染和其他公害的财政投入，提高财政资金的使用效益。	环境治理体系中政府主导的体现。
（新增）	第九条 各级人民政府应当加强环境保护宣传，鼓励基层群众性自治组织、社会组织、环境保护志愿者开展环境保护法律法规和环境保护知识的宣传工作，营造保护环境的良好风气。 教育行政部门、学校应当将环境保护知识纳入学校教育内容，培养学生的环境保护意识。 新闻媒体应当开展环境保护法律法规和环境保护知识的宣传，对环境违法行为进行舆论监督。	本条对环境保护宣传的规定，为环境治理社会化奠定基础。基层群众性自治组织、社会组织、环境保护志愿者、学校、新闻媒体开展环境保护法律法规和环境保护知识的宣传，是环境治理社会化的表现。
第七条 国务院环境保护行政主管部门，对全国环境保护工作实施统一监督管理。县级以上地方人民政府环境保护行政主管部门，对本辖区的环境保护工作实施统一监督管理。国家海洋行政主管部门、港务监督、渔政渔港监督、军队环境保护部门和各级公安、交通、铁道、民航管理部门，依照有关法律的规定对环境污染防治实施监督管理。县级以上人民政府的土地、矿产、林业、农业、水利行政主管部门，依照有关法律的规定对资源的保护实施监督管理。	第十条 国务院环境保护行政主管部门，对全国环境保护工作实施统一监督管理；县级以上地方人民政府环境保护主管部门，对本行政区域环境保护工作实施统一监督管理。县级以上人民政府有关部门和军队环境保护部门，依照有关法律的规定对资源保护和污染防治等环境保护工作实施监督管理。	本条是对政府职权的规定。

续表

《环境保护法》(1989 年)	《环境保护法》(2014 年)	环境治理理念的体现
第八条 对保护和改善环境有显著成绩的单位和个人,由人民政府给予奖励。	第十一条 对保护和改善环境有显著成绩的单位和个人,由人民政府给予奖励。	激励社会参与环境保护。
	第十二条 每年 6 月 5 日为环境日。	环境日的设立有助于促进全社会的环保氛围。
第二章 环境监督管理	第二章 环境监督管理	
第十二条 县级以上人民政府环境保护行政主管部门,应当会同有关部门对管辖范围内的环境状况进行调查和评价,拟订环境保护规划,经计划部门综合平衡后,报同级人民政府批准实施。	第十三条 县级以上人民政府应当将环境保护工作纳入国民经济和社会发展规划。 国务院环境保护主管部门会同有关部门,根据国家环境保护规划的要求,报同级人民政府批准并公布实施。 县级以上地方人民政府环境保护主管部门会同有关部门,根据国家环境保护规划的要求,编制本行政区域的环境保护规划,报同级人民政府批准并公布实施。 国家环境保护规划的内容应当包括自然生态保护和环境污染防治的目标、任务、保障措施等,并与主体功能区规划、土地利用总体规划和城乡规划等相衔接。	本条是对政府职权的规定。
(新增)	第十四条 国务院有关部门和省、自治区、直辖市人民政府组织制定经济、技术政策,应当充分考虑对环境的影响,听取有关方面和专家的意见。	本条是为政策环境影响评价制度进行的铺垫,制定经济、技术政策应当充分考虑环境影响的规定已属进步,但是立法中用的是"考虑"二字,而非"评价"。

续表

《环境保护法》（1989 年）	《环境保护法》（2014 年）	环境治理理念的体现
第九条 国务院环境保护行政主管部门制定国家环境质量标准。 省、自治区、直辖市人民政府对国家环境质量标准中未作规定的项目，可以制定地方环境质量标准，并报国务院环境保护行政主管部门备案。	第十五条 国务院环境保护主管部门制定国家环境质量标准。 省、自治区、直辖市人民政府对国家环境质量标准中未作规定的项目，可以制定地方环境质量标准；对国家环境质量标准中已作规定的项目，可以制定严于国家环境质量标准的地方环境质量标准。地方环境质量标准应当报国务院环境保护主管部门备案。 国家鼓励开展环境基准研究。	本条是对政府职权的规定。
第十条 国务院环境保护行政主管部门根据国家环境质量标准和国家经济、技术条件，制定国家污染物排放标准。 省、自治区、直辖市人民政府对国家污染物排放标准中未作规定的项目，可以制定地方污染物排放标准；对国家污染物排放标准中已作规定的项目，可以制定严于国家污染物排放标准的地方污染物排放标准。地方污染物排放标准须报国务院环境保护行政主管部门备案。 凡是向已有地方污染物排放标准的区域排放污染物的，应当执行地方污染物排放标准。	第十六条 国务院环境保护主管部门根据国家环境质量标准和国家经济、技术条件，制定国家污染物排放标准。 省、自治区、直辖市人民政府对国家污染物排放标准中未作规定的项目，可以制定地方污染物排放标准；对国家污染物排放标准中已作规定的项目，可以制定严于国家污染物排放标准的地方污染物排放标准。地方污染物排放标准应当报国务院环境保护主管部门备案。	本条是对政府职权的规定。
第十一条 国务院环境保护行政主管部门建立监测制度，制定监测规范，会同有关部门组织监测网络，加强对环境监测的管理。 国务院和省、自治区、直辖	第十七条 国家建立、健全环境监测制度。国务院环境保护主管部门制定监测规范，会同有关部门组织监测网络，统一规划国家环境质量监测站（点）的	本条是对政府职权和企业义务的规定。

《环境保护法》（1989 年）	《环境保护法》（2014 年）	环境治理理念的体现
市人民政府的环境保护行政主管部门，应当定期发布环境状况公报。	设置，建立监测数据共享机制，加强对环境监测的管理。 有关行业、专业等各类环境质量监测站（点）的设置应当符合法律法规规定和监测规范的要求。 监测机构应当使用符合国家标准的监测设备，遵守监测规范。监测机构及其负责人对监测数据的真实性和准确性负责。	
（新增）	第十八条 省级以上人民政府应当组织有关部门或者委托专业机构，对环境状况进行调查、评价，建立环境资源承载能力监测预警机制。	相比旧法，本条中增加了政府委托专业机构进行环境调查、评价的规定，体现了环境调查、评价工作的服务外包。
第十三条 建设污染环境的项目，必须遵守国家有关建设项目环境保护管理的规定。 建设项目的环境影响报告书，必须对建设项目产生的污染和对环境的影响作出评价，规定防治措施，经项目主管部门预审并依照规定的程序报环境保护行政主管部门批准。环境影响报告书经批准后，计划部门方可批准建设项目设计任务书。	第十九条 编制有关开发利用规划，建设对环境有影响的项目，应当依法进行环境影响评价。 未依法进行环境影响评价的开发利用规划，不得组织实施；未依法建设项目，不得开工建设。	本条是对政府职权和企业义务的规定。
第十五条 跨行政区的环境污染和环境破坏的防治工作，由有关地方人民政府协商解决，或者由上级人民政府协调解决，作出决定。	第二十条 国家建立跨行政区的重点区域、流域环境污染和生态破坏联合防治协调机制，实行统一规划、统一监测，实施统一的防治措施。 前款规定以外的跨行政区域的环境污染和生态破坏的防治，由上级人民政府协调解决，或者由有关地方人民政府协商解决。	本条是对政府职权的规定。

《环境保护法》（1989 年）	《环境保护法》（2014 年）	环境治理理念的体现
（新增）	第二十一条 国家采取财政、税收、价格、政府采购等方面的政策和措施，鼓励和支持环境保护技术装备、资源综合利用和环境服务等环境保护产业的发展。	本条是对政府职权的规定。
（新增）	第二十二条 企业事业单位和其他生产经营者，在污染物排放符合法定要求的基础上，进一步减少污染物排放的，人民政府应当依法采取财政、价格、政府采购等方面的政策和措施予以鼓励和支持。	本条是对政府职权和企业义务的规定。
（新增）	第二十三条 企业事业单位和其他生产经营者，为改善环境，依照有关规定转产、搬迁、关闭的，人民政府应当予以支持。	本条是对政府职权和企业义务的规定。
第十四条 县级以上人民政府环境保护行政主管部门或者其他依照法律规定行使环境监督管理权的部门，有权对管辖范围内的排污单位进行现场检查。被检查的单位应当如实反映情况，提供必要的资料。检查机关应当为被检查的单位保守技术秘密和业务秘密。	第二十四条 县级以上人民政府环境保护主管部门及其委托的环境监察机构和其他负有环境保护监督管理职责的部门，有权对排放污染物的企业事业单位和其他生产经营者进行现场检查。被检查者应当如实反映情况，提供必要的资料。实施现场检查的部门、机构及其工作人员应当为被检查者保守商业秘密。	本条是对政府职权和企业义务的规定。
（新增）	第二十五条 企业事业单位和其他生产经营者违反法律法规规定排放污染物，造成或者可能造成严重污染的，县级以上人民政府环境保护行政主管部门和其他负有环境保护监督管理职责的部门，可以查封、扣押造成污染物排放的设施、设备。	本条是对政府职权的规定。

《环境保护法》(1989年)	《环境保护法》(2014年)	环境治理理念的体现
（新增）	第二十六条 国家实行环境保护目标责任制和考核评价制度。县级以上人民政府应当将环境保护目标完成情况纳入对本级人民政府环境保护监督管理职责的部门及其负责人和下级人民政府及其负责人的考核内容。考核结果应当向社会公开。	本条规定环境保护考核评价结果向社会公开，是重视社会监督作用的体现。
（新增）	第二十七条 县级以上人民政府应当每年向本级人民代表大会常务委员会报告环境状况和环境保护目标完成情况，对发生的重大环境事件应当及时向本级人民代表大会常务委员会报告，依法接受监督。	本条是对政府职权的规定。
第三章 保护和改善环境	第三章 保护和改善环境	
第十六条 地方各级人民政府，应当对本辖区的环境质量负责，采取措施改善环境质量。	第二十八条 地方各级人民政府应当根据环境保护目标和治理任务，采取有效措施，改善环境质量。未达到国家环境质量标准的重点区域或者流域的有关地方人民政府，应当制定限期达标规划，并采取措施按期达标。	本条是对政府职权的规定。
第十七条 各级人民政府对具有代表性的各种类型的自然生态系统区域，珍稀、濒危的野生动植物自然分布区域，重要的水源涵养区域，具有重大科学文化价值的地质构造、著名溶洞和化石分布区、冰川、火山、温泉等自然遗迹，以及人文遗迹、古树名木，应当采取措施加以保护，严禁破坏。	第二十九条 国家在重点生态功能区、生态环境敏感区和脆弱区等区域划定生态保护红线，实行严格保护。各级人民政府对具有代表性的各种类型的自然生态系统区域，珍稀、濒危的野生动植物自然分布区域，重要的水源涵养区域，具有重大科学文化价值的地质构造、著名溶洞和化石分布区、冰川、火山、温泉等自然遗迹，以及人文遗迹、古树名木，应当采取措施加以保护，严禁破坏。	本条是对政府职权的规定。

《环境保护法》（1989 年）	《环境保护法》（2014 年）	环境治理理念的体现
第十八条 在国务院、国务院有关主管部门和省、自治区、直辖市人民政府划定的风景名胜区、自然保护区和其他需要特别保护的区域内，不得建设污染环境的工业生产设施；建设其他设施，其污染物排放不得超过规定的排放标准。已经建成的设施，其污染物排放超过规定的排放标准的，限期治理。	（删除）	略
第十九条 开发利用自然资源，必须采取措施保护生态环境。	第三十条 开发利用自然资源，应当合理开发，保护生物多样性，保障生态安全，依法制定有关生态保护和恢复治理方案并予实施。 引进外来物种以及研究、开发和利用生物技术，应当采取措施，防止对生物多样性的破坏。	本条是对政府职权和企业义务的规定。
（新增）	第三十一条 国家建立、健全生态保护补偿制度。 国家加大对生态保护地区的财政转移支付力度。有关地方人民政府应当落实生态保护补偿资金，确保其用于生态保护补偿。 国家指导受益地区和生态保护地区人民政府通过协商或者按照市场规则进行生态保护补偿。	本条是对政府职权的规定。
（新增）	第三十二条 国家加强对大气、水、土壤等的保护，建立和完善相应的调查、监测、评估和修复制度。	本条是对政府职权的规定。

续表

《环境保护法》（1989 年）	《环境保护法》（2014 年）	环境治理理念的体现
第二十条 各级人民政府应当加强对农业环境的保护，防治土壤污染、土地沙化、盐渍化、贫瘠化、沼泽化、地面沉降和防治植被破坏、水土流失、水源枯竭、种源灭绝以及其他生态失调现象的发生和发展，推广植物病虫害的综合防治，合理使用化肥、农药及植物生长激素。	第三十三条 各级人民政府应当加强对农业环境的保护，促进农业环境保护新技术的使用，加强对农业污染源的监测预警，统筹有关部门采取措施，防治土壤污染、土地沙化、盐渍化、贫瘠化、石漠化、地面沉降以及防治植被破坏、水土流失、水体富营养化、水源枯竭、种源灭绝等生态失调现象，推广植物病虫害的综合防治。 县级、乡级人民政府应当提高农村环境保护公共服务水平，推动农村环境综合整治。	本条是对政府职权的规定。
第二十一条 国务院和沿海地方各级人民政府应当加强对海洋环境的保护。向海洋排放污染物、倾倒废弃物，进行海岸工程建设和海洋石油勘探开发，必须依照法律的规定，防止对海洋环境的污染损害。	第三十四条 国务院和沿海地方各级人民政府应当加强对海洋环境的保护。向海洋排放污染物、倾倒废弃物，进行海岸工程建设和海洋工程建设，应当符合法律法规规定和有关标准，防止对海洋环境的污染损害。	本条是对政府职权的规定。
第二十二条 制定城市规划，应当确定保护和改善环境的目标和任务。	（删除）	略
第二十三条 城乡建设应当结合当地自然环境的特点，保护植被、水域和自然景观，加强城市园林、绿地和风景名胜区的建设。	第三十五条 城乡建设应当结合当地自然环境的特点，保护植被、水域和自然景观，加强城市园林、绿地和风景名胜区的建设与管理。	本条是对政府职权的规定。
（新增）	第三十六条 国家鼓励和引导公民、法人和其他组织使用有利于保护环境的产品和再生产品，减少废弃物的产生。	本条是对政府职权的规定。

《环境保护法》（1989年）	《环境保护法》（2014年）	环境治理理念的体现
	国家机关和使用财政性资金的其他组织应当优先采购使用节能、节水、节材和有利于保护环境的产品、设备和设施。	
（新增）	第三十七条 地方各级人民政府应当采取措施，组织对生活废弃物的分类处置、回收利用。	本条是对政府职权的规定。
（新增）	第三十八条 公民应当遵守环境保护法律法规，配合实施环境保护措施，按照规定对生活废弃物进行分类放置，减少日常生活对环境造成的损害。	本条是对公民义务的规定。
（新增）	第三十九条 国家建立、健全环境与健康监测、调查和风险评估制度；鼓励和组织开展环境质量对公众健康影响的研究，采取措施预防和控制与环境污染有关的疾病。	本条是对政府职权的规定。
第四章 防治环境污染和其他公害	第四章 防治环境污染和其他公害	
（新增）	第四十条 国家促进清洁生产和资源循环利用。 国务院有关部门和地方各级人民政府应当采取措施，推广清洁能源的生产和使用。 企业应当优先使用清洁能源，采用资源利用率高、污染物排放量少的工艺、设备以及废弃物综合利用技术和污染物无害化处理技术，减少污染物的产生。	本条是对政府职权和企业义务的规定。
（新增）	第四十一条 建设项目中防治污染的设施，应当与主体工程同时设计、同时施工、同时投产使用。防治污染的设施应当符合经批准的环境影响评价文件的要求，不得擅自拆除或者闲置。	本条是对企业义务的规定。

《环境保护法》（1989 年）	《环境保护法》（2014 年）	环境治理理念的体现
第二十四条 产生环境污染和其他公害的单位，必须把环境保护工作纳入计划，建立环境保护责任制度；采取有效措施，防治在生产建设或者其他活动中产生的废气、废水、废渣、粉尘、恶臭气体、放射性物质以及噪声、振动、电磁波辐射等对环境的污染和危害。	第四十二条 排放污染物企业事业的单位和其他生产经营者，应当采取措施，防治在生产建设或者其他活动中产生的废气、废水、废渣、医疗废物、粉尘、恶臭气体、放射性物质以及噪声、振动、光辐射、电磁波辐射等对环境的污染和危害。 排放污染物的企业事业单位，应当建立环境保护责任制度，明确单位责任人和相关人员的责任。 重点排污单位应当按照国家有关规定和监测规范安装使用监测设备，保证监测设备正常运行，保存原始监测记录。 严禁通过暗管、渗井、渗坑、灌注或者篡改、伪造监测数据，或者不正常运行防治污染设施等逃避监管的方式违法排放污染物。	本条是对企业义务的规定。
第二十五条 新建工业企业和现有工业企业的技术改造，应当采用资源利用率高、污染物排放量少的设备和工艺，采用经济合理的废弃物综合利用技术和污染物处理技术。	（删除）	略
第二十六条 建设项目中防治污染的设施，必须与主体工程同时设计、同时施工、同时投产使用。防治污染的设施必须经原审批环境影响报告书的环境保护行政主管部门验收合格后，该建设项目方可投入生产或者使用。防治污染的设施不得擅自拆	（删除）	略

《环境保护法》(1989 年)	《环境保护法》(2014 年)	环境治理理念的体现
除或者闲置，确有必要拆除或者闲置的，必须征得所在地的环境保护行政主管部门同意。		
第二十七条 排放污染物的企业事业单位，必须依照国务院环境保护行政主管部门的规定申报登记。	（删除）	略
第二十八条 排放污染物超过国家或者地方规定的污染物排放标准的企业事业单位，依照国家规定缴纳超标准排污费，并负责治理。水污染防治法另有规定的，依照水污染防治法的规定执行。 征收的超标准排污费必须用于污染的防治，不得挪作他用，具体使用办法由国务院规定。	第四十三条 排放污染物的企业事业单位和其他生产经营者，应当按照国家有关规定缴纳排污费。排污费应当全部专项用于环境污染防治，任何单位和个人不得截留、挤占或者挪作他用。 依照法律规定征收环境保护税的，不再征收排污费。	本条是对企业义务的规定。
第二十九条 对造成环境严重污染的企业事业单位，限期治理。 中央或者省、自治区、直辖市人民政府直接管辖的企业事业单位的限期治理，由省、自治区、直辖市人民政府决定。市、县或者市、县以下人民政府管辖的企业事业单位的限期治理，由市、县人民政府决定。被限期治理的企业事业单位必须如期完成治理任务。	（删除）	略

《环境保护法》(1989年)	《环境保护法》(2014年)	环境治理理念的体现
（新增）	第四十四条 国家实行重点污染物排放总量控制制度。重点污染物排放总量控制指标由国务院下达，省、自治区、直辖市人民政府分解落实。企业事业单位在执行国家和地方污染物排放标准的同时，应当遵守分解落实到本单位的重点污染物排放总量控制指标。 对超过国家重点污染物排放总量控制指标或者未完成国家确定的环境质量目标的地区，省级以上人民政府环境保护主管部门应当暂停审批其新增重点污染物排放总量的建设项目环境影响评价文件。	本条是对政府职权和企业义务的规定。
（新增）	第四十五条 国家依照法律规定实行排污许可管理制度。 实行排污许可管理的企业事业单位和其他生产经营者应当按照排污许可证的要求排放污染物；未取得排污许可证的，不得排放污染物。	本条是对政府职权的规定。
第三十条 禁止引进不符合我国环境保护规定要求的技术和设备。	第四十六条 国家对严重污染环境的工艺、设备和产品实行淘汰制度。任何单位和个人不得生产、销售或者转移、使用严重污染环境的工艺、设备和产品。禁止引进不符合我国环境保护规定的技术、设备、材料和产品。	本条是对企业义务的规定。
第三十一条 因发生事故或者其他突然性事件，造成或者可能造成污染事故的单位，必须立即采取措施处理，及时通报可能受到污染	第四十七条 各级人民政府及其有关部门和企业事业单位，应当依照《中华人民共和国突发事件应对法》的规定，做好突发环境事件的风险控制、应急	本条是对政府职权和企业义务的规定。

《环境保护法》（1989 年）	《环境保护法》（2014 年）	环境治理理念的体现
危害的单位和居民，并向当地环境保护行政主管部门和有关部门报告，接受调查处理。 可能发生重大污染事故的企业事业单位，应当采取措施，加强防范。 第三十二条 县级以上地方人民政府环境保护行政主管部门，在环境受到严重污染威胁居民生命财产安全时，必须立即向当地人民政府报告，由人民政府采取有效措施，解除或者减轻危害。	准备、应急处置和事后恢复等工作。 县级以上人民政府应当建立环境污染公共监测预警机制，组织制定预警方案；环境受到污染，可能影响公众健康和环境安全时，依法及时公布预警信息，启动应急措施。 企业事业单位应当按照国家有关规定制定突发环境事件应急预案，报环境保护主管部门和有关部门备案。在发生或者可能发生突发环境事件时，企业事业单位应当立即采取措施处理，及时通报可能受到危害的单位和居民，并向环境保护主管部门和有关部门报告。 突发环境事件应急处置工作结束后，有关人民政府应当立即组织评估事件造成的环境影响和损失，并及时将评估结果向社会公布。	
第三十三条 生产、储存、运输、销售、使用有毒化学物品和含有放射性物质的物品，必须遵守国家有关规定，防止污染环境。	第四十八条 生产、储存、运输、销售、使用、处置化学物品和含有放射性物质的物品，应当遵守国家有关规定，防止污染环境。	本条是对企业义务的规定。
第三十四条 任何单位不得将产生严重污染的生产设备转移给没有污染防治能力的单位使用。	（删除）	略
（新增）	第四十九条 各级人民政府及其农业等有关部门和机构应当指导农业生产经营者科学种植和养殖，科学合理施用农药、化肥	本条是对政府职权的规定。

续表

《环境保护法》（1989 年）	《环境保护法》（2014 年）	环境治理理念的体现
	等农业投入品，科学处置农用薄膜、农作物秸秆等农业废弃物，防止农业面源污染。 禁止将不符合农用标准和环境保护标准的固体废物、废水施入农田。施用农药、化肥等农业投入品及进行灌溉，应当采取措施，防止重金属和其他有毒有害物质污染环境。 畜禽养殖场、养殖小区、定点屠宰企业等的选址、建设和管理应当符合有关法律法规规定。从事畜禽养殖和屠宰的单位和个人应当采取措施，对畜禽粪便、尸体和污水等废弃物进行科学处置，防止污染环境。 县级人民政府负责组织农村生活废弃物的处置工作。	
（新增）	第五十条 各级人民政府应当在财政预算中安排资金，支持农村饮用水水源地保护、生活污水和其他废弃物处理、畜禽养殖和屠宰污染防治、土壤污染防治和农村工矿污染治理等环境保护工作。	本条是对政府职权的规定。
（新增）	第五十一条 各级人民政府应当统筹城乡建设污水处理设施及配套管网，固体废物的收集、运输和处置等环境卫生设施，危险废物集中处置设施、场所以及其他环境保护公共设施，并保障其正常运行。	本条是对政府职权的规定。
（新增）	第五十二条 国家鼓励投保环境污染责任保险。	

《环境保护法》（1989年）	《环境保护法》（2014年）	环境治理理念的体现
（新增）	第五章环境信息公开与公众参与	
（新增）	第五十三条 公民、法人和其他组织依法享有获取环境信息、参与和监督环境保护的权利。各级人民政府环境保护主管部门和其他负有环境保护监督管理职责的部门，应当依法公开环境信息、完善公众参与程序，为公民、法人和其他组织参与和监督环境保护提供便利。	本条是对公众参与程序性权利的原则规定，也是该法中唯一规定公民"权利"的条款，公众享有环境知情权、参与权和监督权，但不包括诉权。
（新增）	第五十四条 国务院环境保护主管部门统一发布国家环境质量、重点污染源监测信息及其他重大环境信息。省级以上人民政府环境保护主管部门定期发布环境状况公报。县级以上人民政府环境保护主管部门和其他负有环境保护监督管理职责的部门，应当依法公开环境质量、环境监测、突发环境事件以及环境行政许可、行政处罚、排污费的征收和使用情况等信息。县级以上地方人民政府环境保护主管部门和其他负有环境保护监督管理职责的部门，应当将企业事业单位和其他生产经营者的环境违法信息记入社会诚信档案，及时向社会公布违法者名单。	本条是对政府环境信息公开的行政管理职权规定。
（新增）	第五十五条 重点排污单位应当如实向社会公开其主要污染物的名称、排放方式、排放浓度和总量、超标排放情况，以及防治污染设施的建设和运行情况，接受社会监督。	重点排污单位应当接受社会监督，从重点排污单位的义务角度，保障公众参与环境保护的知情权。

《环境保护法》(1989年)	《环境保护法》(2014年)	环境治理理念的体现
(新增)	第五十六条 对依法应当编制环境影响报告书的建设项目，建设单位应当在编制时向可能受影响的公众说明情况，充分征求意见。 负责审批建设项目环境影响评价文件的部门在收到建设项目环境影响报告书后，除涉及国家秘密和商业秘密的事项外，应当全文公开；发现建设项目未充分征求公众意见的，应当责成建设单位征求公众意见。	建设单位进行环境影响评价要充分征求公众意见，是公众环境权利的保障。
(新增)	第五十七条 公民、法人和其他组织发现任何单位和个人有污染环境和破坏生态行为的，有权向环境保护主管部门或者其他负有环境保护监督管理职责的部门举报。 公民、法人和其他组织发现地方各级人民政府、县级以上人民政府环境保护主管部门和其他负有环境保护监督管理职责的部门不依法履行职责的，有权向其上级机关或者监察机关举报。 接受举报的机关应当对举报人的相关信息予以保密，保护举报人的合法权益。	本条是关于公民、法人和其他组织环境监督权的规定。但这种监督权的实施方式还是需要通过行政权履职才能实现，不是直接作用于污染环境和破坏生态行为。
(新增)	第五十八条 对污染环境、破坏生态，损害社会公共利益的行为，符合下列条件的社会组织可以向人民法院提起诉讼： （一）依法在设区的市级以上人民政府民政部门登记； （二）专门从事环境保护公益活动连续五年以上且无违法记录。 符合前款规定的社会组织向人	本条关于环境公益诉讼的规定，将起诉主体资格赋予环保社会组织，是授权社会组织通过司法途径保护环境公共利益。

《环境保护法》（1989 年）	《环境保护法》（2014 年）	环境治理理念的体现
	民法院提起诉讼，人民法院应当依法受理。 提起诉讼的社会组织不得通过诉讼牟取经济利。	
第五章 法律责任	第六章 法律责任	
第三十五条 违反本法规定，有下列行为之一的，环境保护行政主管部门或者其他依照法律规定行使环境监督管理权的部门可以根据不同情节，给予警告或者处以罚款： （一）拒绝环境保护行政主管部门或者其他依照法律规定使环境监督管理权的部门现场检查或者在被检查时弄虚作假的。 （二）拒报或者谎报国务院环境保护行政主管部门规定的有关污染物排放申报事项的。 （三）不按国家规定缴纳超标准排污费的。 （四）引进不符合我国环境保护规定要求的技术和设备的。 （五）将产生严重污染的生产设备转移给没有污染防治能力的单位使用的。	（删除）	略
第三十六条 建设项目的防治污染设施没有建成或者没有达到国家规定的要求，投入生产或者使用的，由批准该建设项目的环境影响报告书的环境保护行政主管部门	（删除）	略

《环境保护法》(1989年)	《环境保护法》(2014年)	环境治理理念的体现
责令停止生产或者使用，可以并处罚款。		
第三十七条 未经环境保护行政主管部门同意，擅自拆除或者闲置防治污染的设施，污染物排放超过规定的排放标准的，由环境保护行政主管部门责令重新安装使用，并处罚款。	（删除）	略
第三十八条 对违反本法规定，造成环境污染事故的企业事业单位，由环境保护行政主管部门或者其他依照法律规定行使环境监督管理权的部门根据所造成的危害后果处以罚款；情节较重的，对有关责任人员由其所在单位或者政府主管机关给予行政处分。	（删除）	略
（新增）	第五十九条 企业事业单位和其他生产经营者违法排放污染物，受到罚款处罚，被责令改正，拒不改正的，依法作出处罚决定的行政机关可以自责令改正之日的次日起，按照原处罚数额按日连续处罚。 前款规定的罚款处罚，依照有关法律法规按照防治污染设施的运行成本、违法行为造成的直接损失或者违法所得等因素确定的规定执行。 地方性法规可以根据环境保护的实际需要，增加第一款规定的按日连续处罚的违法行为的种类。	按日连续处罚制度的确立，是解决守法成本高、违法成本低的困局，是对环境行政管理权的强化。

《环境保护法》(1989年)	《环境保护法》(2014年)	环境治理理念的体现
第三十九条 对经限期治理逾期未完成治理任务的企业事业单位，除依照国家规定加收超标准排污费外，可以根据所造成的危害后果处以罚款，或者责令停业、关闭。 前款规定的罚款由环境保护行政主管部门决定。责令停业、关闭，由作出限期治理决定的人民政府决定；责令中央直接管辖的企业事业单位停业、关闭，须报国务院批准。	第六十条 企业事业单位和其他生产经营者超过污染物排放标准或者超过重点污染物排放总量控制指标排放污染物的，县级以上人民政府环境保护主管部门可以责令其采取限制生产、停产整治等措施；情节严重的，报经有批准权的人民政府批准，责令停业、关闭。	略
第四十条 当事人对行政处罚决定不服的，可以在接到处罚通知之日起十五日内，向作出处罚决定的机关的上一级机关申请复议；对复议决定不服的，可以在接到复议决定之日起十五日内，向人民法院起诉。当事人也可以在接到处罚通知之日起十五日内，直接向人民法院起诉。当事人逾期不申请复议、也不向人民法院起诉、又不履行处罚决定的，由作出处罚决定的机关申请人民法院强制执行。	（删除）	略
第四十一条 造成环境污染危害的，有责任排除危害，并对直接受到损害的单位或者个人赔偿损失。 赔偿责任和赔偿金额的纠纷，可以根据当事人的请	（删除）	略

223

《环境保护法》（1989 年）	《环境保护法》（2014 年）	环境治理理念的体现
求，由环境保护行政主管部门或者其他依照法律规定行使环境监督管理权的部门处理；当事人对处理决定不服的，可以向人民法院起诉。当事人也可以直接向人民法院起诉。 完全由于不可抗拒的自然灾害，并经及时采取合理措施，仍然不能避免造成环境污染损害的，免予承担责任。		
第四十二条 因环境污染损害赔偿提起诉讼的时效期间为三年，从当事人知道或者应当知道受到污染损害时起计算。	（删除）	略
第四十四条 违反本法规定，造成土地、森林、草原、水、矿产、渔业、野生动植物等资源的破坏的，依照有关法律的规定承担法律责任。	（删除）	略
（新增）	第六十一条 建设单位未依法提交建设项目环境影响评价文件或者环境影响评价文件未经批准，擅自开工建设的，由负有环境保护监督管理职责的部门责令停止建设，处以罚款，并可以责令恢复原状。	略
（新增）	第六十二条 违反本法规定，重点排污单位不公开或者不如实公开环境信息的，由县级以上地方人民政府环境保护主管部门责令公开，处以罚款，并予以公告。	略

《环境保护法》(1989年)	《环境保护法》(2014年)	环境治理理念的体现
(新增)	第六十三条 企业事业单位和其他生产经营者有下列行为之一，尚不构成犯罪的，除依照有关法律法规规定予以处罚外，由县级以上人民政府环境保护主管部门或者其他有关部门将案件移送公安机关，对其直接负责的主管人员和其他直接责任人员，处十日以上十五日以下拘留；情节较轻的，处五日以上十日以下拘留： (一) 建设项目未依法进行环境影响评价，被责令停止建设，拒不执行的； (二) 违反法律规定，未取得排污许可证排放污染物，被责令停止排污，拒不执行的； (三) 通过暗管、渗井、渗坑、灌注或者篡改、伪造监测数据，或者不正常运行防治污染设施等逃避监管的方式违法排放污染物的； (四) 生产、使用国家明令禁止生产、使用的农药，被责令改正，拒不改正的。	略
(新增)	第六十四条 因污染环境和破坏生态造成损害的，应当依照《中华人民共和国侵权责任法》的有关规定承担侵权责任。	略
(新增)	第六十五条 环境影响评价机构、环境监测机构以及从事环境监测设备和防治污染设施维护、运营的机构，在有关环境服务活动中弄虚作假，对造成的环境污染和生态破坏负有责任的，除依照有关法律法规规定予以处罚外，还应当与造成环境污染和生态破坏的其他责任者承担连带责任。	环境评价和监测机构连带责任的确定，既体现出环境信息对于环境治理的重要性，也是社会主体对环境治理的应尽义务。

《环境保护法》（1989 年）	《环境保护法》（2014 年）	环境治理理念的体现
（新增）	第六十六条 提起环境损害赔偿诉讼的时效期间为三年，从当事人知道或者应当知道其受到损害时起计算。	略
（新增）	第六十七条 上级人民政府及其环境保护主管部门应当加强对下级人民政府及其有关部门环境保护工作的监督。发现有关工作人员有违法行为，依法应当给予处分的，应当向其任免机关或者监察机关提出处分建议。 依法应当给予行政处罚，而有关环境保护主管部门不给予行政处罚的，上级人民政府环境保护主管部门可以直接作出行政处罚的决定。	略
第四十五条 环境保护监督管理人员滥用职权、玩忽职守、徇私舞弊的，由其所在单位或者上级主管机关给予行政处分；构成犯罪的，依法追究刑事责任。	第六十八条 地方各级人民政府、县级以上人民政府环境保护主管部门和其他负有环境保护监督管理职责的部门有下列行为之一的，对直接负责的主管人员和其他直接责任人员给予记过、记大过或者降级处分；造成严重后果的，给予撤职或者开除处分，其主要负责人应当引咎辞职： （一）不符合行政许可条件准予行政许可的； （二）对环境违法行为进行包庇的； （三）依法应当作出责令停业、关闭的决定而未作出的； （四）对超标排放污染物、采用逃避监管的方式排放污染物、造成环境事故以及不落实生态保护措施造成生态破坏等行为，	

《环境保护法》（1989 年）	《环境保护法》（2014 年）	环境治理理念的体现
	发现或者接到举报未及时查处的； （五）违反本法规定，查封、扣押企业事业单位和其他生产经营者的设施、设备的； （六）篡改、伪造或者指使篡改、伪造监测数据的； （七）应当依法公开环境信息而未公开的； （八）将征收的排污费截留、挤占或者挪作他用的； （九）法律法规规定的其他违法行为。	略
第四十三条 违反本法规定，造成重大环境污染事故，导致公私财产重大损失或者人身伤亡的严重后果的，对直接责任人员依法追究刑事责任。	第六十九条 违反本法规定，构成犯罪的，依法追究刑事责任。	略
第六章 附　则	第七章 附　则	
第四十六条 中华人民共和国缔结或者参加的与环境保护有关的国际条约，同中华人民共和国法律有不同规定的，适用国际条约的规定，但中华人民共和国声明保留的条款除外。	（删除）	略
第四十七条 本法自公布之日起施行。《中华人民共和国环境保护法（试行）》同时废止。	第七十条 本法自 2015 年 1 月 1 日起施行。	略

POSTSCRIPT
后 记

　　东湖之滨，韶华十载；珠江河畔，年华荏苒。静心回首过往的岁月，浩浩东湖之滨的武汉大学和泱泱珠水之畔的广东财经大学，见证了我求学与教学之路的"江湖"。从学生到老师的身份转变，校园始终是我人生的一个关键词。校园里的青葱岁月，有着许多美好或青涩的回忆，悠长而久远。感怀那些青春飞扬的日子！

　　本书是本人的第一本专著，是在博士论文基础上修改完成的。博士论文得以在形式上尚可一观的面目出现，要特别感谢我的博士生导师杜群教授，她严谨细致的治学态度，敏锐深邃的学术观点，引领前沿的环保思想，时刻勉励和鞭策着我。论文从选题、结构安排到研究方法，甚至文字的斟酌使用，都倾注了老师大量的心血。在此谨向杜老师表示崇高的敬意和衷心的感谢！论文的收获还得益于蔡守秋老师、王树义老师、李启家老师、秦天宝老师、张梓太老师、柯坚老师、罗吉老师、李广兵老师、胡斌老师、刘柱彬老师、杜志华老师的谆谆教诲，每次与老师们的交流总是能带给我思想上的启发，使我感受到了许多的乐趣和益处！也带来莫大的鼓励和信心使我继续求学！老师们有太多的光芒待我继续汲取。感恩那些思想激荡的日子！

　　博士论文答辩完成之后，一直有着对拙文进行"手术"的冲动。但是在入职广东财经大学法学院从教后，基于教师应该先把讲台站稳的思想，从教的头几年将主要精力都放在了教学工作上，导致科研工作基本处于停摆状态。直到广东财经大学法学院和广东财经大学法治与经济发展研究所的领导们鞭策并支持专著出版，我才重操旧文进行修改。2015 年可以视为我国环境法治进程中的一个界标，史上最严《环境保护法》大刀阔斧的修订和全新的施行，拉开了我国从严治理环境污染的大幕，环境保护领域展开了诸多制度和实践创新，这也给拙著的修改提供了新的素材。"环境治理社会化"的选题缘起于朴素的环境保护标语"环境保护人人有责"，如何将这句深入人心但又难以落实的口号学术化、法律化，是本书的研究起点；如何在环境法治中运用环境社会权力来弥补被弱化或是被架空的环境权利，是本书的研究难点；从宏观上是立足于完善党的十九大提出的现代环境治理体系的构建，从微观上聚焦于环境利益的扶弱抑强与公平配置，是本书研究的落脚点。即使环境社会权力存在正义的张力，或许导致研究构想难以实现，但是环境治理社会化的理念并非自欺欺人，因为这是我们守卫家园的责任。感念那些崇研笃学的日子！

生命的意义在于过程，而不在于结果。拙著对于本人的意义而言，亦是研究的过程重于结果的呈现。虽历经了"假期亲友如相问，就说我在写论文"和"数次梦中惊坐起，挑灯夜战改论文"的磨砺，但由于才疏学浅，未有天赋，本书还存有一些缺憾和不足，敬请读者朋友们不吝赐教。特此感谢同行先贤们对本书写作的启迪！感谢广东财经大学法学院，对本书的出版给予的大力支持。感谢中国政法大学出版社和丁春晖编辑，对本书的出版提供了宝贵的机会和细心的校正。感谢我的父母和爱人的陪伴与鼓励，纸短意长，只言片语道不尽心中所感。感谢那些甘苦与共的日子！

李 丹

2020 年 7 月于广州